De
sign

van de

20ste
eeuw

Voor Elizabeth, haar zus Lucy
en haar twee broers Tom en Matthew

Oorspronkelijke titel: *Twentieth-Century Design*
© 1997 Carlton Books Limited

© 2001 Nederlandse vertaling: De vertalers en Uitgeverij THOTH,
Prins Hendriklaan 13, 1404 AS Bussum

Nederlandse vertaling
Silke Bouman/Robert Leeners, Amsterdam
(mode, architectuur, producten, vervoer, verpakkingen, communicatie)
Fred Hendriks, Nijmegen
(verlichting, letters, reclame, futuristisch)
Jan Braks, St. Anthonis
(interieurs, meubels, huisraad)

Nederlandse opmaak: Willem Morelis
Omslag: Ronald Boiten
Eindredactie: Marja Jager
Gedrukt en gebonden in Singapore

ISBN 90 6868 290 3

Auteur Catherine McDermott is docente *Design History* aan de Universiteit
van Kingston. Daarnaast is zij als adviserend conservator verbonden aan
het Design Museum in Londen en heeft zij een groot aantal publicaties op
het gebied van de eigentijdse vormgeving op haar naam staan.

De-sign

van de
20ste eeuw

Catherine McDermott

Uitgeverij THOTH Bussum

Uitgave in samenwerking met het Design Museum, Londen

inhoud

voorwoord

HET DESIGN MUSEUM streeft ernaar om vormgeving en architectuur onder de aandacht van
een breed publiek te brengen. Met publicaties
zoals deze wil het museum op een stimuleren-
de en toegankelijke manier de invloed van de
industriële vormgeving en de bebouwde ruimte op het sociale, culturele en economische
welzijn van de maatschappij aanschouwelijk
maken. In tegenstelling tot de traditionele
musea voor decoratieve kunst, richt het Design
Museum zich uitsluitend op de twintigste en
eenentwintigste eeuw en houdt het zich alleen
bezig met de producten, technologie en bouwwerken uit het industriële en postindustriële
tijdperk.

Design van de 20ste eeuw bevat een overzicht van een aantal inspirerende bouwwerken,
producten en grafische ontwerpen uit de
twintigste eeuw, die een afspiegeling vormen
van de immense sociale en technologische
veranderingen van de afgelopen honderd jaar.
In de dertien hoofdstukken van dit boek met
in totaal 362 items komen de ontwerpen aan
de orde die hebben bijgedragen om onze
visuele cultuur en bebouwde omgeving vorm
te geven. Dit boek biedt een overzicht van de
prestaties van de grote meesters – architecten
en vormgevers zoals bijvoorbeeld Marianne
Brandt, Le Corbusier en Raymond Loewy – en
legt uit wat de verdiensten van deze ontwerpers zijn, maar richt zich daarnaast ook
op minder beroemde werken van onbekende
vormgevers. We hebben ons bij deze selectie
steeds laten leiden door de noodzaak om
naast de beroemde voorbeelden ook een
aantal producten of gebouwen op te nemen
die niet zo bekend zijn geworden – bijvoorbeeld een kraakpand in Amsterdam of een
wegwerpverpakking voor cornflakes –, maar
die wel een functie hebben gehad als nuttige
graadmeters voor twintigste-eeuwse ideeën
en opvattingen.

Nu het einde van de twintigste eeuw is bereikt, willen wij met deze uitgave een inleiding
bieden op een aantal belangrijke ontwerp-
stromingen in een eeuw waarin het moeilijker
dan ooit tevoren was om de bereikte successen vast te leggen en te beoordelen. Een eeuw
die enorme explosies van utopisme te zien
heeft gegeven, maar ook onder grote twijfels
over de vernietiging van het milieu en de verschrikkingen van twee wereldoorlogen ge-
bukt is gegaan. Ondanks deze ogenschijnlijke
tegenstellingen is echter een ding zeker: de
twintigste eeuw zal in de herinnering voort-
leven als de eeuw van de massacommunicatie,
van massaconsumptie, massaproductie en...
massaontwerp.

Paul W Thompson.

DIRECTEUR, DESIGN MUSEUM

mode

BEATLES

EDWARDIAANSE TIJD

JAEGER

AAN HET BEGIN van de twintigste eeuw vormde de mode een afspiegeling van de oude waarden: formele kleding voor mannen en sterk ingeregen wespentailles voor vrouwen gaven de toon aan. Ook de voorkeur voor de reformjapon, populair geworden door de invloed van de hervormingsgezinde Arts and Crafts-beweging, leek geen lang leven meer beschoren. Door het uitbreken van de Eerste Wereldoorlog werd het veranderingsproces aanmerkelijk versneld. Vrouwen gingen mannenwerk verrichten en droegen daarbij, uit plicht voor het vaderland, functionele kleding. Na de oorlog bleken de opvattingen over vrouwenkleding voorgoed te zijn veranderd. Tegelijkertijd luidden ook de ideeën van de modernisten de roep om eenvoudiger, meer gestroomlijnde ontwerpen in, die beter aansloten op de moderne tijdgeest. Zo creëerden de avant-gardisten in Rusland kleding waarin de idealen van de Revolutie werden weerspiegeld: minimalistische ontwerpen uit sobere geometrische stoffen die modern, praktisch en functioneel waren. Coco Chanel, de invloedrijkste kledingontwerpster van de twintigste eeuw, slaagde erin al deze veranderingen in één modetrend voor het grote publiek te verenigen. Geïnspireerd door de Engelse herenkleding combineerde ze de traditionele kleermakersaanpak met eenvoudige, gemakkelijk te dragen, sportieve en comfortabele dameskleding. Haar ontwerpen betekenden in alle opzichten een breuk met het verleden. Zij creëerde een vastomlijnde stijl voor de moderne vrouw, die ook nu nog voor veel ontwerpers een bron van inspiratie vormt. Hollywood droeg eveneens veel bij aan de populariteit van de nieuwe mode, maar richtte zich daarnaast ook op de traditionele, nooit helemaal verdwenen glamour- en

haute couture-elementen. Na de Tweede Wereldoorlog zou dit thema weer helemaal terugkeren in de 'New Look' van Christian Dior. Zijn wijde rokken en nauwsluitende jasjes waren een openbaring voor een generatie die was opgegroeid met distributiebonnen en bonboekjes. De New Look was niet alleen een succes bij de welgestelde elite, maar inspireerde ook een nieuwe en belangrijke groep consumenten: de tieners. Voor het eerst waren tieners nu zélf in staat om een originele kledingstijl te creëren en zich aan de dominantie van de modeontwerpers die tot op dat moment de toon hadden aangegeven, te onttrekken. Deze doorbraak zou tot een belangrijke reactie in de jaren zestig leiden, toen jongeren in opstand kwamen tegen de conservatieve en benauwende opvattingen van hun ouders en progressieve hervormingsbewegingen in de gehele wereld vraagtekens gingen plaatsen bij de maatschappelijke status-quo en snelle veranderingen eisten. Uit de bewegingen voor burgerrechten, de anti-Vietnamdemonstraties, de Parijse studentenopstand van 1968 en de Praagse Lente kwam een generatie voort die bereid was om maatschappelijke normen en waarden aan de kaak te stellen. Jongeren gingen experimenteren met seks en drugs, maar ook met hun uiterlijk. Deze experimenten waren van grote invloed op het modebeeld. De minirok was het populairste middel om uitdrukking te geven aan de nieuwe, vrijere benadering van het eigen lichaam. Sommige ontwerpers, zoals Paco Rabanne, gingen zelfs nog verder en presenteerden toplessen doorzichtige kleding. In dezelfde tijd kwamen ook de homobeweging en het feminisme op die streden voor de acceptatie van alternatieve seksualiteit en levensstijlen. In de jaren zeventig zou de belangstel-

PAUL SMITH

ling voor androgynie en travestie zich vanuit de subculturen en popmuziek verplaatsen naar het grote publiek.

De economische recessie van de jaren zeventig leidde ertoe dat een groot aantal ontwerpdisciplines zich ging richten op traditionele, vertrouwde en conventionele ideeën; de mode vormde hierop geen uitzondering. Er was echter een opvallende ommekeer op komst. Japanse ontwerpers, zoals Issey Miyake en Yohji Yamamoto, waren op zoek naar alternatieven voor de strakke contouren die zo populair waren geworden door televisieseries als *Dallas*. Tegelijkertijd gingen Italiaanse ontwerpers, zoals Giorgio Armani, soepele, natuurlijke materialen gebruiken om het formele colbert een nieuw gezicht te geven. Maar ook vanuit een meer onverwachte hoek zou een duidelijk stempel op de mode worden gedrukt. De Britse punkbeweging hield zich niet alleen bezig met muziek en een anarchistische levensstijl, ook de kleding werd met nieuwe ogen bekeken. In 1971 openden Vivienne Westwood en Malcolm McLaren de eerste van een reeks winkels op de Londense Kings Road. Ze verkochten er gescheurde T-shirts en op bondage geënte kleding, met als thema's anarchie, spot en het punkprincipe 'Do-It-Yourself'. Londen was hét centrum voor vernieuwende stromingen in de mode geworden en iedereen die van de nieuwste trends op de hoogte wilde blijven, las de twee eigentijdse modebladen *The Face* en *i-D*. Begin jaren tachtig verplaatste Vivienne Westwood de Britse ideeën naar de internationale arena van de Parijse haute couture, waar zij met haar opzienbarende modeshows een definitieve verandering in de modewereld teweegbracht. Hoewel haar kleding algemeen werd beschouwd als ondraagbaar en extravagant,

vonden haar originele ideeën – ondergoed als bovenkleding, slobkousen, uniformen, nieuwe dessins en de mini-crini (minihoepelrok) – veel navolging en werden door ontwerpers in alle delen van de wereld gekopieerd. Toen ook de overige leden van de modewereld overstag waren gegaan, begonnen zij haar thema's in hun eigen ontwerpen verder uit te werken. Dit leidde tot nieuwe, inspirerende kleding van toonaangevende ontwerpers als Christian Lacroix en Romeo Gigli. De jaren tachtig zouden dan ook uitgroeien tot het decennium waarin designkleding een belangrijke rol ging spelen.

Een van de andere belangrijke modethema's aan het eind van de jaren tachtig was het verhogen van de draagbaarheid via elegante, ongedwongen en prettig zittende kleding. Tegelijkertijd was er behoefte aan individuele mode, al bleek achter de persoonlijke kledinguiting van de drager in veel gevallen het designconcept van een ontwerper schuil te gaan. Het is interessant om te zien dat de consument nu nog steeds op zoek is naar individuele mode, zoals bijvoorbeeld ook de recente tweedehandsklendingtrend aangeeft. Deze mode lijkt echter eerder het geesteskind van een stilist dan van een ontwerper te zijn. In de jaren negentig leidt de ontwikkeling van nieuwe synthetische materialen en de opkomst van de informatietechnologie tot veranderingen in de modebranche. De nieuwe generatie vezels en materiaalafwerking biedt voor ontwerpers en consumenten tal van nieuwe mogelijkheden. Zo kan wol van een dun Teflon-laagje worden voorzien om voor een volledig ademend vliesje te zorgen, waardoor bijvoorbeeld waterdichte kasjmier regenjassen kunnen worden geproduceerd.

ARMANI

NIEUWE MATERIALEN

De Edwardiaanse Tijd

Tegen het einde van de jaren zestig van de negentiende eeuw raakten de omvangrijke hoepelrokken uit de mode. Daarmee was de populariteit van kledingstukken die vrouwen in hun bewegingsvrijheid beperkten, echter niet definitief voorbij, want in de Edwardiaanse Tijd zouden ze nog één keer het modebeeld gaan bepalen. In deze periode, voorafgaand aan de Eerste Wereldoorlog, vormden de enorme, zandloper-vormige rondingen voor vrouwen het symbool van luxe, status en klasse. Aanvankelijk was dit dan ook de kledingstijl van de adel en de rijken, maar – zoals zo vaak het geval is – raakte deze stijl geleidelijk ook bij de gewone burgers in zwang. Met deze kostuums onderstreepten vrouwen dat zij deel uitmaakten van de niet-werkende klasse, over geld en personeel beschikten en dat hun kleding niet aan praktische of functionele eisen hoefde te voldoen.

Door de talrijke versieringen kunnen ook deze twee jurken onder de eind negentiende-, begin twintigste-eeuwse decoratietraditie worden gerangschikt. Naturalistische bloemen, ruches, minutieuze plissés, borduurwerk en kant dragen bij tot een weelderig laagjeseffect, dat ook terug te vinden is in de interieurs – eveneens het domein van de vrouwen-smaak – uit deze periode.

Reformjapon

PERIODE: vanaf 1900

In de jaren zestig van de negentiende eeuw verkondigde de reformbeweging voor vrouwenkleding dat de traditionele korsetten en hoepelrokken, die de bewegingsvrijheid beperkten, ongezond en belemmerend waren. Steeds vaker hadden vrouwen behoefte aan comfortabele kleding die tijdens het sporten, fietsen of andere activiteiten buitenshuis kon worden gedragen. Hoewel deze actiegroep algemeen werd beschouwd als extremistisch en excentriek, sijpelden sommige van hun ideeën toch door in het heersende modebeeld.

Aan het eind van de negentiende eeuw vormden de Middeleeuwen een belangrijke inspiratiebron in de kunst en architectuur. De kunstbewegingen uit die tijd moedigden vrouwen dan ook aan om korsetloze, op de middeleeuwse periode geënte gewaden te gaan dragen. Rond 1865 werd Jane Morris, echtgenote van William Morris, verschillende keren gefotografeerd in japons van soepele stoffen, die haaks stonden op het heersende modebeeld van de ingeregen wespentailles.

De reformjapon groeide uit tot een zowel praktisch als artistiek kledingstuk, dat vrouwen een moderne en gewaagde uitstraling gaf. Rond de eeuwwisseling werd deze mode door een groot aantal kledingzaken vervaardigd, waardoor de aanvankelijk avant-gardistische japon een plaats verwierf in het alledaagse modebeeld. Ook het bekende Londense warenhuis Liberty's voerde een breed assortiment japons in deze stijl, zoals dit afgebeelde ontwerp uit 1905.

Savile Row-kleermakers

Kleding van negentiende-eeuwse Engelse kleermakers, in het bijzonder sportieve kleding, was door z'n kwaliteit en functionaliteit alom geliefd. Het kleermakersvak ontstond aan het eind van de zeventiende eeuw, toen er behoefte kwam aan maatkleding voor formele gebeurtenissen en paardrijden. De colberts werden vervaardigd uit sterke weefsels, zoals tweed en kamgaren, die met figuurnaden werden vastgestikt en extra werden versterkt met vlieseline en stevige vullingen. Uit deze traditie ontwikkelde zich in de twintigste eeuw in Londen, en met name in de straat Savile Row, een kledingindustrie die in de gehele wereld beroemd werd om de kwaliteit van haar kostuums. Ook vandaag de dag is deze bekende Londense straat nog het domein van de traditionele kleermakers, zoals bijvoorbeeld Welsh & Jeffries, Maurice Sewell en Norton & Sons.

Het klassieke Savile Row-kostuum is altijd op maat van de cliënt gesneden en wordt helemaal met de hand vervaardigd. In sommige gevallen neemt het op maat maken van het patroon en het handmatig vervaardigen van het kostuum tachtig uur in beslag. De producten van kleermakers zijn in drie categorieën onder te verdelen: kleding die helemaal met de hand is gemaakt, semi-maatwerk als combinatie van handmatige en machinale vervaardiging, en machinaal vervaardigde confectiekleding voor standaardmaten.

Wol is het klassieke weefsel voor maatkleding. Andere materialen zijn minder duurzaam en veelzijdig. Het Savile Row-kostuum is uitgegroeid tot een symbool van kwaliteit en elegantie dat niet zozeer met mode, maar meer met traditie wordt geassocieerd. De hertog van Windsor, hier op een foto uit 1938, vormt de personificatie van deze kledingstijl.

Coco Chanel

PERIODE: de jaren twintig

ONTWERPER: Coco Chanel (1883–1971)

Gabrielle 'Coco' Chanel was de beroemdste modeontwerper van de twintigste eeuw. Zij was de verpersoonlijking van de moderne vrouw. Voor haar ontwerpen ging ze uit van comfortabele en eenvoudige kleding, die brak met de gangbare voorkeur voor overdreven versieringen en details.

Chanel is ook legendarisch geworden door haar levensstijl. Ze groeide op in een weeshuis en maakte voor haar carrière en financiële positie handig gebruik van haar talrijke verhoudingen met invloedrijke mannen. Gemakkelijk draagbare kleding was de sleutel tot haar succes. Haar kleren waren sportief, comfortabel en uitstekend geschikt voor de activiteiten buitenshuis. Kenmerkend is ook dat Chanel wordt gezien als degene die de zongebruinde huid tot een onmisbaar onderdeel van de mode heeft gemaakt.

Veel van haar ideeën waren geïnspireerd op mannenkleding en de Engelse kleermakerstraditie, die ze leerde kennen door de garderobe van haar Engelse minnaar, de hertog van Westminster, te plunderen. Haar vernieuwende aanpak komt goed tot uitdrukking in het klassieke mantelpak. Op het eerste gezicht zien het geometrische colbertje en de korte rok er eenvoudig uit, maar met deze combinatie introduceerde Chanel ook het principe van de haute couture: haar kleding was misschien eenvoudig, maar de snit, afwerking en gebruikte stoffen waren altijd van de allerbeste kwaliteit. Daarnaast bracht Chanel het kleurengamma voor haar kleding terug tot een palet van grijstinten, zwart en gebroken wit met af en toe een rood accent.

Burberry

De Britse Burberry is vandaag de dag synoniem met de waterdichte regenjas. Vormgegeven als een militaire overjas, werd het een van de bekendste modeaccessoires van de twintigste eeuw. Het oorspronkelijke ontwerp dateert uit de jaren zestig van de negentiende eeuw, toen de oprichter van de firma, Thomas Burberry, zijn eigen manufacturenbedrijf opende en een duurzame en waterdichte textielsoort ontwikkelde, die ook nog eens comfortabel was om te dragen. Het verhaal gaat dat Thomas Burberry deze stof gabardine noemde, maar dat de naam door toedoen van een van zijn beroemdste klanten werd gewijzigd in Burberry. Deze klant was niemand minder dan koning Edward VII, die wanneer het regende steevast om zijn 'Burberry' vroeg.

In het begin van de twintigste eeuw had de Burberry-jas zich ontwikkeld tot de standaardkledij voor buitenshuis. Ook werden er modellen ontworpen voor specifieke doelgroepen, zoals sportlui en ontdekkingsreizigers. Zo droegen bijvoorbeeld de beroemde ontdekkingsreiziger Scott en zijn expeditieleden speciaal ontworpen, winddichte Burberry-pakken tijdens hun noodlottige tocht naar Antarctica. Daarnaast werd de jas geleverd als onderdeel van de schooluniformen. De Burberry-regenjas viel zowel bij mannen als vrouwen in de smaak: met vastgeknoopte ceintuur en opgezette kraag groeide de jas uit tot de clichédracht van de galante helden en sexy godinnen van het witte doek. Ook voor de privé-detective, de eenzame held van de Hollywood-film, was deze jas verplichte kost. Door de opkomst van eveneens waterdichte rivalen als het Barbour-jack is de populariteit van deze eigentijdse klassieker de laatste tijd iets teruggelopen.

BURBERRY BOOK, patterns and prices, post free on mention of the "Queen."

Jaeger

JAEGER

Tailored Coat R950 (Half lined)	Costume D105 (Coat lined)	Coat P532 (Half lined) Belt from side fastening with slide
West of England, Scotch & Yorkshire Tweeds Fawn, Brown, Mauve, & Grey	Fawn, Mauve, Grey, Brown, & Tan Tweeds	West of England, Scotch & Yorkshire Tweeds Fawn, Brown, Mauve, & Grey
94/6	79/6 14	63/-

In de loop van de twintigste eeuw kwam er een beweging op die betoogde dat kleding niet zozeer aan modevoorschriften, maar vooral aan de voorwaarden voor een verstandige levensstijl zou moeten voldoen. Hun opvattingen waren geworteld in het werk van de negentiende-eeuwse kledinghervormers, die uitgingen van dezelfde ideeën als de schrijver Edward Carpenter, die een pleidooi hield voor de sandaal met open teenstuk voor mannen. Deze kleding groeide uit tot een belangrijk statement van maatschappelijk engagement en werd veel gedragen door mensen die de modevoorschriften beschouwden als bliksemafleider voor belangrijker levensvraagstukken.

Eveneens vanuit deze gedachte ontwikkelde de Duitser Dr. Jaeger een nieuwe, ademende stof voor onderkleding, die in advertenties werd geassocieerd met een gezonde levensstijl. Een uitbreiding van het assortiment, verkocht onder dezelfde merknaam, bleek een commercieel succes te zijn en kreeg de reputatie van praktische, goedgemaakte en onverslijtbare buitenkleding. Natuurlijk lette Jaeger ook op de traditionele aspecten van dit soort kleding. Zo ontwierp hij het tweedmantelpak uit geweven Schotse stof – op bijgaande afbeelding ziet u in het midden het model uit 1929 – dat vooral bekend werd als een duurzaam en praktisch accessoire voor activiteiten buitenshuis. Ook vandaag de dag is Jaeger nog een goedlopend merk.

Nauwsluitende jurk

De nauwsluitende jurk uit de jaren twintig en dertig kan ook tegenwoordig nog veel opzien baren. De rok, die asymmetrisch van snit is, kleeft als het ware aan het lichaam en wekt bijna de suggestie van totale naaktheid. Geen enkele vrouwelijke ronding wordt aan het oog onttrokken en door het gebruik van glanzende stoffen als satijn wordt het gladde, gestroomlijnde totaalbeeld nog verder benadrukt. Deze jurk wordt beschouwd als het mode-equivalent van de modernistische stoel met stalen buisframe. Alle twee zijn ze geënt op minimalisme en eenvoud van vorm, en in beide gevallen ontstaat een effect dat aan de perfectie van een machine doet denken. Met haar witte, krullende kapsel – een voortbrengsel van de wetenschap, niet van de natuur – is Jean Harlow de belichaming van de moderne twintigste-eeuwse femme fatale.

Broekpak

Toen Coco Chanel de pantalons en tweedjasjes van haar minnaar, de hertog van Westminster, ging dragen, was zij de eerste ontwerpster die kledingstukken voor mannen in de vrouwenmode opnam. Veel van de ervaringen die ze opdeed met het dragen van deze kleding, werden door haar verwerkt in haar couture-collectie uit de jaren twintig. Haar komt dan ook de eer toe het traditionele Engelse herenkostuum in het Parijse modebeeld, en aansluitend in Hollywood, te hebben geïntroduceerd.

Aan het eind van de jaren dertig had de pantalon zich een vaste plaats verworven in de damesgarderobes. Het broekpak werd gedragen door een aantal van de allergrootste Hollywood-sterren: Marlène Dietrich, Katherine Hepburn en Greta Garbo. In hun films en op foto's straalden zij een eigentijdse seksuele ambiguïteit uit, waarbij ze, net als de actrices die op het witte doek in oversized herenpyjama's te zien waren, handig gebruikmaakten van de wetenschap dat het dragen van mannenkleding de aantrekkingskracht van vrouwen verhoogt.

Met name Katherine Hepburn gebruikte het broekpak om het beeld te schetsen van de moderne Amerikaanse vrouw als onafhankelijke persoonlijkheid die zich zonder concessies te doen in de mannenmaatschappij wist te handhaven.

Het nieuwe broekpak moest echter wel worden aangepast aan de vrouwelijke vormen. Daarom werden de broeken voortaan zonder gulp en met taillenaden uitgevoerd, en werden bij het jasje de gesteven vullingen van het herencolbert door een dubbele laag stof vervangen.

Leren jack

De modewereld kent een lange traditie van aanpassing van functionele kleding voor een meer algemeen gebruik. Het bruine, lederen vliegeniersjack op de foto was in 1941 de verplichte dracht voor de bemanning van een Hampton bommenwerper van de Britse Royal Air Force. Na de Tweede Wereldoorlog zou dit leren jack een van de populairste en best verkochte kledingitems worden. Het jack werd ontworpen om de vliegeniers te beschermen tegen de lage temperaturen in de cockpit, had een bontvoering, kon tot aan de hals worden dichtgeritst en zou al spoedig worden gedragen door vliegtuigpersoneel in alle delen van de wereld. Omdat leer tevens een goede bescherming bood tegen verwondingen, won dit jack ook onder motorrijders snel aan populariteit. Nog belangrijker was echter de uitstraling: leer werd gezien als mannelijk en sexy en het jack kon zowel functioneel als informeel in combinatie met een spijkerbroek en een T-shirt worden gedragen. Later zou het leren vliegeniersjack uitgroeien tot uniekskleding die door mannen én vrouwen zou worden gedragen.

Werkkleding

Een van de belangrijkste veranderingen in de beperkingen en conventies van de negentiende-eeuwse jurk werd niet gedicteerd door de mode, maar was het gevolg van de invloeden van de beide wereldoorlogen. De vrouwenbeweging en andere kledinghervormers voerden al heel lang een pleidooi voor veranderingen, maar door het uitbreken van de oorlog werd hun strijd in één klap beslist. Vrouwen waren nu hard nodig om het traditionele mannenwerk te doen – zie ook deze foto uit 1943 van vrouwen die voor het grondleger aan het werk zijn – en voor dit werk hadden zij behoefte aan functionele kleding. Plotseling was deze kleding voor vrouwen niet alleen aanvaardbaar geworden, maar werd het dragen ervan zelfs als een verplichting jegens het vaderland beschouwd. Natuurlijk wilden vrouwen in de naoorlogse jaren niet meer terug naar de conventies van de formele vrouwenkleding en dus was vanaf dat moment het pad geëffend om ook in het gewone leven mannenjacks en pantalons te gaan dragen.

De New Look

PERIODE: 1947

ONTWERPER: Christian Dior
(1905–'57)

De Amerikaanse modejournalist Carmel Snow gaf op 2 februari 1947 aan de nieuwe Christian Dior-collectie de naam 'New Look'. Deze collectie was meer dan zo maar een nieuwe stilistische visie: het was een van de meest originele momenten in de mode van de twintigste eeuw. De ontwerpen van Dior stonden haaks op de sociale verhoudingen en de heersende mode uit die tijd. In 1947 neigde men nog sterk naar soberheid en het ondergeschikt maken van de individuele behoeften. Grote delen van Europa lagen nog in puin en het langzame proces van wederopbouw werkte pessimisme in de hand. Voor veel mensen was de stijl van Dior dan ook ongepast.

Nadat de extravagante kleding van Dior op de catwalks te zien was geweest, braken er rellen uit. Vrouwen die Dior-kleding droegen, werden op straat aangevallen en de Amerikaanse ambassadeur verklaarde deze kledingstijl 'onvaderlandslievend' te vinden. Toch had Dior diepliggende sentimenten weten te raken: na al het oorlogsleed hadden vrouwen behoefte aan een periode van extravagantie.

Interessant is dat Dior zich voor zijn revolutionaire collectie niet door de toekomst liet inspireren, maar teruggreep naar de traditie van de belle epoque, een stijl waarin het vrouwenlichaam werd ingesnoerd in korsetten en gewikkeld werd in meterslange lappen stof. Ironisch genoeg was het juist de uit de verheven wereld van de Parijse haute couture afkomstige Dior die de eerste naoorlogse rebelse mode ontwierp – een mode die later haar weg naar het grote publiek zou vinden via de rock-'n-roll-jurken voor tieners in de jaren vijftig.

Teenage Consumer

In 1959 gaf de London Press Exchange, op dat moment een van de grootste adverteerders in Groot-Brittannië, aan Mark Abrams opdracht een onderzoek in te stellen naar de belangrijkste verschuivingen op de consumentenmarkt. In het rapport *The Teenage Consumer* bracht Abrams het nieuwe, naoorlogse fenomeen van de tienersmaak en tienermode onder de aandacht. Abrams, die het maatschappelijk gedrag van groepen uit de 'working class' vóór en tijdens de oorlog had bestudeerd, kwam tot een belangrijke conclusie: de nieuwe tienermarkt in de jaren vijftig werd gedicteerd door de modesmaak van jonge mensen uit de arbeidersklasse.

Een van de duidelijkste aspecten van de nieuwe tienercultuur werd belichaamd door de 'Teddy Boys', die met hun Amerikaanse vetkuiven, lange colberts, schoenen met spekzolen en strakke broeken een volkomen nieuw element binnen de Britse mode vormden. In de jaren vijftig gold hun kleding als in hoge mate individueel en zelfs confronterend voor een samenleving waarin onafhankelijke jonge mensen als een maatschappelijk probleem werden gezien. Een 'Teddy Boy'-uiterlijk was overigens niet goedkoop: de prijs van een pak bedroeg gemiddeld twintig Engelse ponden – omgerekend naar de huidige waarde zo'n zevenhonderd pond. Deze mode zou de geschiedenis ingaan als een klassieke-heldenstijl voor 'working class'-tieners.

Vrijetijdskleding

Met de opkomst van de moderne welvaartsstaat in naoorlogs Amerika ontstond er meer ruimte voor een informele en vrijere levensstijl. Dit kwam bijvoorbeeld duidelijk tot uiting in de ontwikkeling van de eerste jongerencultuur die – onafhankelijk van de mode voor volwassenen – op zoek ging naar eigen, nieuwe kleding-stijlen. De eerste items die op deze nieuwe markt tot de verbeelding spraken, waren sportkleding – bij-voorbeeld de gymp, die voortkwam uit de atletiekschoen – en praktische, gemakkelijk draagbare werkkleding, zoals de spijkerbroek en het T-shirt die op de foto door James Dean worden gedragen. De kledingstijl van Dean is dan ook typerend voor de nonchalante vrijetijdsmode uit de jaren vijftig.

Deze kleding, die met name door arbeiders werd gedragen omdat ze goedkoop, comfortabel en sterk was, raakte ook in zwang bij Amerikaanse bohémiens en artiesten, op zoek naar kleding die hun imago van crea-tieve radicalen in een nog steeds uiterst conservatieve samenleving zou onderstrepen. Het was dan ook geen verrassing dat in de artistieke buurten van New York kunstenaars als bijvoorbeeld Jackson Pollock witte T-shirts, gympies en spijkerbroeken droegen. Zowel de spijkerbroek – die al meer dan honderd jaar door be-drijven als Levi's werd vervaardigd – als het T-shirt zijn authentieke Ameri-kaanse kledingstukken.

Jackie Kennedy

PERIODE: de jaren vijftig en zestig

ONTWERPER: Oleg Cassini (geb. 1913)

Toen Jackie Kennedy First Lady van de Verenigde Staten werd, was zij ook meteen een van de invloedrijkste personen in de modewereld. Zij was jong en aantrekkelijk, stond in het middelpunt van de belangstelling en beïnvloedde het uiterlijk van een hele generatie vrouwen. Omdat Jackie aanvankelijk veel kritiek kreeg op haar gewoonte om kleding van toonaangevende Franse couturiers te dragen, ging ze op zoek naar een Amerikaanse vervanger en koos Oleg Cassini als officiële kledingontwerper van het Witte Huis.

Cassini groeide op in Florence, waar zijn moeder een exclusieve damesmodezaak bestierde. In 1938 emigreerde het gezin naar de Verenigde Staten, waar Cassini emplooi vond als kostuumontwerper in Hollywood en onder andere een groot aantal kledingstukken ontwierp voor zijn vrouw, de actrice Gene Tierney. Cassini's kleding voor Jackie Kennedy was chique en stijlvol, vooral zijn kenmerkende mantelpakje met rond hoedje, dat haar voor de vroege jaren zestig een formele, maar moderne uitstraling verleende. Op deze foto van haar aankomst in Londen in 1962 draagt ze de karakteristieke hoed en een zuurstokroze wollen bouclé-mantelpakje.

Minirok

PERIODE: de jaren zestig

Het is niet duidelijk of dit kledingstuk ook in Londen werd uitgevonden, maar zeker is wel dat de minirok uitgroeide tot het symbool van de Londense Swinging Sixties en het populairste middel werd om uiting te geven aan een moderne, vrijere benadering van het eigen lichaam.

Jean Shrimpton, afgebeeld tijdens de paardenrace om de Melbournecup in 1965, bracht een enorme opschudding teweeg toen zij na de race de modeprijs voor de bestgeklede bezoekster uitreikte. In schril contrast met de heersende kledingcode verscheen 'de Shrimp' zonder hoed, handschoenen en kousen én in minimode.

De minimode bracht ook een aantal fundamentele veranderingen met zich mee voor de modewinkels. Toen het Amerikaanse *Time Magazine* in 1964 haar beroemde 'plattegrond' van Londen publiceerde, bevatte deze niet langer de historische toeristische trekpleisters, maar de nieuwe boetieks in Carnaby Street en Kings Road. Deze onafhankelijke kleine modezaken, met namen als *Granny Takes A Trip*, *Hung On You* en *Lord John*, betwistten de heerschappij van de grotere warenhuizen en de meer traditioneel ingestelde modewinkels. *Bazaar*, de bekendste van alle boetieks, werd in 1957 door Mary Quant gestart. Quant droeg meer bij aan de populariteit van de minirok in Engeland dan wie dan ook en zette de toon voor kledingontwerpen die speciaal op een jong publiek waren afgestemd. Hoewel de minirok in brede kring navolging vond – zelfs de jurken van de Engelse koningin waren aan het eind van de jaren zestig korter geworden –, stond dit kledingstuk toch het meest flatteus bij magere, jonge en trendy modellen als Jean Shrimpton en Twiggy.

De Beatles

Ook de Beatles – in de jaren vijftig nog tieners – maakten deel uit van de mode- en cultuurhervorming die zich langzaam in de Britse samenleving voltrok. Afkomstig uit Liverpool, een havenstad die meer openstond voor invloeden van buitenaf dan andere Engelse provinciesteden, namen ze aanvankelijk onder invloed van de Amerikaanse muziek en kledingstijl het leren jack en glad achterovergekamde haar over van jaren-vijftig-culthelden als Marlon Brando en Elvis Presley.

Voor John Lennon was in deze periode het luisteren naar Elvis' Heartbreak Hotel op Radio Luxemburg in 1956 van doorslaggevend belang. Daarnaast was er de invloed van het Liverpool Art College dat Lennon bezocht. Hier ontmoette hij een ander bandlid van het eerste uur, de schilder Stuart Sutcliffe. Het was Sutcliffes Duitse vriendin Astrid Kirchherr, een Berlijnse kunststudente, die de Beatles kennis liet maken met het 'mop-top'-kapsel, een variant van de 'Beatnik'-stijl die op dat moment

populair was bij jonge studenten.

In 1962 kwam hun manager, Brian Epstein, met een nieuw image voor de Beatles op de proppen. Vanaf dat moment zouden ze zich kleden in vlotte, grijswollen kostuums: korte, kraagloze colbertjes op strakke broeken en Chelsea-laarzen. De Beatles hadden het uniform van Amerikaanse 'working-class'-tieners definitief ingeruild voor een nieuwe, brutale en unieke Britse stijl.

Hippiecultuur

Tegen het eind van de jaren zestig
namen de maatschappelijke her-
vormingen van de sixties een nieuwe
wending. De populaire consumptiecultuur, waarin de nadruk lag op
kant-en-klare wegwerpgoederen,
kwam plotseling onder vuur te liggen.
In Groot-Brittannië was sprake van
grote veranderingen toen het aantal
banen voor hoogopgeleiden enorm
toenam en de studiebeurs werd ingevoerd. De nieuwe studenten gingen
deel uitmaken van een wijdvertakte
stroming die op zoek was naar alternatieve levensstijlen en opvattingen,
waarin kleding en image een essentiële rol speelden. De speurtocht naar
spirituele waarheden was nauw verbonden met uitgebreide drugsexperi-
menten en een voorliefde voor oos-
terse religies en culturen. Etnische en
Indiase kleding raakte in de mode.
Om de keuzevrijheid van het individu
te benadrukken, werd het naar eigen
inzicht combineren van allerlei 'te
gekke' tweedehands accessoires een
belangrijk ingrediënt van de nieuwe
hippiecultuur.

De Chinese Culturele Revolutie

Mao Ze Dong (1893-1976) is wel eens omschreven als de invloedrijkste modeontwerper van de twintigste eeuw. Door zijn Culturele Revolutie werd het bekende uniform, bestaande uit een jasje met kraag en een enkele rij knopen, wijde broek en pet met zachte klep, verplichte kledij voor letterlijk miljoenen Chinese mannen en vrouwen. Deze kledingstukken zouden uitgroeien tot een van de krachtigste statements van persoonsverheerlijking in de twintigste eeuw. In de jaren zestig werden ze ook in het Westen gedragen door politieke radicalen en adopteerden progressieve

jongeren de Mao-pet als populair modeaccessoire. Sindsdien is het soepele kantoenen pak onafgebroken in de mode geweest en heeft het als bron van inspiratie gediend voor ontwerpers als Issey Miyake en Comme des Garçons.

Mao was de belangrijkste niet-Europese marxist. In tegenstelling tot de traditionele marxisten, die ervan uitgingen dat sociale veranderingen door de arbeiders moesten worden geëntameerd, benadrukte Mao de rol van de boeren in de Revolutie. Hij bestuurde China als een totalitair dictator. Het concept van een uniform

voor het volk, met de onderliggende boodschap van orde en discipline en – belangrijker nog – de onderdrukking van het individu, vormde dan ook een afspiegeling van zijn ideologie.

Hoewel de stijl van de wijde, zachte katoenen jasjes en broeken in sommige opzichten aansloot op de traditionele Chinese boerenkleding, had deze outfit meer weg van de kledij van de vroege Russische revolutionairen met hun 'Lenin-pet'.

Punk

In 1971 openden Malcolm McLaren en
Vivienne Westwood in Londen op
436 Kings Road de eerste van een
reeks winkels op dezelfde locatie. Zij
vonden dat de Londense cultuur en
stijl op een doodlopend spoor waren
aanbeland en gingen op zoek naar
nieuwe wegen. In 1975 gingen de
deuren open van *Sex*, een winkel
voor uitdagende, licht pornografische
rubberen kleding en accessoires.
Twee jaar later maakte deze winkel
plaats voor *Seditionaries*, de eerste
authentieke punkzaak in Londen.
McLaren en Westwood fungeerden
als katalysator voor een revolutie in
de Engelse muziek, mode, design en
cultuur: de punkbeweging.

McLaren had altijd al gelijkgestemde jongeren aangemoedigd om elkaar in de winkel te ontmoeten, en
op zaterdagen had de zaak dan ook
veel weg van een club voor mensen
die, net als hijzelf, op zoek waren
naar een alternatieve levensstijl. De
punkbeweging richtte haar aandacht
op een eigen identiteit, weg uit de
achterhoede van het geminachte hip-
piedom: McLaren verschafte die identiteit. Hij had altijd al een zwak gehad
voor de fratsen en leuzen van de dada-
isten en voor directe confrontaties met
de gevestigde orde. De punkband
The Sex Pistols – met op de foto uit
1976 zanger Johnny Rotten – gaf voor
McLaren de richting aan waarin hij
een nieuwe stijl kon ontwikkelen. Al
snel zou er ook een antimodestijl volgen: gescheurde kledingstukken die
met veiligheidsspelden in model werden gehouden, opzichtige make-up,
zwarte lippenstift en in heldere kleuren geverfd haar. Westwood zou deze
thema's in haar kledingontwerpen
voor *The Sex Pistols* verder uitwer-
ken; zo ontwierp ze onder andere
bondagebroeken, 'Destroy'-T-shirts
en uniseks-legerlaarzen.

Sportkleding

Deze foto uit 1987 laat de New Yorkse hiphop-rapbands *The Beastie Boys* en *Run DMC* zien. Hun opvallende uiterlijk is karakteristiek voor de specifieke kledingcodes van de jongerencultuur. Vooral de joggingschoen is belangrijk omdat de jongeren hiermee aangeven bij welke groep ze horen.

De joggingschoen is voortgekomen uit de speciaal voor atletische doeleinden ontwikkelde sportschoen. Vanaf de jaren veertig werden deze sportschoenen, eerst gympjes en later ook joggingschoenen, als vrijetijdskleding gedragen. Ze vormden een afspiegeling van de moderne, vrijere levensstijl in het naoorlogse Amerika. Hiermee werd een belangrijke verandering in het kledinggebruik ingeluid: sportschoenen en andere sportieve kledingstukken konden, ook door mensen die een bepaalde sport niet beoefenen, bij tal van activiteiten worden gedragen. Vanaf dat moment werden het uiterlijk en het imago van de joggingschoen belangrijker dan de sportieve kwaliteiten van het schoeisel. Vandaag de dag is de joggingschoen – in eerste instantie ontworpen als een geavanceerde hightech-sportschoen – uitgegroeid tot het belangrijkste accessoire bij de ontwikkeling van stijlen voor jongeren, straatbendes, muziekfans en surfers. Elke groep kiest een eigen merk om zich van de anderen te onderscheiden en

draagt de sportkleding die past bij het gekozen image. De grote fabrikanten, zoals Nike en Adidas, speelden direct in op deze jongerenstijlen en ontwierpen speciaal voor de jongerenmarkt vele nieuwe modellen. Via sponsoring van jeugdidolen als Michael Jordan, Magic Johnson en Prince Naseem richtten zij zich rechtstreeks tot hun doelgroepen.

Tegenwoordig is de sportschoenenbranche uitgegroeid tot een miljardenindustrie, die profiteert van de kleine verschillen in uiterlijk en ontwerp die voor deze markt zo cruciaal zijn.

Japanse ontwerpen

PERIODE: 1986

ONTWERPER: Yohji Yamamoto (geb. 1943)

Tot aan het begin van de jaren tachtig had de Japanse mode internationaal geen enkel aanzien. Aan Yohji Yamamoto is te danken dat de belangstelling voor Japanse mode-ontwerpers sindsdien enorm is toegenomen.

Yamamoto volgde zijn modeopleiding bij Chie Koike in Tokio, die samen met Yves Saint Laurent de mode-academie had bezocht en daardoor contacten onderhield met de wereld van de Parijse haute couture. Yamamoto kon dan ook de kennis van de Europese markt combineren met de groeiende Japanse internationalisatie, en ontwierp kleding die zowel bijzonder vernieuwend als heel erg Japans was. Hij ontwikkelde een unieke, eigen stijl, waarmee hij zich onttrok aan de heersende mode van nauwsluitende maatkleding. Yamamoto introduceerde een ruimere coupe door de stoffen te draperen en in verschillende laagjes toe te passen. Zijn simpele, minimalistische effecten, die het kopiëren van zijn kleding bijzonder moeilijk maakten, waren gebaseerd op de kwaliteit en de eigenschappen van de verwerkte materialen. Voor Yamamoto waren kleren sculpturen: met plooien en vouwen creëerde hij opvallende silhouetten die het vrouwenlichaam in de vorm van de traditionele Japanse kimono goten, maar toch goed aansloten bij een moderne levensstijl.

Het gebruik van nieuwe en vernieuwende materialen heeft altijd het uitgangspunt van Yamamoto's werk gevormd. Zijn recente ontwerpen omvatten een aantal kledingstukken die maar heel weinig van conventionele kleding weg hebben, tot het moment waarop ze worden gedragen. Dan voegt de kleding zich naar het lichaam en worden de sculpturale effecten bereikt die door veel andere ontwerpers zijn gekopieerd, maar nooit zijn geëvenaard. Samen met zijn Japanse collega-ontwerpers Issey Miyake en Rei Kawabuko van Comme des Garçons heeft Yamamoto de mode radicaal veranderd.

Giorgio Armani

PERIODE: 1989

ONTWERPER: Giorgio Armani (geb. 1935)

In de periode na de Tweede Wereldoorlog vielen de Italiaanse ontwerpers internationaal op door hun creativiteit en originaliteit. De Italiaanse mode vormde hierop geen uitzondering. In de jaren zeventig zorgde Giorgio Armani ervoor dat de Italiaanse mode in de schijnwerpers zou blijven staan. Armani bracht een revolutie teweeg in de stijl van mannen- en vrouwenkleding door colbertjes te ontwerpen waarin de traditionele vullingen ontbraken, en lichte stoffen – zoals wol- en viscosemixtures – voor zijn kostuums te gebruiken om een soepeler en vrijere stijl te creëren.

Omdat soepele kledingmaterialen minder vormvast zijn, vragen ze extra aandacht tijdens het knippen van de coupon, het ontwerpen van het patroon en het stikken. Armani verwerkte in zijn kleding de eigenschappen van maatkleding, zoals het zorgvuldige ontwerp, de handgemaakte knopen, de handmatig gestikte naden en de aantrekkelijke voeringstoffen, maar creëerde een nieuwe, nonchalante stijl door gebruik te maken van fluweel en andere zachte materialen. Zijn vernieuwende colberts hadden veel weg van overhemden en kleedden het best af op eenvoudige T-shirts of de alomtegenwoordige zwarte coltrui. Armani was de personificatie van de klassieke jaren-tachtig-stijl. Zijn ontwerpen, waarin alle verschillende elementen samenvloeien in één afzonderlijke stijl, waren van cruciaal belang voor het opheffen van de scheidslijnen tussen dag- en avondkleding en formele en informele kleding.

Androgynie

Androgynie – het samengaan van
mannelijke en vrouwelijke sekse-
kenmerken – was decennialang niet
meer dan een verschijnsel uit de subcultuur en beperkte zich tot het besloten wereldje van privébars en
-clubs. Vanaf het eind van de jaren
zestig begon de androgynie echter
aan een opmars: Andy Warhol en zijn
hofhouding van 'superstars', die te
zien waren in films als *Chelsea Girls*
en *Trash*, maakten travestie en androgynie tot een populaire stroming.
In de jaren zeventig zouden veel
rockmuzikanten door hun kledinggebruik en make-up vraagtekens
gaan plaatsen bij het begrip manne-
lijkheid. Bekende nichtenrocksterren
als David Bowie droegen ertoe bij dat
biseksualiteit kon uitgroeien tot een
trend en oefenden zo grote invloed
uit op een breed scala van ontwerpdisciplines, zoals mode en grafische
vormgeving. Door toedoen van de
neoromantici in de Londense clubs
kwam de androgynie begin jaren
tachtig opnieuw in de belangstelling
te staan. Een belangrijke figuur in
deze stroming was Boy George, die
zich samen met zijn vriend Marilyn in
vrouwenkleding hulde en deze levensstijl wist om te buigen naar een succesvolle carrière als popster. Make-up
en aan etnische dracht ontleende
details, zoals dreadlocks, waren de
kenmerkende attributen in het uiterlijk van Boy George, die van androgynie een modestijl maakten.

Madonna en Jean-Paul Gaultier

PERIODE: 1990

ONTWERPER: Jean-Paul Gaultier (geb. 1952)

In de jaren tachtig nam het aantal beroemdheden die openlijk voor hun homoseksualiteit uitkwamen, aanzienlijk toe. Via hun videoclips, mode-ontwerpen en toneel- en dansvoorstellingen wisten zij een steeds groter publiek te bereiken. Bekende voorbeelden zijn de popzanger Boy George, de danser en choreograaf Michael Clark, de performance-kunstenaar Leigh Bowery en de filmregisseur John Maybury, die allen een belangrijke rol hebben vervuld ten aanzien van de acceptatie van homoseksualiteit in de kunst.

De belangrijkste pleitbezorgster voor de homoscene was zonder enige twijfel Madonna. Als megaster kon zij ideeën uit de marge voor het voetlicht van de eigentijdse cultuur brengen. De beelden die zij gebruikte – ontleend aan sadomasochisme en fetisjisme – werden via haar videoclips en beruchte boek *Sex* voor een breed publiek toegankelijk.

In 1990 vroeg Madonna Jean-Paul Gaultier om de kostuums voor haar *Blonde Ambition Tour* te ontwerpen. Sindsdien heeft Gaultier met zijn kleding de bestaande man-vrouwdenkbeelden en opvattingen over seksualiteit geherdefinieerd. Hij ontwierp rokken voor mannen en krijtstreeppakken voor vrouwen. Zijn jarenlange fascinatie voor ondergoed leidde tot outfits die weinig meer dan bh's, korsetten en jarretelles waren: een stijl die Madonna grote successen bracht. Gaultier heeft zich altijd laten inspireren door de jongerencultuur op straat en door het nachtleven. Hij maakte fetisjistische kleding tot onderdeel van de haute couture door bijvoorbeeld traditionele pakken te combineren met lange latex handschoenen en 'cod-pieces' (broekkleppen).

Slogan T-Shirt

PERIODE: 1984

ONTWERPER: Katherine Hamnett (geb. 1948)

Deze foto van Katherine Hamnett en premier Margaret Thatcher werd in 1984 genomen tijdens een receptie in Thatchers ambtswoning ter ere van de week van de Britse mode. In haar chique fluwelen kleding vormt Thatcher, die op dat moment bezig was haar eigen politieke en economische revolutie gestalte te geven, een interessant contrast met Katherine Hamnett. Hamnett ensceneerde een soort publiciteitscoup door op gympen en in een van haar karakteristieke slogan-T-shirts te verschijnen, en de premier tijdens de receptie over de effecten van zure regen aan de tand te voelen. Hamnett had zojuist een aantal slogan-T-shirts ontworpen die waren geïnspireerd op de door vrouwen ondernomen antinucleaire protestdemonstraties op de luchtmachtbasis Greenham Common in Engeland. Hoewel Hamnett grote sympathie koesterde voor de milieu- en vredesbewegingen, is deze ontmoeting tussen Thatcher en haar wellicht niet zo'n enorme botsing tussen twee culturen geweest als men in eerste instantie dacht. In de jaren tachtig zou het modebedrijf van Hamnett veel succes hebben met de verkoop van gekreukelde overalls en gemakkelijk zittende pakken aan de nieuwe generatie welgestelden die het onder Thatcher zo voor de wind ging.

Bedrukte stoffen

PERIODE: 1989

ONTWERPER: Paul Smith (geb. 1946)

Paul Smith gaf in de jaren tachtig de aanstoot tot een nieuwe kijk op de Britse herenkleding. Hij introduceerde op deze van oudsher extreem conservatieve markt klassieke herenkledinglijnen die door een aantal verfrissende en originele details al snel gretig aftrek vonden in binnen- en buitenland. Vooral Japanners liepen warm voor zijn kostuums. Smith ging voor zijn ontwerpen uit van de gebruikelijke kantoorkleding – pak, overhemd en stropdas – en introduceerde nieuwe stoffen en kleuren, waarvoor hij gaandeweg steeds meer klanten wist te interesseren.

Smith had een belangrijk gat in de markt ontdekt: de nieuwe generatie welgestelde mannen van de jaren tachtig, die bij zakelijke afspraken en op kantoor correct gekleed wilden gaan, zonder altijd maar weer aangewezen te zijn op het obligate saaie, zwarte pak. Met deze ontwerpstrategie als belangrijke ruggensteun had hij de mogelijkheid om daarnaast meer gewaagde lijnen te ontwikkelen, zoals de karakteristieke gedessineerde overhemden. Deze felgekleurde shirts met driedimensionale afbeeldingen van fruit, bloemen en groenten weerspiegelden de modetrends van de jaren zestig en tachtig, waarin kleur, dessin en versieringen de boventoon voerden. Zo konden de ambitieuze yuppies zonder enig risico de suggestie van progressieve elegantie wekken, in de veilige wetenschap dat het dragen van Paul Smith-kleding garant stond voor een uitstekende smaak.

John Galliano

PERIODE: 1999

ONTWERPER: John Galliano
(geb. 1960)

John Galliano maakte deel uit van de
New Wave in de Britse mode uit de
jaren tachtig. De aan de St Martin's
School of Art in Londen afgestudeer-
de Galliano was een ontwerper van
extreme mode, die kleding als een
mogelijkheid zag om zich af te zetten
tegen de heersende orde. Hoewel
deze experimenten ook nu nog in zijn
werk aanwezig zijn, is Galliano inmiddels uitgegroeid tot een ontwerper
van internationale allure. Zijn faam
was zelfs zo groot dat hij in 1996 gevraagd werd om hoofdontwerper te
worden bij Dior, niet alleen een van
de meest prestigieuze modehuizen
ter wereld, maar ook een van 's werelds felst begeerde banen voor ontwerpers. Galliano werd door Dior
aangetrokken om met zijn onge-
evenaarde creatieve talent de wat in-
geslapen Franse haute couture nieuw
leven in te blazen. Net als sommige
van z'n Britse tijdgenoten ontleent hij
zijn ideeën aan de geschiedenis: aan
culturele fragmenten die hem inspireren, zoals de laat-achttiende-eeuwse
periode en de Franse Revolutie.

Vivienne Westwood

PERIODE: 1996

ONTWERPER: Vivienne Westwood (geb. 1941)

Vivienne Westwood is een van 's werelds supersterren op modegebied. Zij belichaamt de Britse creatieve elementen die een bron van inspiratie zijn voor nieuwe internationale stromingen: de culturele export van ideeen, stijl, anarchie, traditie, ironie en multiculturele gelaagdheid. Dit is echter niet altijd zo geweest. Pas toen John Fairchild, uitgever van het gerenommeerde vakblad *Women's Wear Daily*, haar in 1990 een van de zes belangrijkste modeontwerpers ter wereld noemde, was haar naam definitief gevestigd.

Het werk van Westwood heeft ook iets van een ontdekking, een element van risico dat zowel invloed zou uitoefenen op de duurste haute couture, als op de confectiekleding voor het grote publiek. Haar bijzondere talent komt met name tot uitdrukking in de vernieuwende modellen en de effecten die haar ideeën sorteren: ondergoed als bovenkleding, maillots onder colbertjes, de 'mini-crini'-rok en het baleinkorset met barokke achttiende-eeuwse opdrukken.

De geschiedenis is Westwoods voornaamste inspiratiebron. Haar researchwerk speelt zich af in de Londense musea, zoals het Victoria & Albert Museum en de Wallace-collectie.

Voor Westwood is mode een manier om de geschiedenis met andere ogen te bekijken: zij geeft vorm aan de idee dat de Britse creatieve traditie niet zozeer in beelden is vastgelegd, als wel schriftelijk. Zij baseert zich dan ook niet op afbeeldingen, maar op teksten. Haar kleding is typisch Brits en meer dan wie ook heeft zij ertoe bijgedragen dat Londen kon uitgroeien tot het centrum voor vooruitstrevende mode.

Synthetische materialen

Met de uitvinding van synthetische materialen werd kleding comfortabeler en functioneler. Het aanhoudende proces van technologische vernieuwing, dat aan het begin van de twintigste eeuw werd ingezet, is een belangrijk thema in de mode gaan vormen. Twee van de bedrijven die nieuwe synthetische stoffen produceren, zijn DuPont en Courtaulds. Hun hightech-vezels hebben ertoe bijgedragen dat in de mode het accent werd verlegd van vernieuwende modellen naar vernieuwende stoffen. Zo introduceerde DuPont, beroemd geworden door de uitvinding van het nylon in 1938, het materiaal Lycra als dé stretch-stof van de jaren tachtig. Courtaulds bracht Tencel op de markt, een product dat wordt gemaakt van de cellulose van gekapte bomen. Deze zachte, elastische, glanzende stof bezit dezelfde eigenschappen als zijde en katoen en is – net als natuurlijke materialen – ademend, maar heeft een langere levensduur en is gemakkelijk wasbaar.

Voorbeelden van andere nieuwe materialen zijn: Polartec van Berghaus, gemaakt van gerecyclede plastic flessen en speciaal ontwikkeld voor buitenkleding; Gore-Tex van W.L. Gore, een dun vliesje dat aan elke stof hecht en waterafstotend is, maar via microporiën vocht laat ontsnappen; en een materiaal van zwemkledingfabrikant Speedo, met microscopisch kleine gaatjes die het mogelijk maken dat het hele lichaam bruint. Behalve met de ontwikkeling van nieuwe vezels houden wetenschappers zich ook bezig met de genetische manipulatie van natuurlijke vezels. Voor het hiernaast afgebeelde jurkje heeft de Britse ontwerper Hussein Chalayan Tyvek-papier gebruikt, dat eigenlijk voor enveloppen is bedoeld.

Alexander McQueen

PERIODE: 1997

ONTWERPER: Alexander McQueen (geb. 1969)

Alexander McQueen, een van de progressieve jonge Britse modeontwerpers uit de jaren negentig, begon zijn carrière als leerling bij Gieves and Hawkes, een van de beroemde Savile Row-kleermakers. Na deze training leende hij geld om een vervolgopleiding aan de modeacademie van de St Martin's School of Art te volgen, waar zijn werk werd opgemerkt door Isabella Blow, bekend om haar steun aan jonge modeontwerpers. Zij kocht zijn collectie op en zorgde ervoor dat zijn werk, met als centrale thema's het menselijk lichaam en het saboteren van conventies, media-aandacht kreeg. Zijn ontwerpen, vooral zijn 'bumster trousers' die door hun snit een stukje bildecolleté lieten zien, zorgden voor spectaculaire foto's in de pers. In 1997 werd McQueen aangesteld als hoofd van de Givenchy-ontwerpafdeling in Parijs. McQueen wist een brug te slaan tussen zijn extreme, tegendraadse ontwerpen en de geaccepteerde mode, maar deed niets om een soepele overgang mogelijk te maken; liever stak hij de draak met zijn 'working-class'-afkomst. Beroemd is zijn antwoord "Welk talent?" toen iemand om zijn mening over het Givenchy-talent vroeg. Niettemin kwam Givenchy door de ontwerpen van McQueen opnieuw in de belangstelling te staan. McQueen werkt bij Givenchy nauw samen met een aantal Britse collega's, waaronder stiliste Katy Englander, artdirector Simon Costin die sieraden creëerde waarin delen van dieren waren verwerkt, en hoedenmaker Philip Treacey die de hoed in een kunstvorm transformeerde. Op de foto zijn de invloeden van Costin en Treacey duidelijk te zien.

DEEL 2

architectuur

THE FORSTER HOUSE

CASTLE DROGO

DE ARCHITECTUUR wordt doorgaans als de moeder van alle kunsten gezien en is, mede door haar wortels in de klassieke oudheid, het hoogst aangeschreven kunstzinnige beroep. Het vak wordt niet geassocieerd met ambachtelijk werk dat minder aanzien geniet, zoals bijvoorbeeld bij industriële vormgeving soms wel gebeurt. De architectuur heeft qua opleiding en carrière altijd meer mogelijkheden geboden, en nog steeds geldt dat de meeste Italiaanse vormgevers als student bouwkunde zijn begonnen. Architecten stonden aan het begin van de twintigste eeuw aan de wieg van het modernisme en droegen bij aan een brede kunstzinnige en intellectuele verandering, waarbij ook de vernieuwende schilderkunst van voor de Eerste Wereldoorlog een rol speelde. Het kubisme liet bijvoorbeeld zien dat een begrip als ruimte ook als gefragmenteerd en oneindig kon worden gezien, en de abstracte kunst bood alternatieven voor concepten als representatie en traditie, namelijk puurheid en universaliteit. In de jaren na de Eerste Wereldoorlog werden ook architecten geïnspireerd door thema's die samenhingen met de idee dat kunst een bevrijdende functie kon hebben.

Aan het begin van de twintigste eeuw ontstond de behoefte om ook de maatschappij in dit nieuwe tijdperk een ander aanzien te geven, wat vooral in de nieuwe steden tot uitdrukking kwam. Het beste voorbeeld is New York, waar in de jaren twintig werd gewerkt aan de nu zo beroemde skyline van Manhattan. De industrie leverde de blauwdrukken voor de nieuwe maatschappij, en gebouwen werden op dezelfde manier als machines vormgegeven. De ar-

chitectuur hield zich niet meer uitsluitend bezig met het uiterlijk en de buitenkant, maar ook met functie en doelmatigheid. Het ontwerp van een gebouw was niet het enige dat telde; ook de inhoud en de ruimte eromheen – de straat, de bebouwde ruimte, stad en platteland – werden deel van een geheel vernieuwde omgeving. Het modernisme bood de architectuur een universele taal. Aan de traditionele hiërarchische opzet van gebouwen kwam een einde. Het credo luidde niet langer, zoals in de negentiende eeuw wel het geval was geweest, 'hoe belangrijker het gebouw, des te uitbundiger de ornamenten'. Gebouwen kregen nu overal hetzelfde aanzien. Architecten geloofden dat door de hervorming van de architectuur ook de maatschappij kon worden hervormd, waardoor mensen gezonder en de gemeenschap stabieler zou worden.

Toch waren er nog veel verschillende visies op architectuur, van de harde lijn van het constructivisme in de Sovjet-Unie tot het meer spirituele werk van Walter Gropius, die gebouwen als het Bauhaus hun abstracte vormen en sculpturale opbouw gaf, en het moderne classicisme van Le Corbusier en de Internationale Stijl. In het modernisme was ook plaats voor een zachtaardigere benadering van vormen en materialen, zoals blijkt uit het werk van de Amerikaan Frank Lloyd Wright en de Scandinaviërs Alvar Aalto en Gunnar Asplund. Zij gebruikten traditionele en lokale materialen en introduceerden organische bogen en vormen. Al deze kenmerken zouden in de gehele eeuw een enorme invloed uitoefenen.

In de jaren twintig en dertig hielden de nieuwe architecten in Europa zich vooral

EMPIRE STATE BUILDING

bezig met steden en nieuwe manieren van bouwen. De futurist Sant'Elia schreef bijvoorbeeld dat de stad opnieuw moest worden uitgevonden en herbouwd. Alle waarden uit de negentiende eeuw werden overboord gezet. Overal in de geïndustrialiseerde wereld namen architecten de stad als voorbeeld voor de toekomst, een idee dat vooral door Le Corbusier vol verve werd uitgedragen. In zijn boek *Vers une architecture* noemde hij graansilo's en oceaanstomers als voorbeelden voor de architectuur. Architecten begonnen grootse, visionaire plannen te maken. Ze wilden de 'dode musea' uit het verleden en de krottenwijken in de industriesteden neerhalen en nieuwe steden bouwen die mensen zouden bevrijden en hun de mogelijkheid van een utopisch leven zouden bieden. Voor rechtlijnige modernisten betekende dit het gebruik van nieuwe materialen, zoals gewapend beton, en nieuwe bouwvormen, zoals de wolkenkrabber. Ook gingen ze hun gebouwen geometrische vormen geven. Het was een eenzijdige, overheersende visie die in de jaren voor de Tweede Wereldoorlog tot een overvloed aan vergaande plannen leidde. Na de oorlog keken architecten echter met andere ogen naar het modernisme en probeerden ze het te verenigen met kwesties die na de oorlog een belangrijke rol gingen spelen, zoals de consumptiemaatschappij, wetenschap, technologie en het ruimtevaarttijdperk. Modernisme werd slechts een van de vele architectuurstijlen die de behoeften en verlangens kon vervullen van een wereld die in technologisch en economisch opzicht steeds ingewikkelder werd. Vanaf de jaren vijftig kwam het modernistische ideaal onder

vuur te liggen en groeide de vraag naar een architectuur die relevanter was en de dialoog met de omgeving aanging. Voorbeelden hiervan zijn de aan sciencefiction herinnerende ontwerpen van Archigram, een groep die streefde naar een flexibele architectuur voor de wegwerpmaatschappij. Andere vooruitstrevende ontwerpers, zoals Buckminster Fuller, kozen voor een high-tech-benadering, terwijl architecten als de Mexicaan Luis Barragán juist teruggrepen op de traditionele, inheemse kijk op gebouwen. Na de oorlog gebeurden er vooral in de Verenigde Staten interessante dingen. Na de jaren vijftig, die werden gedomineerd door de minimalistische gebouwen van Europese architecten als Mies van der Rohe, ging men op zoek naar een meer Amerikaanse, democratische manier van bouwen. In de jaren zestig uitte Robert Venturi zijn beroemd geworden kritiek in zijn boek *Complexity and Contradiction in Architecture*, waarin hij opriep tot een complexer gebruik van ruimte en het opnieuw instellen van architectuur als taal. 'Minder is saai', schreef hij. Tien jaar later was de inmiddels wijdverbreide kritiek op het modernisme een van de thema's in *The Language of Post-Modern Architecture*, van Charles Jencks. Postmodernisme was de term die werd gebruikt om een nieuwe architectuur te omschrijven die niet langer één stijl bood, maar juist een ruimte waarbinnen zich radicale manieren van bouwen konden ontwikkelen. Men wilde een architectuur creëren waarmee mensen een band konden krijgen. Ornamenten, verwijzingen naar het verleden, speelsheid, humor en ironie keerden weer helemaal terug in de architectuur.

SEAGRAM BUILDING

CHRYSLER BUILDING

Het Forster House

PERIODE: 1891
Londen, Engeland

ARCHITECT: Charles Francis
Annesley Voysey
(1857–1941)

In het laatste decennium van de negentiende eeuw was de Britse bouwkunst
de creatiefste uiting van moderne
architectuur ter wereld. Voysey was
een van de getalenteerdste en invloedrijkste leden van een groep
beroemde architecten en ontwerpers
die tot de Arts and Crafts-beweging
wordt gerekend. Door zijn ongedwongen ontwerpen en eenvoudige vormen
wordt Voysey wel gezien als een van
de grondleggers van het modernisme, hoewel hij zelf weinig waardering
kon opbrengen voor de nieuwe architectuur van de jaren twintig.

Het Forster House werd gebouwd
in het Bedford Park in Londen en gaf
de aanzet tot een andere belangrijke
Britse ontwikkeling op het gebied
van stadsplanning: de tuindorpen die
de makkelijke bereikbaarheid van de
stad combineerden met de geneug-
ten en de vrijheid van het platteland.
Dit opvallend originele huis stond in
schril contrast met de rode bakstenen huisjes die kenmerkend waren
voor de oudere projecten uit de jaren
zeventig. De buitenkant van het huis
was eenvoudig: Voysey was niet
geïnteresseerd in het bewerken van
oude bouwstijlen, maar creëerde in
plaats daarvan een algemene lokale
stijl met ruw gepleisterde witte muren,
stenen lijstwerk en ijzeren consoles
die het laag afhangende dak ondersteunden. De binnenruimte was interessant omdat Voysey probeerde een
moderne manier van leven mogelijk
te maken: een grote huiskamer zonder aparte zit- of eetkamer en een trap
die aan de zijkant van het huis was
aangebracht, waardoor er extra
woonruimte werd gecreëerd. Het interieur, met eiken meubels en lokale
details, was daarentegen traditioneler.

Glasgow School of Art

PERIODE: 1897–1909
Glasgow, Schotland

ARCHITECT: Charles Rennie
Mackintosh (1868–1928)

Hoewel Mackintosh tegenwoordig tot een van de beroemdste architecten ter wereld wordt gerekend, werd zijn werk niet altijd even hoog gewaardeerd. Toen hij in 1928 stierf, was hij in vergetelheid geraakt en in de periode na de Tweede Wereldoorlog bestonden er zelfs plannen om een aantal van zijn bekendste gebouwen af te breken. Pas in de jaren zestig kwam zijn werk opnieuw in de belangstelling te staan en sindsdien wordt hij beschouwd als een van de architecten die een sleutelrol hebben gespeeld in de overgang van de historische bouwkunst uit de negentiende eeuw naar de abstractere architectuur van het begin van de twintigste eeuw.

Rond de eeuwwisseling maakte Mackintosh deel uit van een artistieke renaissance in Glasgow. Hij werkte nauw samen met zijn vrouw Margaret Macdonald. Hun originele stijl, die tot uitdrukking kwam in hun bouwkundige tekeningen, interieurs en meubels voor particuliere klanten, trok al snel de aandacht in de rest van de wereld.

Het beroemdste gebouw van Mackintosh is de Glasgow School of Art. De eerste fase, waaronder de hiernaast afgebeelde ingang, werd tussen 1898 en 1899 voltooid. Deze ingang werd gedomineerd door opvallend grote ramen, terwijl de voorgevel kan worden gezien als een abstracte vorm van de Schotse kasteelarchitectuur. Het gebouw is nog steeds in gebruik als kunstacademie en is een trekpleister voor veel bezoekers die worden aangetrokken door de voor Mackintosh karakteristieke versieringen, zoals de metalen ornamenten en de vensterconsoles op de foto. De tweede fase van het gebouw, met onder andere een bibliotheek, werd afgerond in 1909.

Casa Battló-appartementen

PERIODE: 1905–'07
Barcelona, Spanje

ARCHITECT: Antoni Gaudí
(1852–1926)

Gaudí is niet alleen een van de eigenzinnigste architecten van de Spaanse bouwkunst, zijn bouwwerken hebben hem ook in internationaal opzicht tot een van de sleutelfiguren van de twintigste eeuw gemaakt. Hij werkte vrijwel uitsluitend in en rondom zijn geboortestad Barcelona, zowel toen als nu de artistieke hoofdstad van een onafhankelijke streek waar men trots is op de eigen tradities en geschiedenis. Gaudí combineerde de Catalaanse stijl van zijn geboortestreek met Moorse stijlkenmerken en natuurlijke vormen en ontwierp zo een aantal van de vernieuwendste gebouwen van het eind van de negentiende en het begin van de twintigste eeuw.

Zijn beroemdste werk is ongetwijfeld de nog steeds niet voltooide kerk van de Sagrada Familia, waarvan de bouw in 1883 werd gestart. Niettemin beschouwen velen de Casa Battló-appartementen, een complex dat door Gaudí werd verbouwd tot woning voor de familie Battló met kantoorruimte op de begane grond en huurappartementen, als zijn meest originele interpretatie van Catalaanse art nouveau, ook wel bekend als 'modernismo'. Hier is de duidelijke ornamententaal van Gaudí niet langer simpelweg toegepast op een gebouw, maar zijn de ornamenten juist de essentiële constructieve elementen geworden. De gevel is bedekt met kleurige mozaïeken die zijn opgebouwd uit glasscherven, terwijl de vorm van het dak doet denken aan een exotisch reptiel. Door zijn bijzonder originele gebruik van gebeeldhouwde vormen wordt Gaudí beschouwd als een van de grote kunstenaars-architecten van de twintigste eeuw. Toch moet worden opgemerkt dat zijn werk niet het begin van iets nieuws betekende, maar eerder het hoogtepunt vormde van de negentiende-eeuwse obsessie voor revivalisme en natuurlijke vormen. Desalniettemin zou Gaudí uitgroeien tot een bron van inspiratie voor veel postmoderne architecten van na de Tweede Wereldoorlog.

Castle Drogo

PERIODE: 1910–'30
Devon, Engeland

ARCHITECT: Edwin Lutyens
(1869–1944)

Het is niet eenvoudig om Edwin Lutyens een plaats te geven in de Britse architectuurgeschiedenis. Hij werkte volgens de traditie van de negentiende-eeuwse Britse Arts and Crafts-beweging en wordt door sommigen nog steeds beschouwd als de invloedrijkste architect van de twintigste eeuw. Toch liet hij zich in zijn visie op architectuur niet leiden door de zoektocht naar nieuwe modernistische vormen. Lutyens was in Groot-Brittannië de architect van de gevestigde orde en kreeg opdrachten om oorlogsmonumenten, Britse overheidsgebouwen en grote bankgebouwen te ontwerpen. Hierdoor was hij niet geliefd bij zijn avant-gardistische collega's, die hem beschouwden als een reactionair die wars was van iedere vooruitgang. In een recente herwaardering van Lutyens werk worden zijn kwaliteiten – het gebruik van vorm en ruimte, de toepassing van traditionele materialen en zijn herinterpretatie van de regionale architectuur – veel positiever beoordeeld dan veertig jaar geleden. Naast zijn werk voor de gevestigde orde was hij ook de laatste grote landhuisarchitect. Een voorbeeld hiervan vormt Castle Drogo, ontworpen in opdracht van een vermogende theehandelaar, dat uitdrukking geeft aan een romantische visie op kastelen. Dit uit graniet opgetrokken gebouw is gebouwd op een rotsachtige ondergrond in het uiterste puntje van Dartmoor. De binnenkant bestaat uit een aantal indrukwekkende ruimten. Opmerkelijk zijn vooral de bibliotheek en de keuken in het souterrain, die van bovenaf door een glazen koepel wordt uitgelicht.

Chrysler Building

PERIODE: 1928–'30
New York, VS

ARCHITECT: William Van Alen (1883–1954)

Het Chrysler Building is misschien wel een van de geliefdste gebouwen ter wereld. Voor veel mensen vormt het spectaculaire, indrukwekkende silhouet de belichaming van de Manhattanskyline. Het is een van de wolkenkrabbers die in de jaren twintig werden ontworpen en van New York de modernste stad van de twintigste eeuw maakten.

Het gebouw heeft een eigenaardige geschiedenis. Het werd ontworpen voor het Chrysler automobielconcern – de centrale hal zou als showroom voor nieuwe modellen gaan dienen en de metalen sculpturen aan de buitenzijde roepen associaties op met autoradiatoren en -emblemen –, maar het gebouw zou nooit door Chrysler in gebruik worden genomen. Bovendien werd architect Van Alen tijdens de bouw beschuldigd van financiële malversaties. Als gevolg daarvan was zijn reputatie, terecht of onterecht, voorgoed beschadigd.

Met een hoogte van 320 meter is het Chrysler Building nog altijd een van de flamboyantste voorbeelden van art deco in het centrum van New York, waar tal van ondernemingen de aandacht op zich proberen te vestigen. Andere bekende voorbeelden zijn het Woolworth-gebouw aan de overkant en in het belendende blok het hoofdkantoor van de Cheninverzekeringsmaatschappij.

Empire State Building

PERIODE: 1931
New York, VS

ARCHITECTEN: Richmond
H. Shreve (1877–1946),
William Lamb (1883–1952)
en Arthur Loomis Harmon
(1878–1958)

In een van de bekendste scènes uit de filmgeschiedenis klampt de reusachtige gorilla 'King Kong' zich vast aan de mast boven op het dak van 's werelds beroemdste wolkenkrabber: het Empire State Building, New Yorks eigen 'achtste wereldwonder'. Deze 381 meter hoge monumentale toren op de hoek van Manhattans 34th Street en 5th Avenue zou veertig jaar lang het hoogste bouwwerk ter wereld blijven. De verticale lijnen en eenvoudige maar krachtige vorm uit kalksteen en graniet, ontworpen door de architecten Richmond H. Shreve, William Lamb en Arthur Loomis Harmon, was het archetype van de moderne wolkenkrabber. Hoewel dit gebouw minder exotisch was dan het rivaliserende Chrysler Building, is de chique, uit marmer en glanzend staal opgetrokken entree een van de hoogtepunten uit de art deco-periode. Het Empire State Building oogstte weliswaar veel waardering, maar was aanvankelijk geen doorslaand succes: tijdens de depressiejaren zou een groot gedeelte van de kantoorruimte onverhuurd blijven. In de naoorlogse welvaartsperiode bloeide het gebouw echter op en zou het uitgroeien tot een van Amerika's grootste toeristische attracties. Sinds de opening in 1931 heeft het uitkijkpunt bovenin, dat bij helder weer een uitzicht van 80 kilometer biedt, al bijna 120 miljoen bezoekers weten te trekken.

Rietveld-Schröderhuis

PERIODE: 1924
Utrecht, Nederland

ARCHITECTEN: Gerrit
Rietveld (1888–1964) en
Truus Schröder-Schräder
(1889–1985)

Het Rietveld-Schröderhuis is uitgegroeid tot een symbool van het modernisme en wordt beschouwd als
een van de belangrijkste gebouwen
van De Stijl, een Nederlandse groep
binnen de moderne beweging die op-
valt door zijn coherentie. Dit huis is
de eerste woning waarin vrijwel alle
tussenmuren zijn weggelaten.
De interne structuur weerspiegelde
de nieuwe onopvallende, ongebonden
en flexibele levensstijl die door het
modernisme werd gepropageerd en
die in schril contrast stond met de
restricties van de negentiende eeuw.
Licht en ruimte vormden de belangrijkste peilers van het ontwerp en
aanvankelijk zag het huis uit over
weilanden. De ramen konden in een
hoek van negentig graden worden
geopend, waardoor de indruk werd
gewekt dat het huis opging in het
landschap. Het Rietveld-Schröderhuis
is ook interessant omdat het een van
de weinige modernistische woningen
was die gedeeltelijk door een vrouw
werd ontworpen: Truus Schröder-
Schräder, die samen met Gerrit Rietveld aan het ontwerp van haar eigen
huis werkte. Haar aandeel lijkt voornamelijk uit het ontwerp van de binnenruimte te hebben bestaan en zij
beschouwde zichzelf en haar huis als
voorbeelden van de nieuwe levensstijl van de twintigste eeuw. Kenmerkend voor het Rietveld-Schröderhuis
was dat alle ruimten – behalve de
vaste trap en de badkamer – konden
worden geopend met behulp van verschuifbare wanden die weer dicht-
geschoven konden worden als er be-

hoefte aan privacy was. De begane
grond, bestaande uit vier of vijf ka-
mers, was minder flexibel in te delen,
maar een uitsparing aan de bovenkant van een scheidingswand gaf een
gevoel van ruimte. Andere belangrijke
kenmerken waren het functionele,
speciaal voor dit huis ontworpen
meubilair, de neerklapbare plateaus
en de kasten.

Villa Savoye

Le Corbusier is de invloedrijkste architect van de twintigste eeuw. Toch zijn maar weinig van zijn ontwerpen ook daadwerkelijk uitgevoerd. Het was vooral zijn visie op de toekomst, uitgedrukt in zijn ontwerpen en publicaties, die zo'n belangrijke stempel heeft gedrukt op de moderne architectuur. Als modernist wijdde Le Corbusier zich aan de schepping van een nieuwe esthetica voor de moderne levensstijl, waarbij de machine als zijn voornaamste bron van inspiratie fungeerde. Hij was op zoek naar een bouwstijl die dezelfde gepolijste efficiëntie en economische ontwerpkenmerken

moest bezitten als een auto of een vliegtuig.

De filosofie van Le Corbusier komt tot uiting in zijn beroemde aforisme 'het huis als een machine om in te wonen'. In de jaren twintig bracht hij zijn ideeën in praktijk door een aantal moderne villa's voor vermogende klanten in de Parijse voorsteden te ontwerpen. Aan de buitenkant riepen deze villa's het beeld van een machine op, maar de binnenruimten van de huizen waren juist bijzonder vrijelijk vormgegeven. Het interieur van woningen als de Villa Savoye bestond uit speciaal ontworpen meubels, die

PERIODE: 1929–'31
Poissy, Frankrijk

ARCHITECT: Le Corbusier
(1887–1965)

bescheiden sculpturen waren in de vloeiend in elkaar overlopende binnenruimten die het huis tot één grote ontwerpeenheid maakten. Het huis groeide uit tot een van de bekendste voorbeelden van de twintigste-eeuwse internationale stijl en is ook vandaag de dag nog van invloed op onze huidige architectuur.

Seagram Building

PERIODE: 1954–'58
New York, VS

**ARCHITECT: Ludwig Mies
van der Rohe (1886–1969)**

Mies van der Rohe's gebouwen groeiden uit tot de blauwdruk van de moderne samenleving. Mies is beroemd om zijn talent om met een minimaal gebruik aan vormen een maximaal effect te bereiken. Zijn legendarische axioma 'minder is meer' geeft hier uitdrukking aan.

De autodidact Mies bracht de eerste jaren van zijn loopbaan door op het bureau van Peter Behrens in Duitsland, waar hij de bouw van een groot aantal belangrijke projecten coördineerde. Na de Eerste Wereldoorlog wist hij zich met zijn opzienbarend originele ontwerpen tot het middelpunt van de nieuwe moderne beweging te maken. In de periode van 1919 tot 1929 waren zijn belangrijkste werken onder andere het Wolf House te Guben en het Duitse paviljoen voor de Wereldtentoonstelling van 1929 in Barcelona.

Nadat Mies een korte periode als directeur van het Bauhaus werkzaam was, moest hij onder druk van de politieke situatie Duitsland verlaten. Hij vestigde zich in de Verenigde Staten waar hij in 1938 een positie als docent aan het Illinois Institute of Technology te Chicago accepteerde. Hier maakte hij naam met zijn kenmerkende architectuurtheorie die uitging van het gebruik van opvallende metalen geraamten om de rechthoekige vormen van de constructies duidelijk in het oog te laten springen. In de jaren direct na de Tweede Wereldoorlog zou hij de status van superster verwerven, toen hij in twee van zijn wolkenkrabbers, Lake Shore Drive Apartments te Chicago (1950) en het Seagram Office Building te New York (1954-'58), de aspiraties en de geestkracht van de machtigste natie ter wereld tot uitdrukking wist te brengen.

Schoolgebouw Bauhaus

Van 1919 tot 1928 was Walter Gropius directeur van de beroemdste ontwerpschool van de twintigste eeuw, het Bauhaus. Toen er een nieuw schoolgebouw moest worden ontworpen, was Gropius de aangewezen persoon om deze taak op zich te nemen en te tonen hoe de nieuwe architectuur er uit zou kunnen en er uit zou moeten zien. Ook vandaag de dag geldt dit gebouw als een van de inspirerendste bouwwerken van de moderne beweging. In zijn functie van directeur was Gropius verantwoordelijk voor de ontwikkeling van een nieuwe aanpak voor het ontwerponderricht, die nog steeds van invloed is op de wijze waarop de lessen tegenwoordig worden gegeven. Terwijl in de rest van Europa het ontwerponderwijs nog grotendeels werd gedicteerd door verouderde negentiende-eeuwse inzichten, ontwikkelde het Bauhaus een lesmethode die duidelijk herkenbaar doorklinkt in het merendeel van de collegezalen van de hedendaagse kunstacademies. Het programma bestaat uit een algemeen basisjaar, waarna de studenten een specialisatie kunnen kiezen, zoals meubelontwerp, productontwerp of grafische vormgeving.

Voor de verschillende disciplines van de opleiding ontwierp Gropius afzonderlijke ruimten die onderling werden verbonden door gelijkvloerse blokken. De verschillende activiteiten gingen schuil achter verschillende gevels, waarmee Gropius trachtte om functionaliteit en een prettige ambiance te verenigen. Voor de ateliers,

PERIODE: 1926
Dessau, Duitsland

ARCHITECT: Walter Gropius
(1883–1969)

die Gropius beschouwde als het hart van de activiteiten en de identiteit van de school, gebruikte hij bijvoorbeeld een frame van gewapend beton dat om een hoek werd gevouwen. Deze 'gordijngevel' onthulde wat er in het gebouw gaande was.

Het samen door Gropius en zijn studenten ontworpen interieur was eveneens belangrijk, met name Gropius' kantoor en de aula met de door Marcel Breuer ontworpen opvouwbare stoelen van canvas en staal.

Maison de Verre

PERIODE: 1927–'32
Parijs, Frankrijk

ARCHITECT: Pierre Chareau
(1883–1950)

Het Maison de Verre is ontworpen
door Pierre Chareau die een groot
liefhebber was van de modernistische
esthetiek. Voor veel architecten is dit
woonhuis, bestemd voor een gynae-
coloog, een van de meest tot de verbeelding sprekende en fraaie voorbeelden van de architectuur van de
moderne beweging, dat als een heiligdom wordt vereerd.

Kenmerkend zijn de glazen stenen
die voor de belangrijkste buitenmuren
zijn gebruikt. Hoewel de toepassing
hiervan in die tijd niet nieuw was, werden deze stenen voornamelijk voor
fabrieksgebouwen gebruikt en waren
ze nooit eerder op zo grote schaal
toegepast bij de bouw van een woonhuis. Tot op de dag van vandaag worden glazen stenen nog steeds met
moderne bouw geassocieerd. Ze wer-
ten als een soort membraan, dat het
huis een enorm gevoel van transparantie en licht verleende. De complexe ruimtelijkheid aan de binnenkant – nagenoeg doorzichtige muren,

binnenruimten die werden afgebakend
door schermen, en ingebouwde meubels – heeft opeenvolgende generaties architecten weten te inspireren.

Voor de ontwerpers uit die tijd was
ook van belang dat dit project de verbouwing van een bestaand gebouw
betrof en een blauwdruk vormde
voor architecten die dezelfde werkwijze hanteerden. Het Maison de
Verre is nog steeds het belangrijkste
gebouw van Chareau. In 1940 zou hij
naar Amerika emigreren, waar hij een
aantal opdrachten voor particulieren
uitvoerde, zoals het huis voor de
schilder Robert Motherwell.

Villa E.1027

Toen Eileen Gray op haar 97ste in Parijs overleed, had vrijwel niemand van haar gehoord. Tegenwoordig, meer dan twintig jaar later, staat ze echter algemeen bekend als een van de meest getalenteerde en individualistische ontwerpers van de twintigste eeuw. Hoewel zij ook gebouwen ontwierp, was zij strikt genomen geen ervaren architect en had ze bovendien nooit een officiële architectenopleiding gevolgd. Ze concentreerde zich voornamelijk op interieurs voor een kleine, maar invloedrijke klantenkring en ontwierp op maat gemaakte meubelen, lampen, spiegels en handgeweven tapijten. In de jaren twintig en dertig had Gray een unieke status als ontwerpster, een vrouw die haar beroep uitoefende in een door mannen gedomineerd vakgebied. De omstandigheden waren gunstig voor haar: Gray kwam uit een welvarende Ierse familie

die haar beslissing om een opleiding te volgen aan de Slade-academie steunde. Hierdoor zou zij later, na de dood van haar vader, in staat zijn om een onafhankelijk leven in Parijs te gaan leiden.

In de jaren twintig bestond grote belangstelling voor het werk van Gray. Architect J.J.P. Oud, lid van De Stijl, was een van de bewonderaars van haar werk. In Frankrijk zou zij bevriend raken met een groot aantal toonaangevende architecten en ontwerpers, waaronder Le Corbusier. Hierdoor werd zij gestimuleerd om de overstap van binnenhuisarchitectuur naar experimenten met architectuur te wagen. In 1925 zou zij niet alleen een huis ontwerpen – Villa E.1027 in het zuiden van Frankrijk –, maar ook alle onderdelen van het meubilair en het interieur. De vloerbedekkingen, muurschilderingen, meubels en verlichting

PERIODE: 1927-'29
Roquebrune, Cap Martin, Frankrijk

ONTWERPER: Eileen Gray (1878-1976)

waren stuk voor stuk vervaardigd in haar Parijse ateliers. Het huis was een schitterende tour de force en Le Corbusier was dermate onder de indruk van het resultaat, dat hij het huis vaak zou bezoeken. Vanuit deze plek zou hij ook in 1965 de verdrinkingsdood tegemoet zwemmen. Gray voltooide niet meer dan twee huizen, maar zij ontwikkelde wel plannen voor een groot aantal andere projecten, zoals het ontwerp voor een vakantiecentrum met kantoren, demonteerbare huisjes, een restaurant en een sporthal.

Casa del Fascio

PERIODE: 1932–'36
Como, Italië

ARCHITECT: Giuseppe
Terragni (1904–'41)

In het fascistische Italië werden onder het bewind van Benito Mussolini de nieuwe verbeeldingswereld en technologie van het modernisme gepropageerd om uitdrukking te geven aan de idealen van de natie. Het Casa del Fascio, dat werd gebouwd voor fascistische massabijeenkomsten, geldt nog steeds als het meesterwerk van Terragni en een van de belangrijkste projecten van de Italiaanse rationalistische beweging. Mussolini, die een bewonderaar was van nieuwe uitvindingen en industriële vooruitgang, hield van de eenvoudige vormen van het modernisme, maar wilde deze vormgeving ook combineren met de monumentale stijl in de grote Italiaanse klassieke traditie. De identificatie met het Romeinse Rijk vormde voor Mussolini een middel om de nieuw verworven macht van zowel de staat als het volk te verstevigen. Het gebouw was bedoeld als hoofdkwartier van de fascistische partij van Como en bestaat onder andere uit een vergaderzaal, kantoren en een museum. Terragni's ontwerp was exact twee keer zo breed als hoog – een klassieke verhouding – en opgetrokken uit wit marmer. Het gebouw is gesitueerd op een lijn die dwars over de Piazza del Imperio naar de kathedraal loopt, waardoor er een gelijkwaardige status als een ander Italiaans symbool van macht wordt gesuggereerd.

Terragni maakte deel uit van Gruppo 7, een collectief bestaande uit architecten die de beroemde architectuuropleiding aan de Polytechnische Academie in Milaan hadden voltooid. Zij hielden niet van het vereenvoudigde classicisme dat als inspiratiebron diende voor veel Italiaanse fascistische bouwwerken. Hun versie van het modernisme kwamen tot uitdrukking in het Casa del Fascio met haar beroemde glazen dak dat de centrale hal van bovenaf van licht voorzag. De glazen deuren van de hoofdingang waren een technisch hoogstandje: met behulp van elektronica konden ze gelijktijdig worden geopend. Hierdoor kon de mensenmassa vanuit het gebouw in groten getale het plein opstromen om zo de dynamische macht van het fascisme te illustreren.

Einsteintoren

Tijdens zijn studententijd raakte Mendelsohn bevriend met Paul Klee en Wassily Kandinsky, expressionistische kunstenaars wier invloeden terug zijn te vinden in zijn vroege tekeningen, én in een van zijn beroemdste gebouwen, de Einsteintoren. Opdrachtgever was de Einstein Foundation, die een sterrenwacht en laboratorium liet bouwen om de relativiteitstheorie van Einstein te kunnen bewijzen, een onderzoek waaraan in 1924 werd begonnen. Het ontwerp van de Einsteintoren geldt als een van de belangrijkste voorbeelden van de Duitse expressionistische architectuur. Mendelsohn maakte gebruik van pleisterwerk, niet om uitdrukking te geven aan de zuiver geometrische vormen van het modernisme, maar om de dynamische, sculpturale vormen van de rondingen en de koepel te accentueren.

Tijdens bezoeken aan de Verenigde Staten en de Sovjet-Unie deed hij nieuwe ideeën op. Helaas kwam er al snel een einde aan zijn carrière in Duitsland: door zijn joodse afkomst werd zijn positie onhoudbaar. In 1933 emigreerde hij naar Engeland, waar hij ging samenwerken met Serge Sjer-

PERIODE: 1921
Potsdam, Duitsland

ARCHITECT: Eric Mendelsohn (1887–1953)

majeff. Hun beroemdste samenwerkingsproject was het paviljoen De La Warr in Bexhill-on-Sea. In dezelfde periode ontwierp hij een aantal gebouwen in Palestina, waaronder de Hebreeuwse Universiteit in Jeruzalem. Zijn laatste jaren bracht hij door in San Francisco, waar hij voor de joodse gemeenschap werkte.

Sanatorium voor tbc-patiënten

PERIODE: 1929–'33
Paimio, Finland

ARCHITECT: Alvar Aalto
(1898–1976)

Door zijn talent om de functionele en de menselijke aspecten in zijn werk te verenigen, geldt Alvar Aalto als een van de grootste architecten van de twintigste eeuw. Zijn ontwerpen zijn van grote betekenis geweest om tot een definitie te komen van wat men tegenwoordig Scandinavisch modernisme noemt.

Toen Aalto zich aansloot bij de CIAM, een internationale groep die toegewijd was aan de modernistische idealen, kwam hij rechtstreeks in contact met de heersende Europese stromingen. Opvallend is dat hij zich niet zozeer voelde aangetrokken tot andere architecten, maar eerder tot een kunstenaarskring waar onder andere Constantin Brancusi, Fernand Léger, Lásló Moholy-Nagy en Alexander Calder deel van uitmaakten. Tijdens deze periode voltooide hij een van zijn beroemdste projecten, het sanatorium voor tbc-patiënten in Paimio. Hij richtte zich niet alleen op de architectonische vormgeving, maar ook op de algemeen menselijke en psychische behoeften van de gebruikers. Dankzij het ontwerp en de ligging van het gebouw kon optimaal gebruik worden gemaakt van het daglicht en de zuivere lucht. Tijdens hun herstelperiode konden de patiënten – als onderdeel van de behandeling –- op de balkons in Aalto's beroemde triplex leunstoelen rusten. De schuine hoek van de zittingen was zodanig aangebracht, dat de ademhaling van de patiënten werd vergemakkelijkt en hun lichaam ontvankelijk was voor de helende werking van de zonnestralen. Voor het interieur van het gebouw maakte Aalto gebruik van natuurlijke materialen, die een afspiegeling vormden van zijn interesse in de behoefte aan een menselijke en menswaardige esthetiek.

Restaurantgebouw, Stockholm Tentoonstelling

PERIODE: 1930
Stockholm, Zweden

ARCHITECT: Gunnar Asplund
(1885–1940)

Vóór 1930 had Asplund al een aantal ontwerpen van Zweedse gebouwen op zijn naam staan, die weliswaar goed ontworpen, maar ook weinig opzienbarend en nogal traditioneel waren. Met zijn werk voor de Stockholm Tentoonstelling zou hij echter een totaal nieuwe richting inslaan. Hij ontwierp een aantal opzienbarende modernistische gebouwen, die door de toepassing van staal en glas een zee van licht binnenlieten. Niet alleen vestigde Asplund met deze architectuur zijn reputatie, ook droegen de gebouwen ertoe bij dat Zweden een plek kreeg in de internationale ontwerpwereld.

Het kenmerkendste ontwerp was het Paradise-restaurant met zijn glazen muren, de grote glazen toren, grote gekleurde zonneschermen en slanke pilaren. Deze details zijn karakteristiek geworden voor de Scandinavische benadering van architectuur, die de bijnaam 'Zweedse sierlijkheid' kreeg. De Zweedse tentoonstelling uit 1930 trok bezoekers uit alle delen van de wereld, die over het algemeen vol lof waren over wat ze kregen te zien. De ideeën van Asplund vonden in brede kring navolging en na 1945 zou hij uitgroeien tot een bron van inspiratie voor een nieuwe generatie Europese architecten die zich bezighield met de naoorlogse wederopbouw.

Falling Water

PERIODE: 1935–'37
Bear Run,
Pennsylvania, vs

ARCHITECT: Frank Lloyd
Wright (1869–1959)

Frank Lloyd Wright was een van de grote eigenzinnige Amerikaanse architecten. Niet alleen de kwaliteit van zijn concepten en bouwwerken maakt hem belangrijk, maar ook het feit dat hij er zo ongeveer in z'n eentje in slaagde dat architecten de status van superster konden aannemen. Tijdens zijn carrière veranderde zijn architectonische stijl bijna elk decennium, en soms zelfs per project, maar als een rode draad door zijn werk loopt zijn poging om organische architectuur te scheppen die een dialoog met de natuur aangaat. Hierin treffen we zijn opvattingen over de negentiende-eeuwse critici Ruskin en Viollet-le-Duc aan, wier romantische ideeën een enorme invloed op hem uitoefenden.

Falling Water gaf uitdrukking aan deze ideeën en zou een van zijn opzienbarendste en origineelste werken blijven. Het werd gebouwd als weekendhuis voor de familie Kaufmann, op een locatie met uitzicht over de Bear Run-waterval die op verzoek van de familie in het definitieve ontwerp werd opgenomen. Het huis bestaat uit een mengeling van natuurlijke en door de mens bedachte vormen. Frank Lloyd Wright gebruikte een naast de waterval gelegen hoog rotsplateau als console, waardoor het huis boven de waterval kwam te staan en tegelijkertijd de indruk wekte er deel van uit te maken. Op elk van de consoles is een balkon met uitzicht over de waterval, waardoor de bewoners voortdurend in contact staan met het water en de natuur: het hele huis lijkt samen te smelten met het landschap, waarbij iedere laag tot een wezenlijk onderdeel van de omgeving wordt.

Notre-Dame-du-Haut

De expressieve vormgeving van de kapel in Ronchamp is weliswaar verwant aan de zuivere vormen van de modernistische architectuur, maar kan toch verrassend worden genoemd. De organische vormen van de kapel, die op de top van een heuvel staat, domineren de hele omgeving. Voor de opvallende antropomorfe vorm van het dak heeft Le Corbusier zich naar eigen zeggen laten inspireren door een 'réaction poétique' bij het zien van het rugschild van een krab die hij in de jaren veertig op het strand van Long Island had opgeraapt. Anderen zagen dit dak als de symbolische af-geslotenheid van de sluier van een non.

Le Corbusier besteedde bijzonder veel zorg aan dit project. Hij wilde een oord vol van vrede en rust, een religieus en spiritueel heiligdom, scheppen. In vergelijking met zijn vooroorlogse werken, die door hun zuivere vormgeving en de toepassing van wit beton de gestroomlijnde vormen van de machine nabootsten, sloeg hij met Ronchamp dan ook een nieuwe richting in. Deze kapel zou uitgroeien tot een van de meest toegankelijke en populaire bouwwerken van Le Corbusier. In een aantal opzichten greep hij voor het ontwerp van Ronchamp

PERIODE: 1955
Ronchamp, Frankrijk

ARCHITECT: Le Corbusier
(1887–1965)

terug op technieken die hij in zijn vroegste periode toepaste. Een duidelijk voorbeeld hiervan zijn de natuurlijke vormen van de concave en convexe muren en het materiaalgebruik, zoals gewapend beton en de ruwe steenbrokken van de verwoeste kerk die voorheen op de plaats van de kapel stond.

Eames House

PERIODE: 1949
Pacific Palisades,
Californië, vs

ARCHITECT: Charles Eames
(1907–'78)

De naam Eames is synoniem met meubels, maar Eames noemde zichzelf
liever architect: 'Ik geef de voorkeur
aan het woord "architect" en de daar-
aan verbonden betekenis. Het staat
voor structuur, voor een dieperliggen-
de vorm van analyse en traditie.' In de
jaren dertig volgde hij een architectuuropleiding en ontwierp hij nog conventionele bouwwerken, maar onder
invloed van een belangrijke ontmoeting in 1937 zou zijn carrière een andere wending nemen, die hem tot het
middelpunt maakte van nieuwe ontwerpexperimenten in Amerika: Eames
werd gevraagd door Eero Saarinen
om les te komen geven aan de
Cranbrook Academy of Art, destijds
een kleine en onbeduidende school,
die echter wel de ambitie had om uit
te groeien tot het Amerikaanse
Bauhaus. Hier zou Eames samenwerken met de invloedrijke beeldhouwer
en ontwerper Harry Bertoia en sleutelfiguren als bijvoorbeeld Florence Knoll
ontmoeten.

Het Eames House bestond uit
twee stalen prefabframes die door
een binnenhof werden gescheiden.
Deze frames werden grijs geschilderd
en opgevuld met inzetwanden, waarvan sommige uit transparante materialen bestonden en andere in felle
kleuren, zoals geel, rood en blauw,
werden geschilderd.

Charles en zijn vrouw Ray waren
echte duizendpoten: ze ontwierpen
kinderspeelgoed, maakten films en
hielden zich bezig met de inrichting
van tentoonstellingen. In dit opzicht
waren hun architectuur en meubels
onderling uitwisselbaar: hun werkwijze en opvattingen over vormgeving
zouden steeds op dezelfde, vastomlijnde principes zijn gebaseerd.

TWA Terminal

In de jaren vijftig leverde Eero Saarinen een grote bijdrage aan de ontwikkeling van een een originele, Amerikaanse architectonische stijl, die de Europese traditie combineerde met plastische organische vormen. Saarinen was verantwoordelijk voor een aantal van de bekendste Amerikaanse gebouwen, waaronder de tussen 1956 en 1962 ontworpen TWA-terminal op het vliegveld John F. Kennedy met het kenmerkende dak. Via de gedurfde toepassing van beton probeerde Saarinen een nieuwe vormgeving en spanning in de architectuur te brengen die zou contrasteren met de anonimiteit van de hoogbouw.

Eero Saarinen was de zoon van Eliel Saarinen, een toonaangevende Finse architect. Hij werd geboren in Kirkkonummi en emigreerde in 1923 met zijn familie naar Amerika. Hij keerde terug naar Europa om een opleiding tot beeldhouwer te volgen, een studie die van grote invloed zou zijn op zijn latere werk. Toen zijn vader werd benoemd tot hoofd van de architectuuropleiding van de beroemde Cranbook Academy in de buurt van Detroit, kwam Eero in contact met de meest vooruitstrevende ontwerpers van Amerika, zoals Florence Shust – die later trouwde met Hans Knoll en een van Amerika's belangrijkste meubelbedrijven oprichtte – en Charles Eames. Vanaf 1937 zouden Eames en Saarinen samenwerken aan een aantal meubelprojecten waarvoor ze gebruik maakten van triplex. Een van deze projecten won in 1948 de eerste prijs op de Low-Cost Furniture Competition die was georganiseerd door het

PERIODE: 1956-'62
John F. Kennedy Airport,
New York, VS

ARCHITECT: Eero Saarinen
(1910-'61)

New Yorkse Museum of Modern Art.

Vanaf 1950 werden de ontwerpen van Saarinen en zijn toenmalige partner Cesar Pelli gekenmerkt door een originelere stijl. Tot deze ontwerpen behoren de TWA-terminal met zijn kenmerkende parabolische bogen die op vleugels lijken, en het vliegveld Dulles in Washington DC. De ambassade van de Verenigde Staten op het Grosvenor Square in Londen is het resultaat van een latere samenwerking tussen Saarinen en Yorke, Rosenberg en Mardall.

Operagebouw Sydney

PERIODE: 1956–'73
Sydney, Australië

ARCHITECT: Jørn Utzon
(geb. 1918)

Het operagebouw in Sydney is zo indrukwekkend dat het inmiddels niet alleen is uitgegroeid tot een symbool van de stad Sydney, maar van heel Australië.

De Deense architect Jørn Utzon won in 1957 het concours dat was uitgeschreven voor het ontwerp van een nieuw operagebouw in Sydney. Eerder had hij gewerkt voor Alvar Aalto, die hem leerde hoe organische vormen in de architectuur konden worden toegepast. Zijn andere bron van inspiratie vormde het werk van de Amerikaanse architect Frank Lloyd Wright. Het winnende ontwerp van Utzon had zowel functionele als symbolische kwaliteiten en bood ruimte aan twee concertzalen en openbare ruimten. De vormgeving riep associaties op met de zee, die een geweldige achtergrond voor het gebouw vormt, en met de gracieuze vliegbewegingen en lichaamsbouw van zeevogels. Welbeschouwd markeert dit ontwerp een overgang in de twintigste-eeuwse architectuur: het keert de geometrische vormen van het vroege modernisme de rug toe en slaat de weg in naar een meer expressieve en sculpturale benadering van bouwwerken.

Hoewel Utzon tussen 1956 en 1966 verantwoordelijk was voor de belangrijkste constructies van het gebouw, was het aan de ingenieur Ove Arup te danken dat de ambitieuze vormgeving van het dak kon worden gerealiseerd. Het ontwerp van Utzon concentreerde zich voornamelijk op het dak, omdat dit onderdeel – het gebouw was gesitueerd op een uitstekend punt dat in de richting van de haven wees – door de meeste mensen zou worden gezien. Zo werd de concertzaal, overdekt door het beroemde, als een voorsteven gemodelleerde dak, tot een sculptuur: een vijfde gevel van het gebouw.

Centre Pompidou

PERIODE: 1971–'76
Parijs, Frankrijk

ARCHITECTEN: Richard
Rogers (geb. 1933) en
Renzo Piano (geb. 1937)

Het Centre National de l'Art et de la
Culture Georges Pompidou is een
kunstencentrum dat is uitgegroeid tot
een van de beroemdste en geliefdste
gebouwen van Parijs. Aan de centrum-
zijde hebben de architecten ruimte
gelaten voor een groot plein, een uitbreiding van het gebouw waar de levendigheid en bedrijvigheid voor een
geweldige ambiance zorgen. Om de
binnenruimte te vergroten werden
alle leidingen, pijpen en airconditio-
ningbuizen aan de buitenzijde van
het gebouw geplaatst. Het meest opvallende kenmerk is wel de roltrap,
gevat in een transparante cocon die
de voorgevel domineert, die de bezoekers het gebouw inleidt en een
verlengstuk van de straat lijkt te zijn.
De felle blauwe, rode en groene kleuren roepen associaties op met – om
met architect Rogers te spreken –
'een gigantische meccanodoos'.

Het Centre, dat onderdak moest
gaan bieden aan een bibliotheek,
galeries, een museum voor moderne
kunst en een onderzoekscentrum,
bleek volledig aan de gestelde eisen
te voldoen. De verdiepingen zijn vrij
van binnenmuren, waardoor de ruimten uiterst flexibel kunnen worden gebruikt. Dit was het eerste 'museum'
dat niet conform de negentiende-
eeuwse traditie als indrukwekkend
monument werd ontworpen, maar als
een multifunctionele ruimte voor culturele activiteiten.

Hongkong & Shanghai Bank

PERIODE: 1985
Central District, Hong Kong

ARCHITECT: Sir Norman Foster (geb. 1935)

De Hongkong & Shanghai Bank uit 1979 is de eerste wolkenkrabber die door Norman Foster werd ontworpen. Hiermee was meteen zijn faam als een van de meest prestigieuze architecten ter wereld gevestigd. In dit bankgebouw kon Foster een groot aantal van zijn architecturale preoccupaties kwijt: zijn poging om een nieuw gezicht te geven aan de anonieme kantoorgebouwen die men met de moderne beweging associeerde, zijn belangstelling voor constructies, de toepassing van nieuwe materialen en technologie en het gebruik van een natuurlijke lichtinval in het gebouw. De bank staat op een van de spectaculairste plekjes van het eiland, in de richting van de zee, met op de achtergrond de granieten rotspartijen van Victoria Peak.

Het gebouw wordt ondersteund door spectaculaire dubbele stalen masten, in drie vlakken verdeeld, die op de belangrijke punten worden verbonden door twee verdiepingen hoge, dragende balken die de vloeren ondersteunen. Door dit zigzagprofiel werden binnenruimten gecreëerd met een verschillende diepte en breedte, waardoor er naast opvallende oostwestverhogingen ook ruimte voor terrassen ontstond. Bovendien maakte deze combinatie van een stevige constructie en transparante panelen een blik op de grote verscheidenheid aan binnenruimten mogelijk, zoals bijvoorbeeld op de twaalf meter hoge openbare hal met de roltrappen die omhoog leiden naar de centrale ruimte van de bank en het tien verdiepingen hoge atrium.

Lloyd's Building

PERIODE: 1978–'86
Londen, Engeland

ARCHITECT: Richard Rogers
(geb. 1933)

Richard Rogers' werk symboliseert de 'hightechperiode' van het modernisme en legt de nadruk op de structuur van het bouwwwerk en op de voorzieningen, die hij vaak aan de buitenkant plaatste omdat deze onderdelen als eerste aan vervanging toe zijn en het dus voor de hand ligt om ze op een gemakkelijk bereikbare plaats aan te brengen.

Als jonge architect werd Rogers beïnvloed door de nieuwe avant-garde, met name door het werk van de Archigram-groep. Elementen hiervan zijn terug te vinden in het Centre Pompidou in Parijs dat hij samen met Renzo Piano ontwierp. Ook hier maakte Rogers extra binnenruimte vrij door de liften en trappen aan de buitenzijde van het gebouw onder te brengen en kranen op het dak te plaatsen voor reparaties en het schoonhouden van de buitenkant. Lloyd's stelde als voorwaarde dat er in het ontwerp een kolossale verzekeringszaal, het zenuwcentrum van hun verzekeringsactiviteiten, werd opgenomen die een flexibele indeling van de ruimte – van groot belang voor hun activiteiten – mogelijk zou maken. Het eindresultaat zou een opvallend hightechuiterlijk zijn door de toepassing van staal en glad beton en het optimale gebruik van de krappe locatie door het gebouw naar boven toe in verschillende lagen te verdelen. Hoewel Lloyd's een afspiegeling vormt van de modernistische interesse in technologie, komt het merendeel van de details voort uit een unieke, op de wensen van de klant afgestemde werkwijze, waardoor het gebouw eigenlijk tot een soort Arts and Crafts-hightech is geworden.

Vitra Design Museum

PERIODE: 1989
Weil-am-Rhein, Duitsland

ARCHITECT: Frank Gehry
(geb. 1929)

Frank Gehry maakt deel uit van de grote traditie van eigenzinnige Amerikaanse architecten waar ook Frank Lloyd Wright toe behoort. Door zijn uiterst individuele en speelse aanpak is hij uitgegroeid tot de bekendste 'alternatieve' architect van Amerika. Vrijwel zonder hulp wist Gehry deze stijl uit te bouwen tot een van de heersende stromingen, met uiteenlopende opdrachtgevers als de Disney Corporation en een aantal Amerikaanse universiteiten. Voor het grote publiek was zijn werk toegankelijker dan de concurrerende esthetische architectuur van de Amerikaanse oostkust, die zich richtte op de architectengroep de 'New York Five' van Peter Eisenman.

Gehry nodigde toeschouwers en gebruikers uit om hun opvattingen en vooroordelen over conventionele objecten onder de loep te nemen. Hij gebruikte niet-traditionele materialen, zoals golfplaat, vierkantgaas en stukken hout die hij op verrassende wijze toepaste. Zijn eigen huis uit 1977 – gelegen naast traditionele Santa Monica-bungalows – is een vroeg voorbeeld van zijn werkwijze, die bijdroeg aan het definiëren van het nieuwe post-

modernisme. Hij maakte gebruik van sculpturale kenmerken om het effect van zijn gebouwen te bepalen: soms lijkt het wel alsof iemand met een beitel in de muur een diepe welving heeft uitgehakt, die met een naastliggende concave muur contrasteert. Gehry onderhield nauwe contacten met de popartbeweging; zo werkte hij bijvoorbeeld samen met Claes Oldenburg aan de 'verrekijker' in Santa Monica. Door alle opvallende optische eigenschappen bleken Gehry's ontwerpen uitermate geschikt om onderdak te bieden aan kunstcollecties, zoals het Vitra Designmuseum, het opmerkelijke Guggenheim Museum in Bilbao en het American Centre in Parijs.

KunstHal

Rem Koolhaas is niet alleen een van de grootste Nederlandse architecten, hij heeft ook internationaal naam gemaakt met zijn bouwwerken en publicaties over architectonische en stedebouwkundige theorieën. De revolutionaire Koolhaas, die vanwege zijn openlijke passie voor sciencefiction en zijn fascinatie voor openbare ruimten en architectonische grapjes ook wel de 'surrealist van de stad' wordt genoemd, noemt de invloed van Salvador Dalí belangrijker dan die van Le Corbusier. Koolhaas, die Le Corbusiers opvattingen over stadsplanning verwerpt omdat hij ze te beperkend vindt, is van mening dat de architectuur het complete scala aan menselijke emoties zou moeten aftasten en vertegenwoordigen, zoals sensueel genot, herinneringen en schuld. Zoals zoveel steden aan het eind van de twintigste eeuw, is Rotterdam bezig zichzelf als culturele metropool te herprofileren. De stad is beroemd om haar regeneratieprojecten, waaronder de hernieuwde ontwikkeling van het havengebied, en om haar KunstHal, een galerie en kunstontmoetingsplaats die getuigt van een eigenzinnige visie op de traditionele maatstaven voor publieke gebouwen. In de KunstHal kan Koolhaas' benadering worden bekeken van wat hij be-

PERIODE: 1992
Rotterdam, Nederland

ARCHITECT: Rem Koolhaas
(geb. 1944)

schouwt als de toevallige, rommelige kwaliteiten van het stadsleven. De ingang is nogal onduidelijk gesitueerd, op een lager gedeelte aan de 'achterkant' van het gebouw. In plaats van de rijke, kostbare materialen die men in een openbaar gebouw zou verwachten, heeft Koolhaas wegwerpmaterialen gebruikt, zoals plastic golfplaten, oude vloerdelen en blootliggende stalen steunbalken.

Karaza-schouwburg

PERIODE: 1987
Tokio, Japan

ARCHITECT: Tadao Ando
(geb. 1941)

De Karaza-schouwburg in Tokio is een modern gebouw dat zowel eigentijdse als traditionele elementen van de Japanse cultuur in zich draagt. Deze schouwburg geeft dan ook een goed beeld van een van de hoofdthema's in het werk van Tadao Ando: de synthese van de westerse moderne beweging met de traditionele Japanse fijngevoeligheid. Voor Ando is daarbij vooral de Japanse opvatting over ruimte als de belangrijkste component binnen de architectuur van belang, maar ook het verband dat hij legt tussen deze twee benaderingen. Ando gaat ervan uit dat de eenvoud en het monumentalisme van de Japanse architectuur goed inhaken op de architectuur van veel modernistische gebouwen. Hij maakt gebruik van traditionele Japanse vormen en materialen om wat hij beschouwt als de verschrikkingen van het moderne stadsleven buiten te sluiten. Voor Ando ligt de oplossing in het gebruik van architectuur om een toevluchtsoord te bouwen waar mensen die aan de druk van het hedendaagse leven willen ontsnappen, geestelijke rust kunnen vinden. De Karazaschouwburg, een sculpturaal modern gebouw met invloeden uit het verleden, beantwoordt aan dit beeld.

Museum of Contemporary Art

PERIODE: 1986
Los Angeles, Californië, vs

ARCHITECT: Arata Isozaki
(geb. 1931)

Evenals veel andere architecten van zijn generatie heeft Arata Isosaki veel opdrachten buiten zijn vaderland uitgevoerd, waardoor hij waarschijnlijk de bekendste naoorlogse Japanse architect is. In tegenstelling tot een groot aantal van zijn tijdgenoten heeft Isosaki zich meer gericht op westerse dan op Japanse tradities. Het Museum of Contemporary Art (MOCA) in het centrum van Los Angeles vormt een duidelijk voorbeeld van zijn volwassen bouwstijl. Het gebouw maakt deel uit van een gemengd nieuwbouwproject, waarbij het beroemde, op deze foto afgebeelde Plaza omgeven is door kantoren, appartementen en winkels. Te midden van al deze commerciële bedrijvigheid biedt het MOCA echter een oase van cultuur in de vorm van galerieruimten, een bibliotheek en een boekwinkel. Deze voorzieningen zijn ondergebracht in twee gebouwen aan weerszijden van de ingang die toegang geeft tot een ruimte met sculpturen en tot de boekwinkel. Platonische vormen domineren de gebouwen, die een afspiegeling vormen van Isosaki's belangstelling voor het classicisme: kubusvormige kantoren, een cilindervormige bibliotheek met een tongewelf en kubusvormige galeries, met de lichtinval van boven door de piramidevormige daken. Geheel in overeenstemming met de postmodernistische stijl speelt Isosaki met behulp van kleuren met de strengheid van de vormen. Een gedeelte van de kantoren is bedekt met donkergroen aluminium, terwijl het gewelf van de bibliotheek is bekleed met koper en voor de bekleding van de muren voornamelijk rood zandsteen, afgewisseld door grote blokken ruwe zandsteen, is gebruikt.

Advocatenkantoor

PERIODE: 1984–'89
Falkestraße, Wenen,
Oostenrijk

ARCHITECT: Coop
Himmelblau, Wenen,
Oostenrijk

Coop Himmelblau is een revolutionaire Weense architectengroep die werd opgericht door Wolf D. Prix, Helmut Swiczinsky en Rainer Michael Holzer. De groep ontwikkelde een theorie over architectuur die niet alleen confronterend, maar zelfs agressief was.

Hun opvattingen kwamen tot uitdrukking in een aantal projecten in Wenen. Een van hun bekendste projecten was de verbouwing van dit dak voor een advocatenkantoor in het centrum van Wenen. Deze uitzonderlijke constructie van glas en staal werd op het dak van een conventioneel negentiende-eeuws gebouw geplaatst. De hier afgebeelde middelste constructie, waarvan de afstand tussen de spanten van het stalen frame wordt overbrugd door gebogen glazen panelen, biedt onderdak aan de vergaderruimte. Het hoofdspant draagt het gewicht van het glas en het geplooide dak, waarvan de onderkant op de foto te zien is.

Coop Himmelblau probeert de spanningen die zij in de hedendaagse architectuur aantreffen, in hun werken te integreren en te intensiveren. Hun ontwerpen borduren voort op de traditie van de experimentele ideeën uit de jaren zestig die waren bedoeld om de toeschouwer te prikkelen en een element van verwarring aan te brengen, zoals op deze foto duidelijk is te zien. Zo staat er bijvoorbeeld geen enkele muur haaks op een andere muur.

Alamillo-brug

Calatrava volgde een architectuurstudie in Spanje en vervolgens een ingenieursopleiding in Zwitserland. Hij weet z'n kennis over de constructiemogelijkheden van materialen te combineren met het oog van de architect en zo adembenemend originele effecten te creëren, die met name in deze brug voor de Wereldtentoonstelling van 1992 in Sevilla, maar ook in de bruggen in Valencia en Barcelona en in het spoorwegstation van het Franse Lyon tot uitdrukking komen.

Zijn inspiratiebron zijn natuurlijke vormen, bijvoorbeeld dierlijke en menselijke skeletten, die hij als uitgangspunt gebruikt voor het vinden van oplossingen voor bouwtechnische problemen, zoals de spanning en belasting van materialen. Omdat gewapend beton over zeer plastische eigenschappen beschikt, maakt Calatrava veelvuldig gebruik van dit materiaal. Hierdoor kon de boog, die het technische en bouwkundige vernuft voorziet van een expressievere en menselijkere dimensie, tot een belangrijk

PERIODE: 1987–'92
Sevilla, Spanje

ARCHITECT: Santiago
Calatrava (geb. 1951)

thema in zijn werk worden. Calatrava's ontwerpen drukken betekenissen en vormen uit die boven de eigenlijke constructie uitstijgen. Daarnaast tonen ze dat technologie niet altijd kil en meedogenloos hoeft te zijn, maar ook een expressief en zachtaardig karakter kan hebben.

Paul Getty Center

PERIODE: 1997
Los Angeles, Californië, vs

ARCHITECT: Richard Meier
(geb. 1934)

Niet alleen is Richard Meier een van de beroemdste architecten van Amerika, in het afgelopen decennium heeft hij ook vanuit Europa herhaaldelijk ontwerpopdrachten gekregen, onder andere voor een aantal kunstgaleries en musea, zoals het Museum für Kunsthandwerke in Frankfurt. Meier is vooral befaamd om zijn witte bouwwerken en zijn opvattingen zijn geworteld in het lidmaatschap van de New York Five. Deze architectengroep probeerde in de jaren zestig de architectuur in de vs nieuw leven in te blazen. Zij ontwikkelen een nieuwe benadering van vorm en theorie, die uiting van de opvattingen van de modernisten in het interbellum. Ieder

lid van de New York Five richtte zich op werken van een andere architect: Meier koos voor het purisme van Le Corbusier en ontwikkelde een – uiterst succesvolle – glanzend witte bouwstijl, gebaseerd op platonische vormen. Critici noemden zijn stijl te conservatief en commercieel, maar met de prestigieuze opdracht voor het ontwerp van het Getty Center werd zijn status als museumarchitect par excellence definitief bevestigd.

Dit moderne gebouw maakt deel uit van een bijzonder ambitieus project, opgezet om de naam van het centrum te vestigen als onderzoeksinstituut van internationale allure, en is uitgerust met de nieuwste technologische snufjes voor het conserveren, opslaan en opzoeken van boeken. Het Center, dat eerder doet denken aan een campus dan aan één afzonderlijk bouwwerk, bevindt zich net buiten Los Angeles op een verlaten heuvel-

rug langs de San Diego-snelweg. In het Center zijn een galerie, een instituut voor het conserveren van boeken, administratiegebouwen en een bibliotheek ondergebracht. Bezoekers kunnen het centrum te voet of met een speciaal voor dit doel ontworpen tram bereiken. Getty stelde als voorwaarde dat het gebouw niet 'wit' mocht zijn, waardoor Meier weliswaar een van zijn handelsmerken moest laten vallen, maar wel bleef vasthouden aan zijn voorkeur voor geometrische basisvormen. Hij ontwierp een bouwwerk dat in harmonie is met de omgeving. Als bekleding voor de muren gebruikte Meier marmer met een sterke tekening; de bij hem gebruikelijke 'zuivere glans' ontbreekt dan ook. Het Center strekt zich ongedwongen uit over de heuvelrug, waardoor het volgens sommige critici een effect teweegbrengt dat sterk aan de Chinese Muur doet denken.

Tijdelijke woningen

PERIODE: 1996
Wandsworth, Londen,
Engeland

ARCHITECT: The Eco Village
Project

Niet alle gebouwen worden door architecten ontworpen. In de zomer van 1996 deed Maria Bussell, die net haar ontwerpopleiding had voltooid, verslag van een project op een braakliggend terrein langs de Thames in Londen. Het stuk land was in bezit genomen door een groep mensen die zich zorgen maakte over het milieu. Zij noemden hun project Eco Village. De bewoners bouwden er tijdelijke woningen van gerecyclede materialen en hielden daarmee een pleidooi voor alternatieve levensvormen. Het hier afgebeelde huis werd gebouwd van afgedankt materiaal dat hoofdzakelijk in afvalcontainers langs de wegen in de omgeving werd gevonden. Als basis voor de constructie werden boomstammen gebruikt, die waren meegenomen na een ecologische protestactie tegen de vernietiging van een bos dat plaats moest maken voor de aanleg van een weg bij Newbury in het Engelse Berkshire. De constructies kwamen tot stand door met verschillende soorten plaatmateriaal, ramen en deuren te improviseren. In het interieur bevonden zich vier pilaren, gemaakt van boomstammen, die niet alleen het dak ondersteunden, maar ook een bed dat vlak onder het raam in het midden van het dak was geconstrueerd. Toch had de bouwer geen eerdere ervaring met het ontwerpen van gebouwen opgedaan. In 1997 werd het terrein afgesloten door de eigenaar van het stuk land, de Guinness Company, en werd Eco Village gesloopt. Het terrein zou ongebruikt achterblijven, in afwachting van de vergunningen voor de bouw van een supermarkt.

BARNEY'S

DEEL 3

interieurs

MR FREEDOM

IMAGINATION OFFICES

HET ONTWERPEN VAN interieurs lag aan het begin van de twintigste eeuw grotendeels in handen van drie groepen: architecten, huisschilders en huisvrouwen. Pas in de laatste dertig jaar is interieurontwerp een echt vak geworden. Naast deze traditionele ontwerpers is er nu, aan het eind van de twintigste eeuw, een aantal vooraanstaande beoefenaren die zich uitsluitend op dit gebied richten.

In de loop van de negentiende eeuw ontwikkelde het huis zich tot een plaats waar men zijn vrije tijd doorbracht en zich vermaakte, en dat was een belangrijke factor voor de inrichting van huizen. De behoefte aan en het scheppen van intimiteit en gezelligheid – het vrijwel exclusieve terrein van vrouwen – leidde tot een nieuwe trend in het inrichten van huizen, waarbij specifieke meubelstukken en objecten in een samenhangend geheel werden gegroepeerd om de gezinswaarden, status en sociale positie tot uiting te brengen. De Arts & Crafts-beweging in Engeland en Amerika probeerde echter het ontwerpen van interieurs te vereenvoudigen door de creatie van een complete leefomgeving, met als doel harmonie te brengen in het meubilair en met decoraties en wanden vorm te geven aan het ideaal van een mooi huis. Eenvoud werd essentieel en design kwam in deze nieuwe interieurs in plaats van aankleding. Architecten zoals Charles Rennie Mackintosh voegden de traditionele huisvertrekken samen – de salon en de woonkamer – en maakten er grotere ruimtes van. Een rommelige inrichting werd vervangen door vast meubilair en de muren werden wit geschilderd om licht in huis te brengen. Een groeiende groep mensen uit de middenklasse begon waardering te krijgen voor lo-

kale ambachtelijke objecten, en dat beïnvloedde hun smaak betreffende de inrichting van hun huis.

De nadruk op eenvoud en comfort zou uiteindelijk leiden tot het nieuwe modernistische interieur van de jaren twintig en dertig. Een van de revolutionaire ideeën van de moderne beweging was een nieuwe houding ten aanzien van ruimte. De modernistische ruimte was vrij en flexibel en er werd kleur toegepast om de muuroppervlakken te breken. In 1925 bouwde Le Corbusier voor de wereldtentoonstelling in Parijs zijn Pavilion de l'Esprit Nouveau om te demonstreren dat deze radicale ideeën niet slechts futuristische fantasieën waren, maar echte oplossingen verschaften voor de manier waarop de mens in het moderne machinetijdperk zou leven en wonen. Ontwerpers lieten in dit soort pioniersprojecten zien hoe nieuw meubilair, dat werd gemaakt van 'nieuwe' materialen als stalen buizen en triplex, kon worden gebruikt om bepaalde functies te vervullen en de ruimte te verdelen. Zodoende leidden sociale en technologische veranderingen tot echte veranderingen in de binnenhuisarchitectuur. Woonruimtes werden vanaf dat moment gebruikt voor verschillende doelen die de wensen en behoeften van de eigenaar weerspiegelden. Dit is duidelijk te zien in het baanbrekende huis dat Gerrit Rietveld bouwde voor Truus Schröder-Schräder, waarin wandpanelen werden gebruikt om binnenruimtes te openen of af te sluiten, en nieuwe vormen van belichting en grote ramen om licht binnen te laten en het interieur te verbinden met het exterieur – een sleutelthema in het nieuwe moderne huis. Tegelijkertijd handhaafde zich echter de traditie van de rijke, weelderige interieurs, eerst met de Art Nouveau-

JOHNSON WAX BUILDING

beweging en na de Eerste Wereldoorlog met het werk van Franse binnenhuisarchitecten als Jacques-Emile Ruhlmann, wiens schitterende interieurs met kostbare materialen en oppervlakken overal in de wereld werden geïmiteerd. Toen in de jaren twintig en dertig moderne gemakken standaard werden in de badkamer en de keuken, deed in de binnenhuisarchitectuur een zekere mate van eenvormigheid zijn intrede. Maar het individu bleef natuurlijk zelf bepalen hoe hij zijn huis inrichtte en in hoeverre hij de vertrekken vorm wenste te geven aan de hand van een bepaald design.

Na 1945 leidden nieuwe materialen en technologie opnieuw tot veranderingen in de binnenhuisarchitectuur. Een toenemend aantal boeken en tijdschriften gaf adviezen voor de inrichting van het huis, en er heerste een gevoel van groeiend internationalisme. Een van de belangrijkste voorbeelden hiervan was de dominantie in de jaren vijftig van Scandinavisch design. Dit esthetische houten meubilair in moderne organische vormen en geweven stoffen domineerde de smaak tot in de jaren zestig. Maar in diezelfde periode ontstond een nieuw eclecticisme waarin een grote verscheidenheid aan stijlen en keuzemogelijkheden met elkaar wedijverde.

In de jaren zestig deed zich met de komst van het popdesign nog een belangrijke ontwikkeling voor. Deze designvorm richtte zich op jonge consumenten die een leefomgeving wilden creëren die uniek, tijdelijk, grappig en leuk was. Jonge interieurontwerpers lieten zich inspireren door de populaire cultuur, waaronder themaparken, de Verenigde Staten en popart. De aankleding van boetieks weerspiegelde deze nieuwe trend. In Londen bracht Biba de glamour

van Hollywood in de jaren twintig tot leven, terwijl Mr. Freedom opblaasbare sculpturen gebruikte die waren gebaseerd op die van Claes Oldenburg. Interieurdesign was nu een uiting van individualiteit en omarmde in het begin van de jaren zeventig diverse thema's, waaronder recycling, de revivalcultuur en het doorgaan met modernistische benaderingen. In de jaren zeventig werd het ontwerpen van interieurs meer een academische discipline met formele theorieën en werd er veel over gediscussieerd. Er was in toenemende mate een trend zichtbaar in de richting van renovatie en hergebruik van oude gebouwen en het idee dat de interieurontwerper diende uit te gaan van het oorspronkelijke gebouw. Aldus creëerde de ontwerper iets nieuws, vaak met opmerkelijke resultaten, zoals te zien is in het werk van de Italiaanse ontwerper Carlo Scarpa of het Imagination-gebouw van Ron Herron, waarin hij op een nieuwe manier omging met het oude gebouw, bijvoorbeeld door een oppervlak te openen waar tot dan toe geen licht op viel of bepaalde ontwerpelementen te baseren op het oude gebouw. Op die manier haakte het interieurontwerp aan bij een van de principes van het postmodernisme: het herwaarderen van het verleden en de identiteit.

In de jaren negentig hebben mensen bepaalde verwachtingen aangaande de kwaliteit van de inrichting van zowel de openbare als particuliere ruimtes waarin ze leven en wonen. Men is zich op visueel gebied veel bewuster geworden van het verleden en het heden en interieurontwerp wordt daarom gezien als iets wat er gewoon bijhoort.

JET INTERIOR

CHIAT-DAY OFFICES

Southpark Avenue 78

PERIODE: 1906
Gereconstrueerd door het
Hunterian Museum in
Glasgow, Schotland

ONTWERPER: Charles Rennie
Mackintosh (1868–1928)

Charles Rennie Mackintosh beschouwde dit huis als een mogelijkheid om
'interieurarchitectuur' te creëren. Hij
ontwierp het meubilair, sanitair en alle
andere elementen. Het interieur van
het huis weerspiegelde daarmee zijn
artistieke persoonlijkheid en de
moderne smaak van de bewoners.

In 1906 transformeerden Mackintosh
en zijn vrouw Margaret Macdonald
een gewoon rijtjeshuis in Glasgow tot
een woning die werd gekenmerkt
door eenvoud en ruimtelijkheid – een
enorm contrast met de geïndustrialiseerde stad. Mackintosh markeerde
de ruimte door veranderingen in
kleur, waarbij hij van de donkere
bruin- en grijstinten in de hal en het
trappenhuis overging op smetteloos
wit in de privé-vertrekken. De kamer
is L-vormig en de indeling ervan wordt
niet gevormd door wanden maar door
een lage boog – een doorlopende
kroonlijst concentreert de aandacht
op het leefgedeelte en geeft je een
gevoel van een verticale ruimte.
Evenals de kroonlijst zijn Mackintosh'
ontwerpen voor de meubels en de
rest van de inrichting niet slechts decoratief, maar functioneel. Het meubilair wordt niet gebruikt om uitdrukking te geven aan status en prestige,
maar om de verschillende gebruiks-
gedeeltes binnen het vertrek te onderscheiden. Het vormt vaak een ge-
integreerd onderdeel – op planken,
kastjes en de haard is ruimte om
dingen neer te zetten. Zoals veel
Mackintosh-interieurs uit deze periode is de kamer overwegend wit. Kleur
dient voornamelijk om de ruimtelijkheid te vergroten en benadrukken.

Dit interieur getuigt van een progressieve smaak voor 1906: de eenvoud is voor deze periode extreem.
Daarbij dient opgemerkt dat Mackintosh als Arts & Crafts-architect in zijn
ontwerp altijd plaatsen reserveerde
voor kunstobjecten en decoratieve
elementen, zoals een gesjabloneerde
decoratie die hij ontwierp met zijn
vrouw, of Japanse prenten. Southpark
Avenue gaf met zijn ruimtegebruik
en vereenvoudiging van vorm uiting
aan ideeën die het modernisme in
de jaren tussen de Eerste en Tweede
Wereldoorlog zouden karakteriseren.

Gamble House

Charles en Henry Greene behoorden tot de belangrijkste exponenten van de Amerikaanse Arts & Crafts-beweging, die floreerde in de beginjaren van de twintigste eeuw. Ze werden diepgaand beïnvloed door de geschriften van William Morris en het werk van Britse architecten als Voysey, wiens gebouwen ze wellicht hadden gezien in het Britse tijdschrift *The Studio*. Evenals veel andere westerse architecten werden ze geïnspireerd door de Japanse cultuur en Japanse kunstuitingen. Hun werk kreeg ook gestalte door specifiek Amerikaanse invloeden en opvattingen, met name die van de ontwerper Gustav Stickley. Het Gamble House is een belangrijk

voorbeeld van de nieuwe Arts & Crafts-stijl in Amerika. Het werd gebouwd voor David Gamble – van Procter and Gamble – die er na zijn pensioen ging wonen, en weerspiegelt de wens om een Amerikaanse architectuur voor Amerikaanse mensen te creëren. Bij het ontwerpen van het interieur van het Gamble House lieten de Greenes zich leiden door vier dingen: het klimaat, de omgeving, het gebruik van lokale materialen en de cultuur van de bewoners.

Het huis is gebouwd rond een centrale hal, waardoor de lucht vrij kan circuleren, wat erg belangrijk is in een warm klimaat als dat van Pasadena. De leefvertrekken liggen aan de ene

PERIODE: 1907–'08
Pasadena, Californië, vs

ONTWERPERS: Charles Sumner Greene (1868–1957) en Henry Mather Greene (1870–1954)

kant van de hal, de keuken en het eetgedeelte aan de andere. Deze onderling verbonden ruimtes geven eenheid aan het onderliggende ontwerp. Het huis is met name bijzonder vanwege het gebruik van glaskunst (zie de deuren) en de toepassing van de nieuwste technologische snufjes, zoals elektrisch licht met de beroemde Tiffany-lampenkap eromheen.

Grand Salon d'un Collectionneur

PERIODE: 1925
Exposition des Arts
Décoratifs, Parijs, Frankrijk

ONTWERPER: Jacques-Emile
Ruhlmann (1879–1933)

Aan het begin van de twintigste eeuw
werden de Franse decoratieve kunst
en binnenhuisarchitectuur gezien als
het modernst in de wereld. Frankrijk
domineerde met zijn rijke ambachtelijke traditie de markt voor luxueuze
en kostbare interieurs in de jaren twintig en dertig. Jacques-Emile Ruhlmann
behoorde tot de beroemdste Franse
ontwerpers op dit gebied. Ruhlmann,
een Parijzenaar, ontwierp in zijn atelier – Etablissements Ruhlmann et
Laurent – tapijten, meubels en textiel, waarbij hij zich bediende van een
uitgeklede versie van het classicisme
die we nu kennen als art deco. Ruhlmann behoorde tot de groep ontwerpers wier werk grote bijval kreeg op
de Exposition des Arts Décoratifs in
Parijs in 1925.

Ruhlmann maakte zeer fraaie,
luxueuze en exclusieve artikelen die
modernisten als Le Corbusier niet
vonden passen in de moderne tijd.
Maar omdat hij de decoratieve exces-
sen van de art nouveau probeerde in
te perken en te vervangen door een
meer ingetogen, klassieke ontwerpesthetiek, kan zijn werk worden gezien als een vooruitgang, als onderdeel van een beweging in de richting
van een *rappel à l'ordre*, die plaats-
vond na 1918.

Ruhlmann bleef werken met een
palet van luxueuze en kostbare materialen en bereikte zijn doel door traditionele ambachtelijke technieken
te gebruiken. Zijn ontwerp voor de
Grand Salon d'un Collectionneur is
typerend. Het is een zwaar uitgekleed
klassiek paviljoen, dat er op de

bouwtekening uitziet als een centrale
achthoek binnen in een vierkant. Het
luxueuze interieur concentreert zich
rond een salon met een slaapkamer,
boudoir en eetvertrek. Het klassiek
geïnspireerde meubilair is gemaakt
van siliciumsteen, walnotenhout,
ebbenhout en ivoor, allemaal dure
materialen.

Highpoint One

Tecton, dat werd geleid door de Russische emigrant Berthold Lubetkin, was voor de Tweede Wereldoorlog het belangrijkste modernistische initiatief in Engeland. Deze architectonische groep was in de jaren dertig verantwoordelijk voor enkele van de meest befaamde en nauwgezet ontworpen modernistische gebouwen voor een reeks progressieve klanten. Highpoint One werd onmiddellijk na de voltooiing erkend als een grote triomf voor de moderne architectuur in Engeland. Le Corbusier en vele andere belangrijke modernisten kwamen het bezichtigen en spraken hun bewondering uit.

Highpoint One werd, met steun van de industrieel Zigismund Gestetner,

opgezet als een commercieel project met als doel een complex van 59 appartementen te realiseren waarin wonen werd gecombineerd met gemeenschappelijke faciliteiten als een tearoom, wintertuin, dakterras en tennisbanen. Het idee was dat de gemeenschappelijke entree en tuinen zich zouden ontwikkelen tot plaatsen waar de bewoners elkaar konden ontmoeten. Het overdadige licht en de open ruimte moesten het contact tussen de flatbewoners vergemakkelijken.

Hiermee weerspiegelde Highpoint One de invloed van Russische huisvestingsmodellen waarin de gemeenschappelijke faciliteiten waren bedoeld om de mensen te bewegen tot

PERIODE: 1933–'35
Londen, Engeland

ONTWERPER: Berthold
Lubetkin (1901–'90),
Tecton Partnership

een socialistische manier van leven.

Hoewel het de intentie was om mensen met verschillende achtergronden en uit diverse klassen aan te trekken, werd Highpoint One al snel een wooncomplex van kunstenaars, ontwerpers en intellectuelen. Niettemin vormde het na de Tweede Wereldoorlog een belangrijk model voor sociale woningbouw in Groot-Brittannië.

Gropius' werkkamer

PERIODE: 1923
Het Bauhaus, Weimar,
Duitsland

**ONTWERPER: Walter
Gropius (1883–1969)**

Walter Gropius richtte in 1919 het Bauhaus op en bleef daarvan de voorman tot 1928. Het was zijn doel een radicale nieuwe vorm van designonderwijs te introduceren waardoor studenten zouden worden toegerust met de vaardigheden en inzichten die onontbeerlijk waren voor de nieuwe industriële samenleving van de twintigste eeuw. Ieder aspect van het Bauhaus weerspiegelde dit doel, waaronder ook het ontwerp van interieurs.

Gropius' werkkamer is een interessant voorbeeld van een vroeg Bauhaus-project. Hoewel het wordt gekenmerkt door lichtarmaturen die waren geïnspireerd op industriële modellen en door eenvoudige geometrische meubels, is er ook een prominente plek ingeruimd voor wandtapijten en vloerkleden van de kunstnijverheidstudenten Else Mogelin en Gertrud Arndt, wier werk de invloed van Paul Klee verraadt.

Dit is een publiciteitsfoto uit 1923, toen Gropius een Bauhaus-tentoonstelling organiseerde. Gropius had talent voor public relations en wilde dat het Bauhaus met een sympathiek oog werd bezien. Het Bauhaus moest voortdurend vechten om aan geld te komen – in de jaren twintig had Duitsland al ernstig te kampen met inflatie. Gropius organiseerde een open week voor de school, waarin bezoekers de mogelijkheid hadden het atelier te bezoeken, zijn werkkamer te bezichtigen, werk van studenten te kopen en lezingen bij te wonen. Het was een enorm succes en bracht 15.000 bezoekers naar Weimar, onder wie vooraanstaande figuren als J.J.P. Oud, de Nederlandse architect van De Stijl. Gropius legde zijn oor te luister bij de publieke opinie en de industrie. Het succes van de tentoonstelling bevestigde zijn mening dat het Bauhaus zich moest richten op het ontwerpen van objecten voor massaproductie in plaats van kunstnijverheid.

Villa E.1027

Eileen Gray kon zich niet vinden in de modernistische ideologie van de machine en massaproductie. Haar werk bleef exclusief en concentreerde zich op een selecte groep interieurs voor een kleine, invloedrijke klantenkring en op de productie van op bestelling gemaakte meubels, lampen, spiegels en handgeweven tapijten. Villa E.1027 was daarop een uitzondering. Gray ontwierp niet alleen het interieur, maar ook het huis. Het keek uit op de Middellandse Zee en was een zomerhuis voor haarzelf en haar minnaar Jean Badovici.

Gray noemde het huis E.1027 naar de letters van het alfabet die hun initialen vormden: E voor zichzelf, 10 voor J (de tiende letter van het alfabet), 2 voor B en 7 voor G. Ze ontwierp elk onderdeel van het meubilair en het interieur. De vloerbedekking, muurschilderingen, meubels en lichtarmaturen werden allemaal gemaakt in haar Parijse ateliers. Gray maakte niet alleen gebruik van nieuwe materialen, zoals geperforeerde metalen platen en aluminium, maar vond ook nieuwe vormen uit, zoals verschuifbare panelen, zwevende plafonds voor extra op-

PERIODE: 1925
Roquebrune, Cap Martin, Frankrijk

ONTWERPER: Eileen Gray (1878–1976)

slagruimte en verlengde klerenkasten.

Na een kort bezoek schreef Le Corbusier in 1938 een brief aan Gray, waarin hij het huis in gloedvolle bewoordingen prees vanwege 'de organisatie, binnen en buiten, die het moderne meubilair – de inrichting – grote waardigheid verleent'.

Pavilion de l'Esprit Nouveau

PERIODE: 1925
Parijs, Frankrijk

ONTWERPER: Le Corbusier
(1887–1965)

De Exposition des Arts Décoratifs van 1925 werd opgezet als een grote internationale tentoonstelling waarop men gestalte wilde geven aan de nieuwe geest van vooruitgang na de verwoestingen van de Eerste Wereldoorlog. Het merendeel van de geëxposeerde ontwerpen was niet echt nieuw en nogal behoudend van aard, maar er waren twee opmerkelijke uitzonderingen: het gebouw van Le Corbusier en het Russische Paviljoen van Melnikov. Deze twee voorbeelden boden het publiek een blik op de toekomst, een model van de nieuwe architectuur van de twintigste eeuw.

Het paviljoen ontleende zijn naam aan *L'Esprit Nouveau*, een tijdschrift dat Le Corbusier in 1920 oprichtte om zijn eigen werk en dat van gelijkgestemde tijdgenoten te publiceren. Op het terrein van de Exposition van 1925 stond een prototype waarin Le Corbusier wilde laten zien dat een interieur kon worden gestandaardiseerd zonder de menselijke behoeften tekort te doen. De binnenruimte is met name opmerkelijk vanwege de openheid van het ontwerp – in Le Corbusiers woorden: 'une surface pour circuler' – en bestaat dus niet uit een reeks afzonderlijke vertrekken. De bovenverdieping is een mezzanine die uitzicht biedt op een open witte ruimte op de begane grond. Le Corbusier gebruikte geen vaste wanden ter indeling van de ruimte, maar meubelstukken en verschuifbare panelen.

De inboedel van het paviljoen was al even radicaal. Le Corbusier ontwierp een deel van het meubilair zelf, waaronder de stalen kasten en tafels met een frame van stalen buizen. Zijn benadering van de inrichting van de ruimte weerspiegelde zijn geloof dat de industrie bepaalde objecten optimaal had verfijnd, bijvoorbeeld glaswerk, de Engelse clubfauteuil en de Thonetstoel van gebogen hout. Het zijn voorbeelden van Le Corbusiers volledig gestandaardiseerde oplossing voor kwesties als comfortabel zitten, wonen en gasten ontvangen.

Ten slotte dient te worden opgemerkt dat het interieur niet alleen nieuwe inrichtingsvormen van een omsloten ruimte laat zien. Le Corbusier wilde de bewoner ook één laten zijn met de natuur: de tuin is een geïntegreerd onderdeel van het Paviljoen.

2 Willow Road

Erno Goldfinger werd geboren in Boedapest, studeerde in Parijs en vluchtte in 1934 naar Engeland. Hij bouwde dit huis voor zijn vrouw, de schilderes Ursula Blackwell, en hun drie kinderen. Het was het middelste huis in een rij van drie en keek uit op de beroemde hei van Hampstead. Voor het ontwerp stapte hij af van wit beton en zocht zijn heil in een combinatie van modernistische benaderingen van materiaal, ruimte en inrichting. Ook liet hij zich inspireren door traditionele Engelse vormen van huisvesting: Willow Road was een modernistische versie van een Georgiaans rijtjeshuis.

Vanuit het kleine toegangshalletje klimt de bezoeker via een ronde trap met scherpe windingen naar de hoofdverdieping, waar de belangrijkste vertrekken zich bevinden. Het eetgedeelte, de studio, de woonkamer en de keuken zijn ontworpen als zones binnen één enkele ruimte die in de vorm van een c om de trap gewikkeld liggen. De verschillende gedeeltes kunnen worden afgesloten van de rest met behulp van vouwschermen. De klim van het halletje naar deze ruimtes geeft je een gevoel van progressie. Goldfinger ontwierp het grootste deel van het meubilair zelf, waarvan som-

PERIODE: 1937–'39
Hampstead, Londen, Engeland

ONTWERPER: Erno Goldfinger (geb. 1902)

mige elementen herinneren aan het werk van Charlotte Perriand en Le Corbusier. Tot de grilligere en op het surrealisme geïnspireerde details behoort onder andere de open haard, die een bolvormig paneel als achtergrond heeft en geplaatst is in een vooruitstekende omlijsting die voor het muuroppervlak lijkt te zweven.

Johnson Wax-gebouw

PERIODE: 1936–'39
Racine, Wisconsin, VS

ONTWERPER: Frank Lloyd Wright (1867–1959)

Voor het Johnson Wax-gebouw, het hoofdkantoor van een van de grootste bedrijven van de Verenigde Staten, creëerde Frank Lloyd Wright een heel speciaal interieur. Het gebouw vormde op tal van manieren een voortzetting van zijn standaardrepertoire: een intiem interieur dat werd omsloten door een muur die oogde als huid. Het was tevens een radicale breuk met het gebruik van het vierkant en de kubus in zijn eerdere architectonische projecten omdat hij hier vaak gebruikmaakte van ronde en gebogen lijnen. De gestroomlijnde bakstenen buitenwand omsluit een grote, open kantoorruimte met daarin als opvallende elementen een reeks paddestoelvormige zuilen ter ondersteuning van het plafond. Een ander bijzonder kenmerk is de lichtinval. Het middelste gedeelte van het plafond is gemaakt van glas, terwijl de wanden om de zoveel meter worden gebroken door smalle ramen van pyrexglas. Zoals bij al zijn andere projecten was Frank Lloyd Wright ook verantwoordelijk voor het meubilair, sanitair en de rest van de inrichting.

Fiat-fabriek

PERIODE: 1915–'21
Turijn, Italië

ONTWERPER: Giacomo
Matte Trucco (1869–1934)

In 1923 publiceerde Le Corbusier een foto van de Fiat-fabriek in zijn invloedrijke boek *Vers une Architecture*. De Fiat-fabriek, het eerste grote gebouw van gewapend beton in de twintigste eeuw, symboliseerde voor Le Corbusier en de generaties daarna de moderne tijd en de weg die de architectuur diende in te slaan. Het enorme bouwwerk werd in opdracht van Fiat-eigenaar Agnelli gebouwd na zijn bezoek aan de Verenigde Staten, waar hij de moderne bedrijfsvoering en de massaproductietechnieken had bestudeerd die waren ontwikkeld door concurrerende bedrijven als Ford. Agnelli was diep onder de indruk van de schaalgrootte en macht van een moderne stad als New York. Hij keerde terug naar Italië met het vaste voornemen deze vernieuwingen te introduceren bij Fiat. Agnelli, die grote plannen had met zijn bedrijf, wilde een nieuwe fabriek die niet alleen diende als industriegebouw maar ook als het vlaggenschip van Fiat. Agnelli gaf daarom opdracht gebruik te maken van de nieuwste technologie, verlichting en machinerie en liet daarnaast boven op het gebouw een circuit aanleggen om de nieuwste auto's van Fiat te testen.

Casa Devalle

PERIODE: 1939–'40
Turijn, Italië

ONTWERPER: Carlo Mollino
(1905–'73)

Carlo Mollino breidde in de jaren dertig de modernistische agenda uit. Hij
reisde naar Spanje om het werk van
Antonio Gaudí te bezichtigen en kende
het werk van Alvar Aalto. Voor beiden
had hij een grote bewondering. Hij
was een man met diverse talenten: een
dichter, schrijver, sportman, icono-
clast en non-conformist. De complexi-
teit van Mollino's hoogst individuele
persoonlijkheid is te traceren in een
reeks gebouwen, interieurs en meubelontwerpen, die zonder uitzondering
nog altijd een grote invloed uitoefenen
op designers.

Een van Mollino's obsessies was
het tekenen en fotograferen van
naakte vrouwen. Zijn interieurs ont-
lenen hun vorm aan het vrouwelijke
lichaam en exploreren de open, ronde
ruimte en het idee van organische
beweging.

Mollino had het modernistische
idee van het openen van de binnenruimte van het huis bestudeerd, maar
hij richtte zich, in tegenstelling tot
Mies van der Rohe of Le Corbusier,
niet op de plaatsing van objecten zoals
bijvoorbeeld beelden. Hij vulde zijn
interieurs met textiele kunst: drape-
rieën, kussens en schermen die sensuele vlakken creëerden. Dit is een van
Mollino's eigen foto's van de slaapkamer van Casa Devalle: de ultieme
erotische ervaring. Het bed wordt
omhuld door sluiergordijnen en staat
tegen een fluwelen wand, een element
dat verder is uitgewerkt in Mollino's
sofa in de vorm van twee gesloten
lippen – zijn hommage aan het oorspronkelijke ontwerp van Dalí.
Mollino heeft met opzet de erotische
verschillen tussen man en vrouw in
het vage gelaten door harde industriële deuren en wanden te combineren met sensuele vlakken en loshan-
gende weefsels, en overal wordt de
ruimte door een overdadig gebruik van
spiegels gereflecteerd en gebroken,
wat bijdraagt tot een allesoverheer-
send gevoel van erotische spanning.

Casa Malaparte

De Italiaanse architect Adalberto Libera ontwierp dit huis voor de dichter en kunstminnaar Curzio Malaparte, die in zijn ontgoocheling behoefte had aan een spiritueel toevluchtsoord nadat hij door de fascistische regering van Italië gevangen was gezet. Het huis, dat in 1942 werd voltooid, vormde een hoogst persoonlijke afspiegeling van Malapartes dichterlijke leven, waarin metafysische en surrealistische elementen het Italiaanse rationalisme tot nieuwe hoogten voerden. Libera maakte deel uit van Gruppo 7, die werd opgericht in 1927 door Italiaanse architecten wier combinatie van modernisme en de klassieke traditie werd geadopteerd als de officiële fascistische architectonische stijl.

Het ontwerp van Casa Malaparte – gelegen op een in het oog springende rotspunt die uitkijkt op de zee rond het eiland Capri – speelt met de conventies van hoe een huis eruit zou moeten zien. Er is bijvoorbeeld geen duidelijke ingang. De toegangsweg, een kronkelend pad dat is uitgehakt in de rotsen, leidt naar een allengs breder wordende trap die bovenaan plaatsmaakt voor een enorm rechthoekig dakterras dat uitsteekt in de richting van de zee. Onder het dak bevinden zich twee verdiepingen met een aaneenschakeling van ruimtes die van het land naar zee gaan en van het openbare gedeelte – de zitkamer is enorm en lijkt wel een Italiaanse piazza – naar een

PERIODE: 1938–'42
Capri, Italië

ONTWERPER: Adalberto Libera (1903–63)

reeks symmetrische privé-vertrekken. Deze ruimtes zijn volledig wit en rechtlijnig en aan beide zijden van de hoofdas van het huis bevinden zich parallel gelegen slaapkamers. Het laatste vertrek, dat uitkijkt op zee, is strikt privé en alleen toegankelijk vanuit Malapartes slaapkamer. Deze spectaculaire studeerkamer overspant de hele breedte van het huis en heeft een raam dat uitkijkt op de Middellandse Zee.

Deense Nationale Bank

PERIODE: 1971
Kopenhagen, Denemarken

ONTWERPER: Arne
Jacobsen (1902–'71)

Het interieur is een van Jacobsens
laatste projecten. Het werd in 1978
voltooid, zeven jaar na de dood van
de ontwerper. Het design voor de
Deense Nationale Bank toont de rijp-
heid en het zelfvertrouwen van een
meesterontwerper. Jacobsen, geboren
in 1902, groeide op met de ideeën van
de modernistische beweging. Hoewel
Denemarken een relatief geïsoleerd
land was en zijn eigen neoclassicisti-
sche tradities had, had Jacobsen als
jonge man uit de eerste hand ervaring
met de nieuwste ontwikkelingen.
In 1925 bezocht hij de Exposition des
Arts Décoratifs in Parijs en zag hij met
eigen ogen het werk van Mies van der
Rohe en Le Corbusier.

Jacobsen werd in de jaren dertig
bekend met een architectonische stijl
waarin hij het eigene van Denemarken
liet samensmelten met het Europese
modernisme. Samen met architect
Gunnar Asplund experimenteerde hij
met een 'Scandinavische' ontwerpesthetiek. Een voorbeeld daarvan is
Jacobsens werk voor het stadhuis van
Århus uit 1937.

Na de Tweede Wereldoorlog zette
Jacobsen deze assimilatie voort in zijn
ontwerp voor het hoofdkantoor van de
Deense Nationale Bank. Het gebouw
wordt omsloten door twee glazen
gevels met daarboven een omlijst
fronton. De klant gaat de lobby van
de bank binnen via een lage entree.
De lobby strekt zich met zijn hoogte
van twintig meter uit langs alle zes
verdiepingen van het gebouw en de
wanden en vloer ervan zijn bedekt
met Noorweegs Porsgrunn-marmer.
Jacobsen werkte vooral in eigen land,
maar hij voltooide in de jaren zestig
twee interessante gebouwen in Engeland: St Catherine's College in Oxford
en de Deense ambassade in Londen.

Habitat

De ontwerper en ondernemer sir Terence Conran was in de jaren zestig verantwoordelijk voor een revolutie van vormgevingsproducten in de detailhandel. In 1964, toen hij zijn eerste Habitat-winkel opende aan de Fulham Road in Londen, presenteerde hij zijn concept van een complete levensstijl aan het grote publiek. Zijn doel was eenvoudig: Conran constateerde dat de jonge rijke consument in de jaren zestig weinig mogelijkheden had om vorm te geven aan nieuwe levensstijlen en idealen, en Habitat bood daarom een oplossing voor het interieurontwerp en de in-richting van het huis. Habitat verkocht niet alleen meubilair, maar ook behangpapier, gordijnstoffen, serviesgoed, lampen en keukengerei. Het design van de winkel werd onder andere gekenmerkt door witgeschilderde muren en vierkante rode tegels en liet aan de hand daarvan zien welke effecten de klant in zijn eigen interieur kon bereiken.

Spullen werden losjes op de vloer gelegd of weggeborgen op planken, waardoor er een ontspannen leefomgeving ontstond die bij mensen in de smaak viel. Habitat produceerde eigen ontwerpen, maar nam ook een

PERIODE: 1964
Londen, Engeland

ONTWERPER: Sir Terence Conran (geb. 1931)

reeks 'design classics', zoals Conran ze noemde, in het assortiment op – bijvoorbeeld de Cesca-stoel van Marcel Breuer uit de jaren twintig. Een andere innovatie was het uitbrengen van een postordercatalogus, waarmee Habitat een markt creëerde die het hele land bestreek. De catalogus oogde fris, modern en aantrekkelijk en was commercieel onmiddellijk een succes.

Mr Freedom

PERIODE: 1968–'69
Londen, Engeland

ONTWERPER: Jon Wealleans
(geb. 1949)

Jon Wealleans ontwierp deze stoffenboetiek voor Tommy Roberts aan de Kensington High Street in Londen, destijds een centrum van de nieuwe popcultuur in hip Londen. Wealleans had kort daarvoor Disneyland en de westkust van de Verenigde Staten bezocht. Zijn ontwerp was opgebouwd uit een mengeling van elementen die waren ontleend aan het themapark, neon, de rock-'n-roll en een nieuwe golf van Italiaans design. Het was Londens eerste winkel met een popinterieur, vol bovenmaatse zachte sculpturen en afbeeldingen van Mickey Mouse. De shop vormde een afspiegeling van de popart, wat onder andere te zien was aan de geleende wandschilderingen van Roy Lichtenstein die voortdurend wisselden. Wealleans maakte tekeningen voor objecten als een enorme kleerhanger die binnen een week werden ontworpen en geïnstalleerd.

Mr Freedom groeide uit tot een ontmoetingsplaats. De winkel was met zijn gebrek aan organisatie een typisch voorbeeld van de naïviteit van de jaren zestig en moest uiteindelijk zijn deuren sluiten. Maar Mr Freedom en Pamela Motown en Jim O'Connor kleedden gedurende enige tijd wel mensen als Peter Sellers en Elton John en droegen bij aan de mythe van Swinging London. De cultstatus van de shop lokte kopers van een bedrijf in Milaan, Fiorucci, die de winkelvoorraad opkochten en in koffers mee naar huis namen.

The Factory

The Factory was Andy Warhols beroemde studio in New York. Het verbouwde warenhuis in Manhattan fungeerde als studio, filmset en decor voor Warhols beruchte feesten. The Factory deed baanbrekend werk in de herovering van de industriële ruimte en zag interieurdesign als een vorm van toegepaste kunst. Warhol trok veel mensen aan uit de alternatieve scene van New York, onder wie Billy Name, die als documentator, organisator en leverancier van ideeën, met name voor het beroemde Cow-behang, een onmisbare figuur zou worden in het leven van de The Factory. Warhol gaf hem een camera en maakte hem fotograaf van de groep. Zijn grofkorrelige zwartwitfoto's vormen de belangrijkste documentatie van de bedrijvigheid in The Factory. Name had aanvankelijk een kapperszaak die was gevestigd in zijn eigen appartement en door veel mensen van The Factory werd gebruikt als ontmoetingsplaats. Warhol was enthousiast over de zilverfolie waarmee Name de wanden van zijn zaak had behangen, en toen Billy Name kort daarna verhuisde naar The Factory,

PERIODE: 1964
East 47th Street, New York, vs

ONTWERPER: Billy Linich (= Billy Name) (geb. 1940)

begon hij de muren daar ook met zilverfolie te bekleden. Het idee van anti-design, van doe-het-zelf, ging in tegen de tiptop verzorgde en overdadige interieurs van New York. Het zilverfolie-interieur werd naderhand gezien als dé expressie van de geest van popdesign.

Joseph Shop

PERIODE: 1988
Sloane Street, Londen,
Engeland

ONTWERPER: Eva Jiricna
(geb. 1939)

Eva Jiricna werd geboren en groeide
op in Tsjecho-Slowakije. Ze verliet
haar land in 1968, kort voor de Russische inval, om te gaan werken voor
de bouwkundige dienst van de inmiddels opgeheven Raad van Groot-
Londen. Ze is vooral bekend vanwege
haar subtiele en ingetogen werk voor
de modewinkels van Joseph. Haar interesse in architectuur heeft altijd een
technische inslag gehad en wordt
gekenmerkt door grote zorg voor de
materialen en structuur. Het was deze
esthetische visie die de aandacht van
Joseph trok. Hij wordt door velen beschouwd als een modeverkoper van
internationale betekenis en zijn vermogen om talent te ontdekken en
voeden is algemeen bekend. Voor zijn
winkelketen liet hij Jiricna een rustige,
moderne, industriële ruimte creëren
die als achtergrond moest dienen
voor de meer extravagante wereld van
de mode. Het middelpunt van de
winkel is de trap. De muren en inrichtingselementen zijn grijs geschilderd,
waardoor het skelet van staal en glas
dat de trap vormt eruitspringt als het
belangrijkste onderdeel. Het is bij
Jiricna's trappen de bedoeling dat het
lijkt alsof ze zweven, zodat alle struc-
tuurelementen tot een minimum zijn
teruggebracht. Het glas en de perspex strips rusten op ronde panelen
die op hun beurt rusten op een horizontaal gebint dat is verbonden met
de uit glaspanelen opgebouwde
balustrade. Door de fraaie constructie
is deze trap meer dan alleen een stuk
techniek, de beeldende werking
ervan is overal in de wereld in winkels
geïmiteerd.

Imagination-kantoorgebouwen

PERIODE: 1989
Londen, Engeland

ONTWERPER: Herron
Associates

Imagination, dat wordt geleid door Gary Withers, is een van de meest prestigieuze vormgevingsbureaus van Engeland. Aan het eind van de jaren tachtig was het bedrijf op zoek naar een groter onderkomen en kocht twee gebouwen met daartussen een steeg, gelegen achter de drukke Tottenham Court Road in Londen. Het was een vreemd geheel met twee parallel liggende gebouwen van rode baksteen, maar de oplossing van Ron Herron was meesterlijk. Hij opende de dode centrale ruimte door die te overdekken met een kap van doorschijnend plastic. Het resultaat is een hoog oprijzend wit atrium dat wordt doorsneden door een netwerk van semi-transparante, lichtgewicht bruggen van staal en aluminium. De voormalige buitenmuren bevinden zich nu aan de binnenkant en zijn zichtbaar gemaakt voor het publiek. Ze zijn wit geschilderd om de ruimte te verlichten en om te benadrukken dat ze nu dienen als binnenmuren.

Herron heeft zich voor de Imagination-kantoorgebouwen bediend van interieurdesign om een oud gebouw weer tot leven te wekken door deze voorheen verborgen gevels zichtbaar te maken. Daarbij heeft hij het verleden van het gebouw in ere gelaten en er tegelijkertijd iets compleet nieuws aan toegevoegd.

Royalton Hotel

PERIODE: 1988
West 44th Street,
New York, vs

ONTWERPER: Philippe
Starck (geb. 1949)

Het Royalton was meer dan een hotel-ontwerp: het markeerde de revival van het hotel als ontmoetingscentrum voor 'trendsetters' – een plek voor de ontwerpgeneratie van de jaren tach-tig om te verblijven en gezien te wor-den. Vóór de komst van Starck was het hotel een noodzakelijke behoefte, maar het was niet hip. Nu verblijven mensen niet alleen in het Royalton, maar zoeken ze ook contact met el-kaar in de bar en het restaurant. Het is een ontmoetingsplaats geworden, meer een bar of club dan een tradi-tionele, exclusieve foyer voor zaken-lui. Starck transformeerde deze ruim-te met zijn typische aandacht voor op maat gemaakte interieurelementen. Hij introduceerde nieuwe ontwerpen voor het licht, het meubilair, de toilet-ten en het restaurant. De ontvangst-balie is bij hem niet langer het tradi-tionele middelpunt van de hotelfoyer en door de plaatsing van informele zithoeken en trappen is er een ge-laagde ruimte ontstaan met een in-tieme sfeer waarin gasten elkaar kunnen ontmoeten en gezien kun-nen worden.

Barney's

PERIODE: 1994
Beverly Hills, Los Angeles,
Californië, VS

ONTWERPER: Peter Marino
(geb. 1949)

Barney's heeft de reeds lang bestaande reputatie dat het de meest stijlvolle zaak is van de grote winkels in
Manhattan, een beeld dat nog versterkt werd door de herinrichting van
het filiaal aan Fifth Avenue in 1994.
Het beleid van Barney's is gericht op
het promoten van vernieuwende mode
en daarmee heeft het niet alleen het
idee van de kledingwinkel opnieuw
gedefinieerd, maar dat van het gehele grootwinkelbedrijf. Barney's daagt
met deze benadering gevestigde
Newyorkse reuzen als Macy's, Saks
en Bloomingdales uit en mikt op een
jeugdigere en stijlbewustere klantenkring. Een onderdeel van de uitbrei-
dingsplannen van Barney's was de
opening van een winkel in het rijkste
en meest prestigieuze winkelparadijs
van Amerika, Beverly Hills in Californië. De winkel kreeg een overdadige
inrichting waarbij kosten noch moeite
werden gespaard, van de liftinterieurs
tot de vloeren, om een 'new look'-
warenhuis voor de jaren negentig te
creëren.

De inspiratiebron voor de winkel
was het Alphonso XIV Hotel in Sevilla
in Spanje. De Spaanse invloed is
overal in het ontwerp merkbaar. Aan
de buitenzijde is gebruikgemaakt van
een combinatie van baksteen, stuc-
werk en kalksteen en op het dak
liggen Spaanse pannen. De hoofd-
attractie van de winkel is een centrale
open trap, waardoor de klant glimpen
kan opvangen van alle etages en van
andere winkelende mensen. De trap
en de vloer op de begane grond zijn
belegd met een Spaanse steen, de
zogenaamde 'Blanco Macael'. De andere vloeren zijn gemaakt van hout
uit Frankrijk.

Kidosaki-huis

PERIODE: 1982–'86
Tokio, Japan

ONTWERPER: Tadao Ando
(geb. 1941)

Tadao Ando is een van de beroemdste architecten van Japan. Hoewel een groot deel van zijn werk, waaronder ook dit huis, is te vinden in Tokio, is Osaka zijn woon- en werkplaats, ver weg van de drukte van de grote stad. Het Kidosaki-huis, dat gelegen is in een rustige voorstad van Tokio, is een typisch voorbeeld van zijn filosofie. Ando's ontwerp biedt onderdak aan drie gezinnen, met voor ieder gezin aparte woonruimtes binnen het geheel van het huis. Het huis is een volmaakt vierkant blok met zijden van twaalf meter en wordt omringd door een muur. Vanuit de woonkamer kijk je door ramen die zich uitstrekken van de vloer tot het plafond uit op een binnenhof, wat het stadse panorama verrijkt met een natuurelement.

Het interieur is prachtig in zijn eenvoud. Het is Ando's uitgangspunt om vormen terug te brengen tot het essentiële. Hij gebruikt licht om vormen te accentueren en naar voren te halen, waarmee hij zowel refereert aan moderne ontwerpideeën als traditionele Japanse manieren van wonen.

Ando is een vertegenwoordiger van wat de architectuurcriticus Kenneth Frampton heeft omschreven als het 'kritische regionalisme', de combinatie van modernisme met lokale ontwerptradities uit eigen land. Een van de sleutelthema's van de interieurs van Ando is de verwerping van de chaos van het leven in een moderne grote stad. Als antwoord daarop creëert hij schuilplaatsachtige interieurs die vaak afgeschermd en omringd worden door muren en tuinen en de bewoner een vredig toevluchtsoord bieden.

Canova-museum

PERIODE: 1955–'57
Possagno, Italië

ONTWERPER: Carlo Scarpa
(1906–'78)

Carlo Scarpa kreeg in zijn leven weinig erkenning als architect, maar na zijn dood is hij door architecten en ontwerpers uit alle delen van de wereld geroemd vanwege zijn vormexperimenten en gevoel voor detail. Hij verschafte interieurontwerpers een voorbeeld, want zijn architectuur draait om verandering, om de herinrichting van bestaande gebouwen. Tot dit soort projecten behoorden veel musea. De bekendste daarvan zijn Museo Correr en Palazzo Foscari in Venetië, beide voltooid in het midden van de jaren vijftig. Scarpa toonde met zijn werk dat het mogelijk was een creatieve mix van traditie en innovatie tot stand te brengen met inachtneming van het oorspronkelijke gebouw en zonder dat het verleden werd bedolven onder het nieuwe. Deze aanpak heeft daarna in toenemende mate navolging gekregen. In 1955 begon Scarpa te werken aan de aangebouwde delen van het Canova-museum, waarin het werk van deze laat-achttiende-eeuwse meester van witmarmeren sculpturen een nieuwe plek zou krijgen. Scarpa's prestatie was dat hij een tentoonstellingsruimte met ongebruikelijke lichtbronnen schiep door ramen en openingen in de ruimte aan te brengen en de meesterwerken van Canova aldus op ingenieuze wijze te belichten. Scarpa werkte verder aan het Castelvecchio-museum in Verona en als ontwerpadviseur voor de prestigieuze Biënnale van Venetië, een internationale expositie van moderne kunst.

Silver Jewellery Shop

PERIODE: 1987

ONTWERPER: Branson Coates Practice, Londen, Engeland

Doug Branson en Nigel Coates leiden een van Londens bekendste architectenbureaus. Ze vestigden in de jaren tachtig hun reputatie met een reeks innovatieve interieurs in Londen en Tokio.

De juwelierszaken in Londens exclusieve Bond Street werden gekenmerkt door pluchen tapijten en een dure inrichting van hout. Het ontwerp van Branson & Coates voor de Silver

Jewellery Shop introduceerde een nieuwe benadering: kaarsvormige lichten, die zijn bevestigd op een rail met laboratoriumklemmen, nemen de plaats in van pilasters; voluten zijn vervangen door sierwerk van metaal; wandpanelen door een rij kluizen en donkere gotiek door somber industrialisme. De vitrines zijn geplaatst in een vrijstaande wand die over de hele lengte van de winkel doorloopt. In het ontwerp wordt gebruikgemaakt van standaardarmaturen, met als basis de laboratoriumklem die daarna werd gepatineerd. De juwelen liggen uitgestald op kussens die naar believen kunnen worden herschikt.

Er zijn sobere kleuren gebruikt om de juwelen beter tot hun recht te laten komen. De wanden zijn door Nick Welch grijs geschilderd en de granietachtige kleuren passen fraai bij de bruingetinte vloer van walnotenhout.

Branson & Coates staat er ook om bekend dat het Britse ontwerpers in de arm neemt voor hun interieurs. In de Silver Jewellery Shop zijn kroonluchters te vinden van André Dubreuil, een spiegel van Andrew Logan en een masker van Simon Costin, gemaakt van een vissenkop. Nigel Coates heeft daarnaast zijn eigen meubels gebruikt voor de winkel, waaronder zijn Chariot & Horse-stoelen.

The Hacienda

PERIODE: 1982

ONTWERPER: Ben Kelly
(geb. 1949)
Manchester, Engeland

Vóór The Hacienda liet men zich bij
het inrichten van het interieur van een
nachtclub meestal inspireren door de
glitter en glamour van *Saturday Night
Fever* of de 'paint it black'-punkstijl.
Ben Kelly en zijn voormalige partner
Sandra Douglas creëerden met The
Hacienda een nieuwe esthetische
filosofie voor de nachtclub. Het was
een van de belangwekkendste interieurs van de jaren tachtig. Het werd
ontworpen in opdracht van Factory,
een onafhankelijke platenmaatschap-
pij die het tot cultstatus had geschopt
met een reeks baanbrekende bands
als Joy Division en New Order, en die
ook de ambitie had nieuwe ideeën te
lanceren op ontwerpgebied.

Kelly had eerder ontwerpopdrachten gedaan voor Vivienne Westwood.
Hij hanteerde een industriële esthetiek, onder andere in de vorm van
verkeerspaaltjes en wegmarkeringen
en een nieuw kleurenpalet van oranje-,
groen- en roodtinten, die nu inmiddels wijd en zijd geaccepteerd zijn,
maar toen behoorlijk radicaal waren.

Kelly werd geïnspireerd door de
ideeën van de punk. De naam van de
club was geen kitscherige verwijzing
naar vakantieland Spanje, maar ontleend aan de geschriften van de
situationisten. De namen van de bars,
Kim Philby en The Guy Traitor – een
verwijzing naar Anthony Blunt – waren
ook al geen namen die je zou verwachten in een nachtclub. Het project
bracht een uniek stel talenten bij
elkaar en bepaalde aan het begin
van de jaren tachtig mede het beeld
van de originaliteit van het Britse
interieurdesign.

Nicole Farhi Showrooms

PERIODE: jaren negentig
Londen, Engeland

ONTWERPER: Din Associates

Din Associates werd in 1986 opgericht door Rasshied Din en John Harvey. De vennootschap heeft haar bekendheid vooral te danken aan haar stijlvolle, klassieke werk in de modewinkelwereld. Din en Harvey hebben een open houding ten aanzien van de projecten die ze ondernemen, wat tot uiting komt in hun pogingen de kenmerken van de bestaande ruimte te accentueren en aan de hand daarvan de nieuwe functie ervan gestalte te geven. Door hun creativiteit in het exploreren van materialen, ornamenten en de technologische mogelijkheden komen ze altijd met een innovatieve oplossing voor de projecten waaraan ze werken.

Van het ontwerpteam voor deze showroomruimte voor de modeontwerpster Nicole Farhi maakte ook Lesley Bachelor deel uit. Het resultaat was een showroom die net zoveel zei over Farhi's persoonlijkheid als over haar minimalistische modedesigns. Farhi en Din hebben nauw samengewerkt en dat heeft geresulteerd in het ontwerp voor haar mannenkledingwinkel in Covent Garden, haar winkel in Bond Street (haar paradepaardje) en haar huis in het centrum van Londen. Voor haar huis gaf ze opdracht een klassiek, tijdloos interieur te creëren dat Farhi's 'Fransheid' weerspiegelde. Het interieur vormt een succesvolle combinatie van het samenspel van grootte, verhoudingen en licht met eenvoudige materialen als diagonale stalen balken, gebleekt eiken, natuurlijke honingkleurige vloertegels, witte muren en matgroen schilderwerk. Het aldus ontstane interieur ademt de sfeer van een Londense galerij en negentiende-eeuwse serre. Het gebruik van geschilderde oppervlakken, eenvoudig lijstwerk en gegoten stalen zuilen was een benadering die daarna vaak is geïmiteerd, zowel in winkels als in huizen.

Appartement in Londen

John Young is vennoot in een van Engelands meest vooraanstaande architectenbureaus, de Richard Rogers Partnership. Dit project, ontworpen als appartement voor hemzelf en zijn vrouw, is een monument voor Youngs fascinatie met technologie. Vrijwel ieder element is gemaakt van industriële materialen: de structurele elementen vormen de architectuur.

De hoofdleefruimte bestaat uit een open L-vormig vertrek dat tegelijk woonkamer, keuken en atelier is. Op de korte arm van de L na, die dubbel zo hoog is en een mezzanine-verdieping herbergt die dient als slaapruimte, is het vertrek overal even hoog. De ruimte wordt geaccentueerd door het meubilair en door het gebruik van trappen, die in Youngs handen zonder uitzondering kunstwerken worden en tevens een oefening in constructietechniek vormen. De woonkamer wordt gedomineerd door een zwevende trap, waarvan het gebint fluorescerend geel is geschilderd. De trapleuning is gemaakt van staaldraad die bevestigd zit aan smalle stalen balustrades die sterk contrasteren met de treden van teakhout. Op de mezzanine bevinden zich ook nog een badkamer, een cabine van glazen stenen met een glazen dak en een verzonken Japanse badkuip

PERIODE: 1989
Hammersmith, Londen, Engeland

ONTWERPER: John Young (geb. 1944)

van cederhout. De wenteltrap langs de buitenmuur geeft toegang tot nog een cabineachtige ruimte, het glazen observatorium op het dak van het gebouw. In dit interieur wordt functionalisme een vorm van verheven kunst, ieder element is afgestemd op de structuur en omgevormd tot een saillant interieuronderdeel door de ruimtelijkheid en eenvoud van de materialen.

Galvez-huis

PERIODE: 1968–'69
Mexico

ONTWERPER: Luis Barragán
(geb. 1902)

Luis Barragáns werk, dat geïnspireerd
is op de traditionele Mexicaanse architectuur, is opmerkelijk vanwege het
gebruik van intense kleuren. Door
modernistische elementen te combineren met verwijzingen naar de lands-
eigen architectuur van zijn jeugd is
Barragán erin geslaagd een reeks
memorabele gebouwen te creëren
die sfeer en spiritualiteit ademen.

Vanwege het klimaat richt de Mexicaanse architectuur zich met name op
de binnenkant. Barragán maakt vaak
gebruik van een reeks platforms die
leiden naar zwaar ommuurde interieurs. Ruimtes worden afgebakend
door muren en geaccentueerd met
licht. Barragán manipuleert frequent
de lichtval op muren door een zorgvuldige plaatsing van toplichten en
ramen. Het gebruik van kleuren voegt
een spirituele dimensie toe aan het
interieur en bakent de ruimte verder
af. Tot Barragáns individuele palet
behoren vaak diepe, warme rode
kleuren en felle gele, groene en roze
tinten. Zijn kleurgebruik heeft het
werk van veel hedendaagse interieurontwerpers beïnvloed. De traditionele
Mexicaanse patronen vinden een balans in Barragáns liefde voor de abstracte vormen van het modernisme.
Het effect dat uitgaat van Barragáns
werk wordt weleens vergeleken met
de harmonie en roerloosheid van een
schilderij van De Chirico: het is altijd
emotioneel geladen en geeft een gevoel van veiligheid en vertrouwdheid.

Vliegtuiginterieur

PERIODE: 1999

ONTWERPER: Marc Newson (geb. 1963)

Marc Newson, Australiër van geboorte maar nu wonend en werkend in Londen, is beroemd om zijn karakteristieke meubels en een reeks stijlvolle bars en restaurants over de hele wereld, maar deze opdracht, voor een vliegtuig van Dassault, was enigszins anders.

In het voorjaar van 1998 werd Marc Newson benaderd om een interieur voor een privé-vliegtuig te ontwerpen. Omdat de order al was geplaatst bij vliegtuigfabrikant Dassault, was de deadline voor het project ongewoon kort. Op de specificatie stonden de te gebruiken materialen en kleuren vermeld voor de scheidingswanden, gordijnen, meubelstoffering en kasten, en stond dat de ontwerpen voor de divans, passagierstoelen, borden en bestek en glazen moesten worden aangepast. Dassault maakt altijd alles op maat en daarom was het mogelijk om enkele zeer bijzondere elementen te realiseren, zoals een tapijt met een in elkaar grijpend patroon dat in hoge mate bijdroeg aan het succes van het ontwerp. Het ontwerp van de meubelstoffering voorzag in zilverkleurig, groen en zwart leer, met bijpassend afgewerkte kastjes. Omdat hij in die tijd ook een project onder handen had voor glasfabrikant Littala, werden de drinkglazen ontworpen door Newson, waarvan het laaggeheupte profiel overigens een concessie was aan de snelle verschuivingen van het zwaartepunt bij manoeuvres op grote hoogte.

De buitenkant van het vliegtuig kreeg ook een Marc Newson-uitmonstering in de vorm van geschakeerde groene ringen, wat het voltooide vervoermiddel een onmiskenbaar indrukwekkende uitstraling gaf in de hangar.

Kraakpand De Graansilo

PERIODE: 1991
Westerdoksdijk 51,
Amsterdam, Nederland

Niet alle interieurs in dit gebouw zijn ontworpen door vakmensen. In 1989 nam een groep mensen in Amsterdam een verlaten graansilo uit 1896 in bezit, met de bedoeling deze enorme industriële ruimte te veranderen in een eigen 'woondorp'. Dit project werd gedocumenteerd door de kunst- en designcriticus David Carr-Smith, waar-mee hij een bijzonder beeld verschafte van dit unieke project. De verandering van deze kille industriële omgeving in een leefbare woonruimte resulteerde in een verbazingwekkende transformatie. Voor de bouw van hun appartementen van twee verdiepingen moesten Mark Horner en Brian Zaetinck zestien verticale meters van stalen constructies ontmantelen, afvoerleidingen en stroom aanleggen, houten vloeren aanbrengen en inrichtingselementen zien te verzamelen uit afvalcontainers bij gesloopte appartementen en spullen die mensen hadden weggegooid. Hun werk is een toonbeeld van inventiviteit en vindingrijkheid waarin de eisen van de leefbaarheid perfect zijn ingepast in de overweldigende grandeur van de ruimte. Zo zijn er naast de tapijten en huiselijke objecten die bij een woning horen stalen pilaren en wanden met steunbalken te zien. De eenvoudige boodschap is dat sommige mensen de creativiteit en vindingrijkheid hebben om hun eigen leefruimte te ontwerpen.

Chiat Day-kantoren

Chiat Day is een groot internationaal reclamebureau met kantoren in Europa en Amerika. Het heeft bekendheid verworven door als eerste het concept van het nieuwe papierloze kantoor te ontwikkelen en de traditionele werkomgeving te veranderen in een reeks ruimtes waar een verscheidenheid aan activiteiten kan plaatsvinden, zodat ze niet langer, om Jay Chiat te citeren, 'stortplaatsen van dood papier' zijn. Chiat Day wilde een complete herziening van de manier waarop kantoren waren gestructureerd en ingericht en ging op zoek naar een nieuwe en experimentele 'non-territoriale' kantooretiquette. Het personeel kreeg niet langer een vaste plaats, de vertrekken waren flexibel ingericht en overal stonden computers zodat mensen op elk gewenst moment in het systeem konden. Het succes van zo'n gewaagde stap hangt af van de wijze waarop de ontwerper omgaat met deze nieuwe ruimtelijke diversiteit. Chiat Day nam voor zijn kantoren in New York Gaetano Pesce in de arm, een toonaangevende architect uit Italië die wijd en zijd wordt bewonderd om zijn visionaire ideeën en vooruitziende blik. Pesce nam het nogal alledaagse geraamte van het gebouw als vertrekpunt en maakte een nieuwe indeling om fantasierijke interne ruimtes te creëren. Hij introduceerde een aantal opmerkelijke elementen, waaronder levendige vloeren van gekleurde hars van zeven millimeter dik. In de dertig minuten die de hars nodig had om hard te worden, werden er met de hand grillige tekeningen en geschreven boodschappen in aangebracht. Pesce gebruikte verder diverse materialen om de wanden mee te

PERIODE: 1993–'96
New York, VS

ONTWERPER: Gaetano
Pesce (geb. 1939)

bedekken, zoals kussens, dikke vilt en 'stenen' in de vorm van afgietsels van afstandsbedieningen van tv's, en ontwierp, geheel in overeenstemming met zijn interesse in iconografie, gesilhouetteerde deuropeningen die herinnerden aan reclamecampagnes van belangrijke klanten. Het individuele bureau werd vervangen door een grote personeelsgarderobe, en Pesce introduceerde hierin gedempt licht om een gevoel van privacy te creëren en daarnaast houten kastjes om het oude beeld van eenvormigheid teniet te doen dat gewoonlijk wordt geassocieerd met de garderobe.

meubels

POWERPLAY-LEUNSTOEL

MIERENSTOEL

4867-STOEL

HET DESIGN VAN MEUBELS biedt de mogelijkheid om nieuwe ontwerp- en stijlrichtingen te exploreren op een kleinschaliger terrein. In de loop van de twintigste eeuw, met zijn agenda van spectaculaire visuele en culturele verandering, groeide deze vorm van design uit tot een segment van uitzonderlijk belang. Meubels laten zien op welk terrein het design zich in de twintigste eeuw bewoog, en aan de hand van baanbrekende ontwerpen is voor ons na te gaan welke belangrijke veranderingen zich voordeden in productie, technologie, smaak en culturele aspiraties. Binnen deze context bood de stoel de mogelijkheid om radicale en uitdagende experimenten te doen en het nieuwe vocabulaire van vorm en materialen te onderzoeken. Meubels vormden het prototype voor een nieuwe manier van leven en men kon er veel gemakkelijker mee experimenteren dan op architectonisch gebied.

Aan het begin van de eeuw bestond er al een grootschalige meubelindustrie, maar de productiemethoden stoelden toen nog altijd op traditionele, arbeidsintensieve technieken. Er waren enkele technische innovaties, met name de eenvoudige en minimalistische stoel van gebogen hout van Thonet. Deze stoel bereidde de weg voor de standaardisering van eenvoudige onderdelen en kon in gedemonteerde vorm worden geëxporteerd, wat ruimte bespaarde en leidde tot enorme exportverkopen. Maar over het algemeen legde de negentiende-eeuwse fabrikant zich wat de gewone consument betreft toe op de grootschalige productie van uitgebreid versierde meubels, waarbij gebruik werd gemaakt van een ornamententaal die was ontleend aan een grote verscheidenheid van hoofdzake-

lijk historische bronnen. De Arts & Crafsbeweging sloeg een nieuwe richting in. Baanbrekende ontwerpers en winkelondernemers als William Morris deden de interesse in de eenvoudige vormen van eind negentiende-eeuwse meubels en de traditie van lokale meubels herleven. Tot deze traditie behoorden meubeltypes die honderden jaren lang onafgebroken waren gefabriceerd. Voorbeelden daarvan waren de stoel met lattenrug en de Windsor, praktische en comfortabele houten stoelen waarmee eeuwenlang het zomerhuis op het platteland en de keuken waren gemeubileerd. Nu vonden ze een plek in het nieuwe artistieke huis en stonden ze voor waarden als transparant materiaalgebruik en een heldere vormgeving. Deze eenvoudige en onversierde meubels beïnvloedden tal van vooraanstaande ontwerpers die hun eigen, op lokale voorbeelden geïnspireerde varianten ontwierpen, waaronder de beroemde Londense winkel Heals. Minutieus bewerkte en rijk gedecoreerde meubels verdwenen echter niet van de markt en kregen een nieuwe impuls door de art nouveau, de laatste 'decoratieve stijl' van de vorige eeuw. Vooraanstaande exponenten van de art nouveau in Europa maakten dure en exclusieve meubels, waarvan de invloed doorsijpelde in de meubelhandel en die een trend vormden die in de jaren twintig een voortzetting kreeg in het geometrische formalisme van de art deco.

Een radicalere benadering in het ontwerpen van meubels diende zich aan met het ontstaan van de modernistische beweging. Een van de eerste en belangrijkste experimenten op dit terrein was de beroemde roodblauwe stoel uit 1918 van Gerrit Rietveld, een vertegenwoordiger van De Stijl.

MORRISON-SOFA

Met zijn stoel werkte hij in driedimensionale vorm de schilderijen van zijn beroemde tijdgenoot Piet Mondriaan uit, waarbij hij gebruikmaakte van een pure abstracte vormgeving, geometrische lijnen en primaire kleuren. In diezelfde tijd waren toonaangevende avantgarde-architecten bezig het architectonische landschap een nieuw aanzien te geven, maar ze beseften al snel dat er geen meubilair op de markt was dat kon worden geïntegreerd in hun nieuwe open witte leefruimtes. Le Corbusier loste het probleem op door zelf bijpassende meubels te ontwerpen, en samen met zijn neef Jeanneret en de jonge Charlotte Perriand maakte hij meubels die hij zag als 'machines om in te zitten' en die dienden ter completering van het huis, ofwel een 'machine om in te wonen'.

Dit pionierswerk op meubelgebied kan worden beschouwd als een poging om een massaproduct te creëren én als een uitbreiding van dit experiment naar het huis en de woonomgeving als geheel via standaardisatie, systeembouw en fabrieksproductie. Dit soort meubilair deed in alles denken aan de machine, industrie en techniek en gaf blijk van de Europese bewondering voor amerikanisme – de wereld van Henry Ford, van wolkenkrabbers en nieuwe mogelijkheden. Belangwekkend in deze context is het meubilair dat werd ontworpen in het Bauhaus, met name de cantileverstoel van stalen buizen van Marcel Breuer. De gestroomlijnde, sculpturale en doorlopende lijnen gaven perfect uitdrukking aan de nieuwe moderniteit en openden nieuwe wegen voor het ontwerpen van meubels.

Ondertussen bleven andere exponenten van het modernisme, met name Alvar Aalto in de jaren dertig en Arne Jacobsen in de jaren vijftig, natuurlijke materiaalen en organische vormen toepassen. Deze tradities vormden een nalatenschap die werd geërfd door de naoorlogse wereld. Op de meubelagenda stonden nu de eisen van een nieuwe consumptiecultuur, wat tot uiting kwam in de esthetische filosofie van de pop art in de jaren zestig en in nieuwe technologieën. Met synthetische lijmsoorten en multiplex konden nu de meest buitenissige modellen worden gemaakt, en plastic polypropyleen leidde tot de introductie van goedkope, lichte en massaal geproduceerde stoelen door Italiaanse bedrijven als Kartell. Terwijl ontwerpers bleven voortborduren op de ideeën van de modernistische beweging, dienden zich met de komst van het postmodernisme nieuwe prioriteiten aan. De consumenten en de ontwerpers kregen opnieuw belangstelling voor kleur, decoratieve elementen en dessins. In plaats van klassiek werden meubels speels, grappig en kinderlijk, een trend die in de jaren tachtig met name werd belichaamd door de Italiaanse groep Memphis. Tegelijkertijd werd de esthetische visie van de massaproductie aangevochten door enkele belangrijke ambachtelijke ontwerpers, onder wie Ron Arad en Tom Dixon. Hun uitgangspunt was het unieke meubelstuk, waarbij ze gerecyclede materiaalen en plastische metalen vormen toepasten. Hun ideeën werden al snel gemeengoed. Vandaag de dag vormen de industriële designs en materialen van de modernistische beweging gewoon een van de vele stijlopties voor de consument, naast de grillige en expressieve modellen en naast het traditioneel beklede meubilair waarin sinds de negentiende eeuw weinig is veranderd.

STAPELKRUK

WW-KRUK

Stoel nr. 14

PERIODE: 1859

ONTWERPER: Michael Thonet (1796–1871)

MATERIAAL: gebogen beukenhout

FABRIKANT: Gebroeders Thonet, Wenen, Oostenrijk

De stoel van gebogen hout van Thonet was een van de succesvolste stoelen van de twintigste eeuw en wordt in gewijzigde vorm nog steeds gemaakt. Michael Thonet werd geboren in het kleine Duitse stadje Boppard, een centrum van meubelmakerij. Hij maakte gebruik van de technieken die hij tonnenmakers en botenbouwers had zien toepassen en experimenteerde met het stomen en buigen van stukken beukenhout. Door die vast te zetten in houtklemmen en gebruik te maken van stroken tin wist hij harde stukken beukenhout verder te buigen dan van nature mogelijk was.

In 1836 introduceerde hij de eerste stoel van laminaathout en in 1856 kreeg hij een patent op zijn industriële productieproces voor gebogen hout.

Thonet was verder verantwoordelijk voor nog een belangrijke innovatie. Met het oog op de exportmarkt ontwikkelde hij bouwpakketmeubilair, waarbij hij het stoelontwerp terugbracht tot vier onderdelen, zodat vijfendertig niet-geassembleerde stoelen slechts vijfendertig vierkante meter laadruimte in een schip in beslag namen. Wanneer de stoelen dan hun bestemming bereikten, werd met de hand de rieten zitting aangebracht.

De stoel was goedkoop, viel in de smaak en werd daarom in grote aantallen geproduceerd. De kwaliteiten ervan werden erkend door moderne ontwerpers. Het was een van de weinige commerciële meubels die Le Corbusier kocht voor zijn interieurs en is een zeldzaam voorbeeld van een design dat niet ten prooi is gevallen aan de tand des tijds.

Horta-museum

PERIODE: 1898–1901
Brussel, België

ONTWERPER: Victor Horta
(1861–1947)

Hoewel de art nouveau direct doet denken aan Frankrijk, was Parijs niet het enige centrum waar deze nieuwe stijl evolueerde. Ook andere Europese steden speelden een grote rol in de ontwikkeling van de art nouveau, vooral de Belgische hoofdstad Brussel. In de jaren negentig van de negentiende eeuw ontwierp Victor Horta een reeks huizen voor particuliere cliënten, waarvan hij niet alleen de constructie ontwierp, maar ook elk facet van het interieur, waaronder de tapijten, de lampen, het gebrandschilderde glas en de meubels. In deze huizen, waartoe ook het zijne behoorde, dat nu het Horta-museum is, ontwikkelde hij een gerijpte versie van de art nouveau-stijl, waarbij hij gebruikmaakte van kronkelende lijnen en ingewikkelde naturalistische ontwerpen voor de meubels, armaturen en andere interieurelementen om een uniform geheel te creëren. Op de foto is ook Horta's gebruik van witte geëmailleerde stenen te zien. Oorspronkelijk waren die bedoeld voor de buitenkant, maar hier zijn ze gebruikt als originele bekleding van de wanden. Horta werd een van Europa's geraffineerdste exponenten van de art nouveau, en de beroemde slingerende lijn, die de belichaming vormt van zijn stijl, werd daarom de 'Horta-lijn' genoemd.

In 1902 kreeg Horta opdracht het Belgische paviljoen te ontwerpen voor de tentoonstelling in Turijn, een uitstalkast voor de art nouveau. Maar Horta voelde zich steeds mee geïsoleerd en deed na de Eerste Wereldoorlog, toen de art nouveau uit de mode was geraakt, weinig ontwerpwerk meer. In 1920 werd hij professor aan de Académie des Beaux Arts in Brussel, waar hij tot 1931 bleef.

Letchworth-slaapkamer

PERIODE: 1905

ONTWERPER: Ambrose Heal
(1872–1959)

FABRIKANT: Heal and
Son, Londen, Engeland

Heal's was en is een van de bekendste meubelzaken in Londen. In de tijd dat Ambrose Heal directeur was, adopteerde het bedrijf een progressieve ontwerpstijl. Heal leerde het vak als leerling in een meubelatelier in Warwick. Toen hij in 1893 ging werken in de zaak van zijn vader, kreeg hij in de winkel een klein hoekje toebedeeld om zijn eigen ontwerpen te tonen. Zijn werk was zwaar beïnvloed door de Arts & Crafts-beweging, maar Heal was absoluut geen amateur. Hij trok met zijn ontwerpen al snel internationale belangstelling door ze te exposeren in Parijs en Londen.

In 1905 werd Ambrose gevraagd een collectie meubels te ontwerpen voor de Letchworth Exhibition. Het meubilair zou worden tentoongesteld in een zomerhuis dat was ontworpen door de FW Group. Letchworth was een van de nieuwe 'tuinsteden' die op dat moment overal in Groot-Brittannië als paddestoelen uit de grond schoten, en de bedoeling was dat het meubilair in de smaak zou vallen bij de middenklasse die in die lommerrijke voorsteden woonde.

De designs van Heal waren prachtig en kwamen voort uit de Engelse meubeltraditie die tot inspiratiebron had gediend voor de Victoriaanse ontwerpvernieuwers. In zijn meubilair lag de nadruk op eenvoudige en rationele vormen en egale oppervlakken die niet waren gedecoreerd. Door deze eigenschappen doet de collectie van Heal niet onder voor de radicale ontwerpstijlen op het Europese vasteland, ondanks de naam. De Cottage Furniture-collectie, die in 1919 aan het publiek werd getoond door middel van een geïllustreerde catalogus, vormde een samenvatting van zijn benadering.

Shaker-meubilair

PERIODE: eind negentiende eeuw, VS

Originele shaker-meubels en reproducties gaan tegenwoordig voor hoge prijzen van de hand en zijn bij veel mensen geliefd. De shakers waren oorspronkelijk een non-conformistische Engelse sekte die werd opgericht door Ann Lee in Manchester. Eind achttiende eeuw emigreerden Mother Lee en een groep volgelingen, op zoek naar religieuze vrijheid, naar de oostkust van Amerika, waar ze een aantal gemeenschappen stichtten. De shakers verwierpen alle moderne uitvindingen en leidden een ingetogen en sober bestaan dat ze vertaalden in hun meubels en huishoudelijke gebruiksvoorwerpen. De ambachtslieden van de shakers gaven hun morele geloofsovertuigingen gestalte in spaarzame en eenvoudige interieurs en meubels – stoelen met een lattenrug, tafels en kisten – die voor een deel waren geïnspireerd op laat-achttiende-eeuws Engels meubilair. Maar ze voegden daar een geheel eigen element aan toe en kwamen met nieuwe ideeën zoals ingebouwde kasten en de karakteristieke balken waaraan ze hun kleren en stoelen ophingen.

In de loop van de twintigste eeuw zijn veel shaker-gemeenschappen verdwenen. Er zijn er nog maar een paar. Maar de shaker-stijl heeft veel twintigste-eeuwse ontwerpers beïnvloed. Hun meubilair kende geen decoratieve elementen en gebruikte de taal van de vormgeving om morele zuiverheid tot uitdrukking te brengen. Het is dan ook niet moeilijk te begrijpen waarom ze bewondering hebben geoogst bij veel moderne ontwerpers.

Roodblauwe leunstoel

PERIODE: 1918

ONTWERPER: Gerrit Rietveld (1888–1964)

MATERIAAL: geverfd hout

De roodblauwe stoel bracht destijds een visuele schok teweeg en is daarom in ieder overzicht van twintigste-eeuws design terug te vinden. Samen met het Rietveld-Schröder-huis is de stoel model komen te staan voor de modernistische beweging.

Rietveld was lid van De Stijl, een van de coherentste groepen binnen de modernistische beweging. Hoewel Gerrit Rietveld een sleutelfiguur binnen De Stijl was, bleef zijn werk geworteld in de ambachtelijke traditie waarin hij werd opgeleid. Tot 1911, toen hij in Utrecht zijn eigen kastenmakerij opende, werkte hij voor zijn vader als leerling-kastenmaker.

Zijn aanpak veranderde compleet in 1918, toen hij in contact kwam met enkele vroege leden van De Stijl. Hun zoektocht naar een universele uitdrukkingsvorm bracht hen ertoe te experimenteren met primaire kleuren, geometrische grondvormen en ab-stracte pure modellen. De meest herkenbare expressie van deze doelen is te vinden in de schilderijen van Piet Mondriaan. Dit werk was geïnspireerd op Rietveld, die de boodschap van De Stijl letterlijk nam: 'het nieuwe bewustzijn is klaar om in alles te worden verwezenlijkt, ook in alledaagse dingen'.

Rietveld ontwikkelde de ideeën van De Stijl in een driedimensionale vorm. De beroemdste voorbeelden daarvan zijn de befaamde roodblauwe stoel uit 1918 en het Rietveld-Schröder-huis, dat zes jaar later werd gebouwd in Utrecht.

Het is simplistisch maar niettemin waar om deze ontwerpen te kenschetsen als driedimensionale Mondriaan-schilderijen. En daarnaast dient opgemerkt dat zijn werk interessanter is als revolutionair visueel object dan als designoplossing voor de behoeften van de twintigste eeuw.

Cesca-stoel (B32)

PERIODE: ca.1926

ONTWERPER: Marcel Breuer (1902–'81)

MATERIAAL: verchroomd staal, hout en riet

FABRIKANT: Gebroeders Thonet, Frankenberg, Duitsland

Marcel Breuer begon zijn loopbaan op de beroemdste ontwerpschool van de twintigste eeuw, het Bauhaus in Duitsland. Hij meldde zich daar in 1920 aan en bracht de meeste tijd door in het atelier waar kasten werden gemaakt. Zijn werk werd vrijwel onmiddellijk erkend als hoogst origineel.

Het verhaal over hoe hij de gebogen stalen buis ontdekte is deel geworden van de mythologie rond de modernistische beweging. Naar verluidt kocht Breuer op een dag een Adler-fiets en werd hij zo geïnspireerd door de sterkte en lichtheid ervan dat hij besloot dezelfde technieken toe te passen op meubels. Hoewel veel andere ontwerpers experimenteerden met het idee van één enkele gebogen stoel-

vorm zonder traditionele poten, werd Breuers B64 – in de jaren zestig vernoemd naar Francesca, Breuers geadopteerde dochter – het beroemdste cantileverontwerp van het decennium.

Breuer had geen opleiding genoten als architect en begon pas gebouwen te ontwerpen toen hij in 1928 het Bauhaus verliet en naar Berlijn verhuisde. Zijn bouwkundige projecten bleven in deze periode beperkt tot interieurs en inzendingen voor wedstrijden, maar waren zonder uitzondering radicaal nieuw. Breuer was in zoverre een buitenbeentje dat hij eerst de wereld van het meubilair verkende en daarna pas die van de architectuur, dit in tegenstelling tot Gropius en Mies van der Rohe. Aldus

kan dit werk worden gezien als een oefening voor zijn gebouwen. Zijn gestroomlijnde, naadloos doorlopende metalen meubels gaven perfect weer waar de modernistische beweging voor stond en vormden de inspiratie voor Breuers interieurs en structuren. In 1937 onderwees hij op uitnodiging van Gropius architectuur op Harvard. Breuer ontwikkelde er zich als een belangrijke brugfiguur tussen Europa en Amerika. Hij manifesteerde zich, deels door zijn vroegere opleiding in een atelier, als een populaire en praktisch ingestelde leraar. Zodoende werd Breuer belangrijker vanwege zijn invloed op een generatie van baanbrekende architecten dan vanwege zijn eigen gebouwen.

Chaise Longue

PERIODE: 1928

ONTWERPERS: Le Corbusier (1887–1965), Pierre Jeanneret (1896–1967), en Charlotte Perriand (geb. 1903)

MATERIAAL: verchroomd en geverfd staal met leren en stoffen bekleding

FABRIKANT: Thonet Frères, Parijs, Frankrijk

Tussen 1925 en 1930 produceerden enkele van de getalenteerdste Europese architecten, onder wie Marcel Breuer en Ludwig Mies van der Rohe, stoelontwerpen van buizenstaal en leer die tot de klassieke meubelmodellen van de twintigste eeuw zijn gaan behoren.

Wellicht het fraaiste en duurzaamste modernistische meubelstuk uit deze tijd is de chaise longue, die in 1928 werd ontworpen door een onbekende ontwerpster, Charlotte Perriand, hier liggend op haar creatie op een foto van Pierre Jeanneret. Toen Perriand de vooraanstaande architect Le Corbusier benaderde met haar portfolio, kreeg ze te horen: 'Wij maken hier geen kussens!' Haar verlangen om een plaats te veroveren binnen de mannelijke wereld van de architectuur werd beloond toen ze ten slotte van Le Corbusier opdracht kreeg meubilair te ontwerpen voor de villa's die hij in aanbouw had.

Le Corbusier had een holistische benadering ten aanzien van architectuur, waarin meubelstukken fysiek werden geïntegreerd in de structuur van het gebouw. Le Corbusier noemde de interieuronderdelen van een huis 'équipment d'habitation', ofwel letterlijk 'woonbenodigdheden'.

De ontwerpen die werden gemaakt door Perriand, en waarvoor zijzelf, Le Corbusier en zijn neef Pierre Jeanneret tekenden, behoren tot de zuiverste expressievormen van de modernistische esthetische filosofie, waarin eenvoud en functionaliteit de leidende principes zijn. De poten van de stoel zijn gemodelleerd naar het profiel van een vliegtuigvleugel, waarmee het meubelstuk een icoon is van het 'machinetijdperk'.

Perriands ontwerpen werden eerst geproduceerd door Thonet en later door het Zwitserse bedrijf Embru. De chaise longue wordt nu in gewijzigde vorm gemaakt door Cassina.

Barcelona-stoel

Tom Wolfe beschreef in *From Bauhaus to Our House*, zijn kritiek op het modernisme, hoe Mies van der Rohes Barcelona-stoel een icoon van de nieuwe waarden en aspiraties van het naoorlogse Amerika werd: 'Wanneer je dat heilige object op het sisaltapijt zag staan, wist je dat je in een huis was waarin een jonge architect en zijn vrouw alles hadden opgeofferd om het symbool van de goddelijke missie in huis te krijgen.'

De Barcelona-stoel werd oorspronkelijk ontworpen voor het Duitse Paviljoen op de Internationale Tentoonstelling in Barcelona in 1929. Het Duitse Paviljoen was het enige modernistische gebouw op de tentoonstelling en baarde groot opzien. Mies plaatste zijn beroemde stoel binnen de sobere structuur als troon voor de Spaanse koning en koningin, en hoewel de stoel was ontworpen binnen het kader van de modernistische esthetiek, deed het x-vormige onderstel denken aan zetels van middeleeuwse machthebbers.

De stoel werd vanaf 1948 in Amerika gemaakt, kwam te staan voor moderniteit, smaak en hoge kwaliteit en symboliseerde voor iedereen die hem kocht de waarden van de grote bedrijven. Mies had geprobeerd op een nieuwe manier tegen meubels aan te kijken en een volledig andere benadering te ontwikkelen tegenover de overheersende ambachtelijke traditie. Zijn architectuur en meubilair deden in alles denken aan de machine, industrie en techniek en gaven blijk van de Europese bewondering voor amerikanisme – de wereld van Henry Ford, wolkenkrabbers en nieuwe mogelijkheden. Ironisch

genoeg was de Barcelona-stoel het product van nauwgezet toegepaste ambachtelijke technieken en werden er traditionele materialen voor gebruikt.

PERIODE: 1929

ONTWERPER: Ludwig Mies van der Rohe (1886–1969)

MATERIAAL: verchroomd staal met leren bekleding

FABRIKANT: Bamberg Metallwerk-statten, Berlijn, Duitsland, later Knoll Associates, New York, VS

Fauteuil, Modèle Petit Confort

PERIODE: 1928

ONTWERPERS: Le Corbusier (1887–1965),
Pierre Jeanneret (1896–1967) en
Charlotte Perriand (geb. 1903)

MATERIAAL: verchroomd staal en leren bekleding

Le Corbusiers meubels – ofwel 'woon-benodigdheden' – moeten worden gezien als een verlengstuk van zijn doelen op bouwkundig gebied in deze periode. Toen Le Corbusier besefte dat zijn cliënten geen meubilair konden kopen dat accordeerde met de golvende ruimte van zijn huizen, ontwierp hij voor zijn 'machines om in te wonen' een collectie bijpassende meubels, ofwel 'machines om in te zitten'. Hij plaatste dit meubilair in de interieurs van huizen als Maison Cook (1927), Villa Church (1927-'28) en Villa Savoye (1929), waarin het werkte als een losse verzameling beeldhouwwerken die de vrij-golvende ruimte van het interieur accentueerden en van het huis een volledig ontworpen eenheid maakten.

Het meubilair werd niet door Le Corbusier alleen ontworpen. Hij werkte samen met Charlotte Perriand, een jonge meubelontwerpster die had geëxperimenteerd met buizenstaal als materiaal, en met zijn neef en partner Pierre Jeanneret. Het design van dit meubilair dient aan hen alledrie te worden toegeschreven, een deel aan Perriand alleen – een feit dat pas sinds kort wordt onderkend.

Van de 'confort'-stoel werden zowel kleinere als grotere versies gemaakt. De prototypes hadden kromme achterpoten en met veren gevulde kussens. Het Milanese bedrijf Cassina maakt hem tegenwoordig weer in een enigszins gewijzigde vorm.

E.1027-bijzettafeltje

In 1925 ontwierpen Eileen Gray en Jean Badovici Villa E.1027, waarin ze meubilair plaatsten dat was gemaakt in haar Parijse ateliers. Gray onderzocht de mogelijkheden van nieuwe materialen, zoals het buizenstaal dat ze voor het hier getoonde bijzettafeltje gebruikte. Het was oorspronkelijk bedoeld als bedtafeltje, met een ringvoet die onder het bed kon worden geschoven en een blad dat kon worden versteld in hoogte.

Het E.1027-tafeltje is in zoverre te vergelijken met de experimentele cantileverstoelen van de jaren twintig dat ook hierin het idee van een tafel zonder conventionele poten werd geëxploreerd en de mogelijkheden van gestroomlijnd buizenstaal werden onderzocht. Maar het was Gray veeleer te doen om visuele perfectie dan om de toepassing van industriële technieken. Het tafeltje werd aan het eind van de jaren zeventig weer in productie genomen.

PERIODE: 1927

ONTWERPER: Eileen Gray (1879–1976)

MATERIAAL: buizenstaal en acrylglas

FABRIKANT: Atelier Eileen Gray–Galerie Jean Desert, Parijs, Frankrijk

Stapelkruk met L-vormige poten

PERIODE: 1932–'33

ONTWERPER: Alvar Aalto
(1898–1976)

MATERIAAL: multiplex

FABRIKANT: Artek,
Helsinki, Finland

Aalto's grote prestatie was dat hij ontwerpen maakte die tegelijk hun tijd vooruit en tijdloos waren. Zijn meubilair, dat hij ontwierp voor zijn gebouwen, weerspiegelt precies dezelfde esthetische filosofie als zijn architectuur - alles kwam voort uit dezelfde visie.

Door de schoonheid van zijn meubilair van multiplex werd het meer dan alleen meubilair – het werd bewonderd en verzameld als een vorm van beeldhouwkunst voor het moderne interieur. Zijn keukenkrukken van multiplex werden bijvoorbeeld door ontwerper Ben Kelly opgenomen in het bestek voor nachtclub The Hacienda in Manchester in de jaren tachtig en vonden over de hele wereld hun weg naar keukens, restaurants en woningen. Aalto's ontwerpen zijn niet meer weg te denken uit het moderne interieur en vormen de inspiratiebron voor talloze imitaties in winkels als Ikea.

Aalto's keuze voor natuurlijke materialen zoals hout en zijn eenvoudige toepassing van gebogen lijnen weerspiegelen zowel zijn interesse in organische vormen als zijn voorkeur voor een menselijke, humane esthetiek.

In 1925 trouwde hij met de architecte Aino Marsio, zijn belangrijkste medewerkster. Zij leidde Artek Houten Meubelen, het bedrijf dat Aalto's ontwerpen op de markt bracht. Ze waren vrijwel onmiddellijk een commercieel succes in de hele wereld.

Mierenstoel

Arne Jacobsen versmolt de tradities van zijn geboorteland Denemarken met de concepten van het destijds heersende modernisme. Net als veel andere Scandinavische architecten hield hij zich ook bezig met het design van interieurs. Het merendeel van zijn ontwerpen voor zilverwerk, textiel en meubels hoorde bij een specifieke locatie, maar zijn werk viel onmiddellijk in de smaak bij een groter publiek.

In 1952 ontwierp hij De Mier, een lichte, stapelbare stoel waarvan de zitting en rug waren gevormd uit één stuk multiplex dat rustte op een frame van buizenstaal. De stoel werd ontworpen voor de meubelfabriek van Fritz Hansen, die al een aantal jaren had geëxperimenteerd met met stoom gebogen multiplex. De Mier was Jacobsens bijdrage aan de taal van modern, fabrieksmatig geproduceerd meubilair en vormde de inspiratiebron voor een reeks opvolgers van 1952 tot 1968 waarvan de doorlopende zitting en rug het gemeenschappelijke element waren. Deze stoelen markeren een belangrijk keerpunt in Jacobsens carrière en hij groeide van toonaangevend Deens ontwerper uit tot een figuur van internationale importantie.

Mierenstoel 3107, die hier is afgebeeld en werd gemaakt als Serie 7, werd ontworpen voor het gemeentehuis van Rodovre. De stoel wordt nu gemaakt in tal van versies en kleuren en is en blijft de meest verkochte stoel in Denemarken. Door de toepassing van nieuwe materialen en organische vormen werden deze stoelen gezien als originele, frisse, opmerkelijke en zelfs prikkelende objecten. Het is geen toeval dat de foto waarop Christine Keeler naakt poseert op een imitatie van de Mierenstoel een icoon van de Swinging Sixties is geworden.

PERIODE: 1955

ONTWERPER: Arne Jacobsen (1902–'71)

MATERIAAL: multiplex en verchroomd staal

FABRIKANT: Fritz Hansen Denemarken

Landi-stoel

PERIODE: 1938

ONTWERPER: Hans Coray (geb. 1906)

MATERIAAL: aluminiumlegering en rubber

FABRIKANT: Blattmann Metallwarenfabrik, Zwitserland

De Landi, die werd gecreëerd voor de Nationale Expositie van Zwitserland van 1939 – *die Schweizerische Landesausstellung* – groeide uit tot de populairste buitenstoel van de twintigste eeuw. Hoewel aluminium duur was voor meubilair, werd het als een belangrijk Zwitsers exportproduct toepasselijk geacht om het nationale prestige te vergroten. De Landi, gemaakt van in de fabriek gewalste platen van een aluminiumlegering, was een technologische krachttoer. De armleuningen en poten werden afzonderlijk gemaakt en overdekt met een laagje doorzichtige vernis. De bijzondere vormgeving loopt vooruit op de naoorlogse experimenten met multiplex van het Eames-tijdperk. De Landi – sterk, comfortabel en roest- en waterbestendig – was onmiddellijk een succes en vond, hoewel ontworpen voor buiten, al snel zijn weg naar huizen, restaurants en cafés. Sinds 1938 is de stoel onafgebroken in productie geweest.

Eettafelstoel, model 3a

PERIODE: 1943

ONTWERPERS: Utility Design Team

MATERIAAL: eikenhout en zitting van leerdoek

FABRIKANT: Utility Scheme, Londen, Engeland

Utility was een fascinerend design-experiment dat ontstond aan het begin van de Tweede Wereldoorlog. In 1940, toen de Blitz-bombardementen al veel mensenlevens hadden geëist en grote verwoestingen hadden aangericht, wilde minister-president Winston Churchill het moreel onder de bevolking onder andere hooghouden door op beperkte schaal consumentengoederen beschikbaar te stellen. De regering riep daartoe het Utility-plan in het leven. De strekking was simpel: alle meubilair, kleding en andere producten zoals keramiek zouden speciaal worden ontworpen en geproduceerd en verkrijgbaar zijn op rantsoenbasis.

Een kleine groep ontwerpers werd aan het werk gezet, van wie velen al hadden ontworpen in de stijl van het nieuwe Europese modernisme. Een van hen was Gordon Russell, die in de jaren dertig moderne meubels op de markt had gebracht, maar de resultaten vormden een mix van de uitgangspunten van de Britse Arts & Crafts-traditie en de nuttigheidseisen van de oorlog. Het was dan ook geen toeval dat een van de collecties Cotswold werd genoemd – in de negentiende eeuw een centrum voor Arts & Crafts-experimenten. Typerend voor deze designs was deze eettafelstoel, die was gebaseerd op eerder werk van Britse Arts & Crafts-ontwerpers, maar bij deze stoel werden vereenvoudigde constructiemethodes toegepast en de zitting kreeg een bekleding van synthetisch leer.

Superleggera-stoel

PERIODE: 1955

ONTWERPER: Gio Ponti
(1891–1979)

MATERIAAL: geverfd essen-
hout en riet

FABRIKANT: Cassina,
Meda, Italië

Gio Ponti was een genie met veel
talenten. Behalve dat hij actief was
als leraar en schrijver, manifesteerde
hij zich ook als een begaafd schilder
en ontwierp hij producten, lampen en
meubels. Er waren destijds veel
getalenteerde Italiaanse ontwerpers,
maar Ponti is en blijft een uniek individu die op een bijzondere manier
keramiek, meubilair, theaterdecors,
stadsplanning en grafische kunst integreerde in de architectuur.

In de jaren dertig had hij gewerkt
met Cassina, een van de meest vooraanstaande meubelfabrikanten van
Italië, en dit samenwerkingsverband
werd na de oorlog voortgezet.
Cassina wilde een lichte, gemakkelijk
te verplaatsen stoel die paste in de
kleine appartementen van de jaren
vijftig waarin men moest woekeren
met de woonruimte die men had.
Ponti kwam daarop met een origineel
ontwerp, de Superleggera-stoel van
1955. Hij liet zich hiervoor inspireren
door de traditionele lichte houten
stoelen van lokale vissers die hij had
gezien als kind. Hij had al vanaf 1947
gewerkt aan verschillende versies
van dit inheems Italiaanse ontwerp.
Met de Superleggera leverde hij uiteindelijk een klassieke, maar toch
moderne stoel af, die zeer populair
werd bij de Italiaanse consument. In
1957 won hij er de Compasso d'Oro-
prijs mee. De combinatie van traditionele en moderne elementen, Ponti's

handelsmerk, is ook terug te vinden
in de Pirelli-toren (1956) in Milaan,
waarin modern beton wordt overkapt
door een cantileverdak in de vorm
van een kardinaalshoed.

Salontafel IN-50

Het is niet vreemd dat deze eenvoudige en sobere tafel werd ontworpen door een tuinarchitect en beeldhouwer die in de jaren twintig had gewerkt als assistent van Alexander Calder. De tafel werd Isamu Noguchi's bekendste ontwerp en trok internationaal de belangstelling vanwege de minimalistische vormgeving die paste in de cultuur van de jaren vijftig. Voor het onderstel gebruikte hij twee identieke elementen, waarvan hij er een omdraaide en vastlijmde aan het andere. Een interessant feit is dat deze minimalistische vorm van design Noguchi veel problemen bezorgde en de inspiratiebron vormde voor de imitaties die zijn carrière als ontwerper verziekten. Feitelijk was het een plagiaatontwerp van een eerdere tafel waardoor Noguchi ertoe werd gebracht deze tafel te maken. Er werden direct grote aantallen van verkocht, mede door het feit dat Herman Miller deze tafel kon promoten als een zelfbouwmeubel.

PERIODE: 1945

ONTWERPER: Isamu Noguchi (1904–'88)

MATERIAAL: zwart geverfd beukenhout en glas

FABRIKANT: Herman Miller Meubels Company, Michigan, vs

P40-ligstoel

PERIODE: 1954

ONTWERPER: Orsaldo Borsani (1911–'85)

MATERIAAL: metaal en stoffen bekleding

FABRIKANT: Tecno, Milaan, Italië

Deze stoel, een van de opmerkelijkste ontwerpen van het decennium, is een technisch kunststukje en lijkt met zijn verstelbare zitting, rug en armleuningen op een vliegtuigstoel. Er werden technische mogelijkheden in toegepast die afkomstig waren uit de auto-industrie. Zo werd er schuimrubber, destijds een nieuw materiaal van Pirelli, gebruikt om de stoel mee te capitonneren, en daarnaast was de voetensteun neerklapbaar en kon de stoel in 486 verschillende standen worden gezet. Tecno, de fabrikant ervan, was ooit begonnen onder de naam Atelier Varedo, dat werd geleid door Gaetano Borsani, in de jaren twintig een progressieve ontwerper die op de Triënnale van Monza van 1927 een zilveren medaille won. Borsani opende na de Tweede Wereldoorlog zijn eerste winkel aan de prestigieuze Via Montenapoleone in Milaan. Later richtte hij Tecno op, dat werd geleid door zijn twee zoons, ontwerper Orsaldo en financieel directeur Fulgenzio. Tecno concentreerde zich op het ontwerpen en produceren van meubilair voor kantoren en bedrijven, waaronder Olivetti.

Eames-opbergmeubel 421-C

PERIODE: 1949–'50

ONTWERPERS: Charles
Eames (1907–'78) en
Ray Eames (1916–'88)

MATERIAAL: multiplex,
gelakt staal, fiberglas,
masoniet en rubber

FABRIKANT: Herman
Miller Meubels Company,
Michigan, VS

In 1941 trouwde Charles met Ray Kaiser en samen werden ze de belangrijkste meubelontwerpers van Amerika. Hun werk domineerde na de Tweede Wereldoorlog niet alleen de designcultuur in hun eigen land, maar in de hele wereld, en hun experimenten met nieuwe materialen, met name multiplex en plastic, vormden de aanzet tot een esthetiek die de geest van de jaren vijftig tot uitdrukking zou brengen. Het hier getoonde opbergmeubel is nauw verbonden met het huis dat Charles en Ray Eames voor zichzelf bouwden in Californië (zie p. 60) en bestaat

uit een skelet van geprefabriceerde stalen onderdelen en inzetstukken die geverfd zijn in felle kleuren. Dit gebruik van losse delen kan worden geplaatst in de modernistische traditie om gestandaardiseerde, industriële technieken toe te passen bij het maken van huishoudelijk meubilair. Het idee was dat de gebruiker met deze geprefabriceerde losse delen vrijwel onbeperkt combinaties kon maken naar gelang zijn praktische behoeften en persoonlijke smaak. Fabrikant Herman Miller illustreerde in zijn catalogus de diverse mogelijkheden die het opbergmeubel bood,

maar dit vroege experiment bleek moeilijk aan de man te brengen. Het vereiste nogal wat vaardigheid om de Inzetstukken goed op hun plaats te krijgen en de mensen waren in de jaren vijftig nog niet echt te porren voor het doe-het-zelf-concept. Hoewel het Eames-design later de inspiratiebron vormde voor veel imitatieversies, was het opbergmeubel commercieel geen succes en werd het uit productie genomen.

Over het geheel genomen verkeerden Charles en Ray Eames echter in de zeer gelukkige omstandigheid dat ze praktisch als huisontwerpers fungeerden voor Herman Miller, de meest prestigieuze meubelfabriek van Amerika. Het bedrijf genoot een hoog aanzien in de designwereld en wenste dat zo te houden, zodat veel zorg werd besteed aan de productie en marketing van het meubilair van het paar Eames en het een prominente plaats kreeg toebedeeld, en nog steeds krijgt, in boeken, tijdschriften en bijzondere interieurs die bedoeld zijn om gezien te worden.

Diamantstoel nr. 22

PERIODE: 1952

ONTWERPER: Harry Bertoia (1915–'78)

MATERIAALS: staal met stoffen bekleding en rubber

FABRIKANT: Knoll Associates, New York, vs

Er zullen nogal wat mensen zijn die in dit object eerder een beeldhouwwerk zien dan een stoel. Het werd ontworpen om van alle kanten te worden bekeken en vormde een voortzetting van Bertoia's eerdere experimenten met visuele transparantie en het gebruik van metaaldraad. In ieder geval was dat zijn visie op zijn werk. Hij was opgeleid als beeldhouwer en kort na het ontwerpen van deze stoel wijdde hij zich voor de rest van zijn leven weer aan dit metier. Voor veel mensen is deze draadstoel echter het zinnebeeld geworden van de ontwerpesthetiek van na de Tweede Wereldoorlog - nieuwe materialen, een nieuwe lichtheid in vormgeving en een wenkende toekomst.

Vanaf het eind van de jaren dertig, toen hij verhuisde naar de Cranbrook Academy, bevond Bertoia zich in het middelpunt van nieuwe Amerikaanse ontwikkelingen op het designgebied. Op Cranbrook ontmoette hij zijn vriend Charles Eames, met wie hij kort samenwerkte, en Florence Knoll. Zij was het die hem later opdracht gaf om een stoel naar zijn keuze te ontwerpen. Het duurde twee jaar voordat de Diamant-collectie in productie kon worden genomen en op de markt kon worden gebracht. Bertoia creëerde met netten van staaldraad een web van diamantvormen in deze zwevende zitschelpen. De collectie was altijd al duur omdat er veel handmatig laswerk aan te pas komt. Hoewel ze Bertoia's laatste meubelontwerpen vormen, zijn en blijven het klassieke stoelen uit de naoorlogse periode.

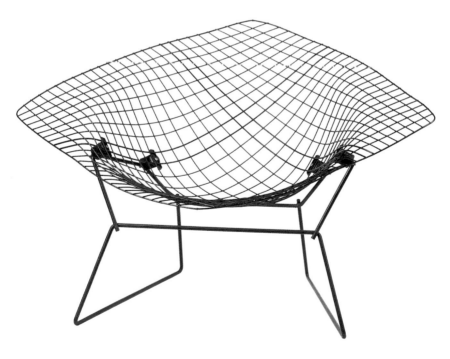

Arabesk-tafel

Carlo Mollino, die werd geboren in Turijn, de stad in het middelpunt van de nieuwe Italiaanse industrialisatie met monumentale bouwwerken als de Fiat-fabriek, heeft een cultstatus onder architecten en ontwerpers. Eugenio Mollino, zijn vader, was een architect en ingenieur die zijn zoon bewondering bijbracht voor alles wat modern was. Hij liet Carlo kennismaken met stuntvliegen – de ontwerpen van een groot deel van zijn gestroomlijnde meubilair vormen duidelijk een echo van de vleugelstructuren van de vliegtuigen uit zijn tijd.

Mollino was een ontwerper die zijn werk zag als onderdeel van een persoonlijke, aan snelheid gewijde levensstijl. Hij nam deel aan internationale autoracewedstrijden, deed

aan skiën en zat graag in een vliegtuig. Van groter belang was zijn obsessie met erotiek en het vrouwelijke lichaam, waardoor hij zich vaak liet inspireren in zijn vormgeving. Erotiek is een steeds terugkerend thema in zijn architectonische werk en ontwerpen voor meubels en interieurs. Zijn archief bevat duizenden foto's die hij nam van het vrouwelijk naakt, geplaatst in wat hij 'vrijgezellenkamers' noemde – speciaal ontworpen omgevingen waarvoor hij meubels en andere interieurelementen ontwierp.

Mollino ontwierp de eerste Arabesk-tafel in 1949 voor de woonkamer van Casa Orenga in Turijn. De vorm van het glazen blad ontleende hij aan de rug van een naakte vrouw in een tekening van de surrealistische kunstenaar Léonor Fini, en het

PERIODE: 1949

ONTWERPER: Carlo Mollino (1905–'73)

MATERIAAL: esdoorn-multiplex en glas

FABRIKANT: Apelli, Varesio and Company, Turijn, Italië

onderstel met gaten heeft een gelijksoortig organisch karakter als de reliëfs van de beeldhouwer Jean Arp.

Een groot deel van Mollino's architectuur en interieurs is vernietigd, waardoor alleen nog zijn foto's en meubilair resten. Maar zijn invloed op naoorlogse ontwerpers was van blijvende aard.

Action Office

PERIODE: 1964

ONTWERPER: George Nelson (1907–'86)

MATERIAAL: aluminium, staal, hout, plastic en leer

FABRIKANT: Herman Miller Meubels Company, Michigan, USA

Herman Miller was na de Tweede Wereldoorlog Amerika's meest prestigieuze meubelfabriek. In het kader van hun ambitieuze agenda voor het ontwerpen van meubilair richtten ze in 1960 een onderzoeksafdeling op om een nieuwe benadering ten aanzien van het design van kantoormeubilair te introduceren. George Nelson, van 1946 tot 1966 hoofd van de designafdeling van het bedrijf, kreeg opdracht een nieuw systeem van modulaire eenheden te ontwerpen dat kon worden aangepast naar gelang de eisen en behoeften van de mensen op de werkvloer. De Action Office bestond uit een stoel op wieltjes, diverse tafels, opstapelbare schappen en allerlei accessoires. De gemeenschappelijke component was het aluminium onderstel, dat diende als voetstuk voor de verschillende elementen, met daarbij de optie dat je er twee kon nemen ter ondersteuning van een grote vergadertafel. Nelson ontwikkelde in de jaren zestig als een van de eersten kantoorsystemen die aansloten bij de nieuwe flexibele werkomgeving van grote bedrijven of kleine kantoren. Hoewel de Action Office later in een eenvoudigere vorm op de markt werd gebracht, vormde het een nieuwe standaard voor het design van kantoormeubilair en was het een zeer populair systeem.

Opblaasstoel

Er was eerder al geëxperimenteerd met opblaasbare ontwerpen, bijvoorbeeld reddingsvlotten voor vliegtuigen, maar de opblaasstoel was het eerste opblaasbare meubelontwerp dat grote populariteit verwierf en gewoon te koop was in de winkel, dankzij een nieuwe technologie waarbij de naden van de stoel door middel van een elektronisch lasproces met radiogolven aan elkaar konden worden gesmolten. De stoel was de vrucht van een samenwerkingsverband tussen vier architecten die hun eerste meubelstuk ontwierpen, en kreeg veel publiciteit, wat Zanotta in de jaren zestig de reputatie bezorgde een bedrijf met nieuwe, opwindende ideeën te zijn.

Onder invloed van de esthetische filosofie van de popart ging men op zoek naar meubilair dat goedkoop, grappig, leuk en gemakkelijk in het gebruik was. Opblaasbaar meubilair was een logisch uitvloeisel van deze ideeën. Je kreeg de stoel in de winkel mee als een plat pakket en blies hem dan thuis op, en wanneer je verhuisde, liet je gewoon de lucht eruit en vouwde hem op.

De opblaasstoel werd een van de herkenbare iconen van de jaren zestig en dook op in films om de nieuwe tijdgeest tot uitdrukking te brengen, en in talloze designtijdschriften.

De opblaasstoel was een onpraktisch meubelstuk. Hij raakte gemakkelijk beschadigd, met als gevolg dat de koper er op den duur een reparatieset bij geleverd kreeg. Maar daar staat tegenover dat hij relatief goedkoop was en niet bedoeld was om lang mee te gaan.

Hoewel Zanotta de stoel in de

PERIODE: 1967

ONTWERPERS: Jonathan De Pas (1932–'91), Donato D'Urbino (geb. 1935), Paolo Lomazzi (geb. 1936), en Carlo Scolari (geb. ca.1930)

MATERIAAL: transparant PVC

FABRIKANT: Zanotta, Nova Milanese, Italië

jaren tachtig opnieuw op de markt bracht als een designklassieker, was dit plastic opblaasbare zitmeubel vooral een succes als een stuk speelgoed waar je op het strand of in een zwembad veel lol mee kon hebben.

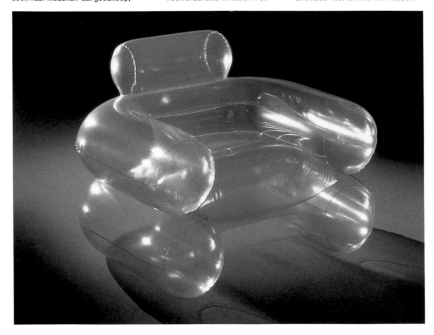

4867 stoel

PERIODE: 1965

ONTWERPER: Cesare "Joe" Columbo (1930–'71)

MATERIAAL: plastic

FABRIKANT: Kartell, Milaan, Italië

Joe Columbo was een legendarische Italiaanse ontwerper en wellicht de origineelste en inventiefste vertegenwoordiger van zijn generatie, en zijn vroege dood heeft bijgedragen aan die reputatie. Hij beschikte over een ongelooflijke creativiteit en was enorm veelzijdig, misschien omdat hij niet alleen een opleiding had gehad als architect, maar ook als schilder. De 4867 was Columbo's eerste experiment met de mogelijkheden van de nieuwe technologie: het was de eerste stoel van ABS-plastic die werd gegoten in één stuk, hoewel er in de rugleuning ruimte moest worden gelaten voor een gat om de stoel uit de mal te kunnen krijgen.

Kartell werd in 1949 opgericht door Giulio Castelli met als doel huishoudelijke artikelen te produceren met pas gepatenteerde plasticverbindingen. Castelli's vader had gewerkt in de vroege Italiaanse plasticindustrie en Kartell gebruikte deze ervaring om functionele objecten te maken als bordenrekken en afvalemmers, maar besteedde de vormgeving uit aan toonaangevende designers. Stoel 4867 was Joe Columbo's antwoord op een nieuw materiaal dat in alle richtingen kon worden gebogen en de ontwerper de vrijheid bood om frisse, nieuwe vormen te creëren.

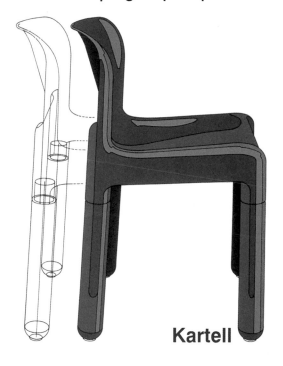

Facciamo progetti peril presente

Kartell

AEO-leunstoel

PERIODE: 1973

ONTWERPER: Paolo Deganello (geb. 1940)

MATERIAAL: geverfd metaal, stoffen bekleding en staal

FABRIKANT: Cassina, Meda, Italië

In 1972 hield het Museum of Modern Art in New York een tentoonstelling die 'Italië: het nieuwe huishoudelijke landschap' heette. Als er al twijfels over bestonden, dan zorgde deze tentoonstelling er definitief voor dat de Italianen werden gezien als de innovatiefste en creatiefste ontwerpers in de wereld. In de jaren zestig begon Italiaans design een reputatie te verwerven met radicaal vernieuwend werk en vormden veel jonge ontwerpers designgroepen, waarvan Archi-

zoom Associati de bekendste was. Ze fungeerden meer als denktanks dan als conventionele ontwerpbureaus en maakten prototypes, installeerden kunstwerken en organiseerden evenementen. De grote bedrijven gaven blijk van een typisch Italiaans pragmatisme door deze activiteiten niet te negeren en vaak samen te werken met jonge ontwerpers.

Deze experimentele stoel, die werd ontworpen voor Archizoom Associati, kwam voort uit zo'n samenwerkings-

verband. Paolo Deganello verdeelde de stoel in afzonderlijke elementen: een organische basis van plastic, daarbovenop een ijzeren frame, een bekleding van stof en daarop een zacht kussen. De rugleuning wordt gevormd door een los doek van canvas dat over het frame is geschoven. AEO staat voor Alpha en Omega, de eerste en laatste letter van het Griekse alfabet. In het ontwerp was voorzien dat de stoel werd verkocht in de vorm van een bouwpakket.

Cab-stoel

PERIODE: 1976

ONTWERPER: Mario Bellini (geb. 1935)

MATERIAAL: geëmailleerd staal en leren bekleding

FABRIKANT: Cassina, Meda, Italië

Mario Bellini behoort met Sottsass, Branzi en Magistretti tot de belangrijkste naoorlogse ontwerpers uit Italië. Bellini heeft niet alleen een grote reputatie vanwege de kwaliteit van zijn meubels en producten, maar ook vanwege zijn publicaties. Van 1986 tot 1991 was hij hoofdredacteur van *Domus*, wellicht 's werelds bekendste designtijdschrift. In 1987 werd zijn internationale status bevestigd toen het Museum of Modern Art in New York City hem een eigen tentoonstelling liet inrichten, een zeldzame eer.

De ervaring die hij had opgedaan met zijn werk voor Olivetti beïnvloedde het ontwerp van een van Cassina's best verkopende stoelen, de Cab. Bij dit model omhult een flexibele leren bekleding een eenvoudig frame van metaal, waardoor het geheel doet denken aan het deksel van een typemachine.

Bellini is zowel architect als productontwerper, waarmee hij een voorbeeld is van de Italiaanse traditie dat ontwerpers oorspronkelijk zijn opgeleid als architect. De naadloze relatie tussen deze twee beroepen wordt verwoord in Bellini's uitspraak: 'Om een goede meubelontwerper te zijn moet je ook architect zijn. Alle ontwerpen van grote betekenis zijn gemaakt door architecten van grote betekenis.'

Carlton-boekenkast

PERIODE: 1981

ONTWERPER: Ettore Sottsass (geb. 1917)

MATERIAAL: hout en plastic laminaat

FABRIKANT: Memphis, Milaan, Italië

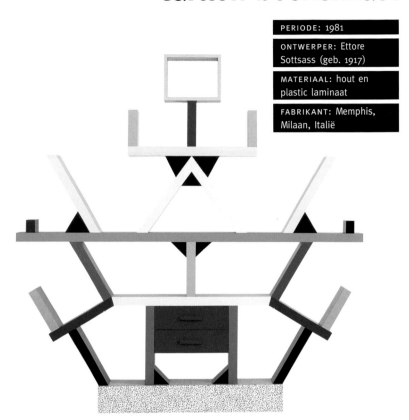

In 1981 richtte Ettore Sottsass een nieuwe designgroep op in Milaan. Veelzeggend was dat hij de groep Memphis noemde – naar de woonplaats van Elvis Presley en naar de heilige hoofdstad van de Egyptische farao's. Memphis was direct een succes. Eind jaren zeventig heerste er een klimaat waarin 'klassiek' en 'goede smaak' de boventoon voerden. Sottsass en zijn medewerkers maakten echter iets wat opwindend, nieuw en fris was. Voor hun meubilair gebruikten ze een nieuw palet van kleu-

ren en materialen, bijvoorbeeld door plastic laminaten te combineren met duur fineerhout in felle rood-, blauwen geeltinten. Deze objecten deden denken aan kinderspeelgoed en refereerden aan het verleden door het espressobartijdperk van de jaren vijftig weer tot leven te wekken. Memphis zette vraagtekens bij algemeen aanvaarde denkbeelden, zoals: waarom zouden de planken van een boekenkast eigenlijk recht moeten zijn, of de poten van een stoel allemaal precies hetzelfde?

Sottsass merkte eens op dat zijn inspiratie voor een groot deel voortkwam uit het kijken naar meiden op de Kings Road in Londen en zijn fascinatie voor de monumenten en bouwwerken van oude culturen. De Carlton-boekenkast is een van de beroemdste objecten van Memphis. Zoals bij veel werk van Sottsass is er een combinatie in terug te vinden van indiaanse en Azteekse kunst, de volkscultuur van de jaren vijftig en de popart van de jaren zestig.

Nomos-tafel

PERIODE: 1986

ONTWERPER: Foster and Partners, Londen, Engeland

MATERIAAL: glas en verchroomd staal

FABRIKANT: Tecno, Milaan, Italië

In Nomos, het meubelsysteem dat door Foster and Partners werd ontworpen voor de Italiaanse meubelfabrikant Tecno, wordt gebruikgemaakt van hightech componenten uit de bouwtechniek. Sir Norman Fosters kantoor staat bekend om zijn gedurfde constructies en Nomos begon als een tafelontwerp voor Fosters eigen kantoor en voor de Renaultfabriek in Swindon in Engeland. Het basisidee was simpel: een tafelblad dat rust op een metalen onderstel, bestaande uit een centrale ligger, twee steunen aan de zijkant en vier schuine poten. Het geheel heeft wel iets weg van de wervelkolom en ribben van een menselijk lichaam. Het is een combinatie van precisie-onderdelen waarmee een complete werkomgeving voor groepen van verschillende omvang kan worden gecreëerd, waarbij zelfs is voorzien in ingebouwde verlichting en achtergrondverlichting. Doordat de poten verstelbaar zijn, kan de hoogte van de tafel worden aangepast en kan het systeem zowel horizontaal als verticaal worden uitgebreid, en verder kun je er een grote verscheidenheid aan tafelbladen op leggen, van glas tot hout, marmer, metaal en plastic.

Nomos werd ontworpen in reactie op de snelle veranderingen in de informatietechnologie, reden waarom er een ruggengraatachtige buis aan de tafel gemonteerd zit om de kabels van de computer op het bureau in weg te werken, zodat de vloer onder de tafel vrij blijft. Hoewel de collectie werd ontworpen om te dienen als een multifunctioneel kantoorsysteem, vonden veel mensen de tafel zo mooi dat ze hem kochten voor in huis.

Tafel op wieltjes

PERIODE: 1980

ONTWERPER: Gae Aulenti (geb. 1927)

MATERIAAL: glas, metaal en rubber

FABRIKANT: Fontane Arte, Milaan, Italië

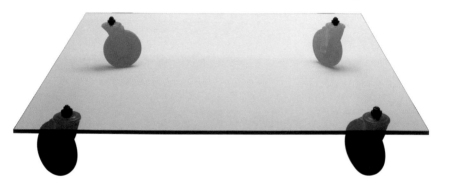

Gae Aulenti is een zeldzaam fenomeen: een vrouwelijke ontwerper. Ze volgde een architectenopleiding in Milaan en maakte vooral naam als ontwerpster van exposities, maar werkte ook aan andere projecten, waaronder een plan voor nieuwe stadsvervoersystemen dat ze in 1972 in samenwerking met Richard Sapper ontwikkelde en in 1979 op de zestiende Triënnale van Milaan werd gepresenteerd.

Ze was actief vanaf de jaren vijftig, trad niet echt op de voorgrond en werd bewonderd om haar meubeldesigns en om de interieurs en showrooms die ze ontwierp voor Knoll, Fiat, Olivetti en Pirelli. Maar toen kreeg ze opdracht het ontwerp te doen van het nieuwe Parijse museum Musée d'Orsay, dat voorheen een spoorwegstation was geweest. Het grandioze succes van dit project plaatste haar in de schijn-

werpers van de internationale designwereld. Gae Aulenti's werk geeft blijk van een complexe gevoelswereld en de wens om rationele eigentijdse objecten te maken die tevens toegankelijk en menselijk zijn. De afgebeelde salontafel, waarbij ze industriële componenten gebruikte, is een van haar beroemdste ontwerpen. De wielen vormen de basis voor een meer traditionele tafelblad van glas.

S-stoel

PERIODE: 1987

ONTWERPER: Tom Dixon
(geb. 1959)

MATERIAAL: metaal en
wilgentenen

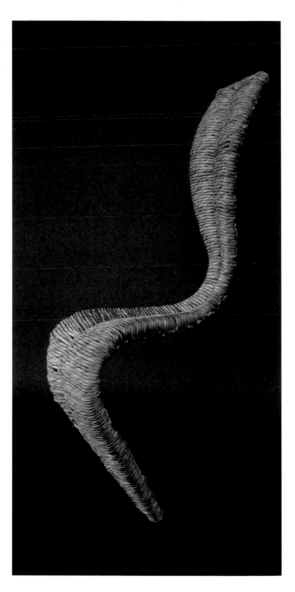

Tom Dixon maakte in de jaren tachtig deel uit van een groep jonge Britse ontwerpers die, geïnspireerd door de doe-het-zelf-esthetiek van de punk, begon te werken met gerecyclede materialen en gelast metaal. Hun ontwerpen overschreden de grenzen van beeldhouwkunst, design en kunstnijverheid en kwamen bekend te staan als 'creatief hergebruikt afval', de naam die Dixon koos voor zijn eerste designbedrijf.

De grotendeels autodidacte Dixon manifesteerde zich aanvankelijk alleen als exponent van deze interessante, zij het marginale designtrend, maar eind jaren tachtig maakte hij de overstap van uniek, eenmalig meubilair naar meer commerciële ontwerpen. De S-stoel is een voorbeeld van deze overstap.

Dixon baseerde de opmerkelijke, organisch gecurvede stoel op een door hemzelf gemaakte schets van een kip en hij werkte voor de s-stoel aan ruim vijftig verschillende prototypes. Ze waren gemaakt van verschillende materialen, waaronder biezen, wilgentenen, oud bandenrubber, papier en koper, en Dixon maakte ze in zijn atelier, dat SPACE heette. In 1987 kocht de bekende Italiaanse meubelfabrikant Capellini het design en nam het in productie, en sindsdien is het aangekocht door veel vooraanstaande internationale musea zoals het Victoria and Albert Museum in Londen en het Vitra Museum in Duitsland. In 1994 opende Dixon de SPACE-shop als verkoopplaats voor zijn designs en als expositieruimte voor nieuw talent. In 1996 lanceerde hij een nieuwe collectie die Eurolounge heette.

Stoel van getemperd staal

De in Israël geboren Ron Arad ging in 1973 naar Londen, studeerde daar bij de Architectural Association en opende in 1981 een meubelwinkel in Covent Garden, 'One Off' genaamd. De zaak werd een belangrijke exponent van de nieuwe Britse designgolf van de jaren tachtig en vestigde Arads naam als Engelands meest creatieve ontwerper en maker van meubels. In zijn vroege werk maakte hij gebruik van industriële materialen en gerecyclede onderdelen, met name voor de beroemde Rover-stoel, waarbij hij de autostoel in een frame van buizenstaal plaatste. Zijn winkel lokte veel andere ontwerpers, met wie hij samenwerkte of wier werk hij verkocht, waaronder glazen meubels van Danny Lane en metalen meubels van Tom Dixon. Arad bevond zich dus in het middelpunt van nieuwe en opwindende ontwikkelingen in Londen.

Arad, altijd een inventieve meubelmaker, was vaak te vinden in zijn metaalwerkplaats, waar hij grote stukken metaal aan elkaar laste om allerlei toestellen en meubels te maken. Hier heeft Arad de traditionele leunstoel teruggebracht tot een samenstel van eenvoudige samengevouwen vormen, waarmee hij inging tegen het conventionele idee van comfort en gebruik. In tegenstelling tot veel van zijn generatiegenoten maakte Arad wel de sprong naar de internationale arena. Zijn werk werd aangekocht door tal van vooraanstaande musea, waaronder het Centre Pompidou in Parijs, en zijn jaarlijkse

PERIODE: 1986–'93

ONTWERPER: Ron Arad (geb. 1951)

MATERIAAL: hoogwaardig plaatstaal en vleugelschroeven

FABRIKANT: Vitra AG, Basel, Zwitserland

exposities op de Meubelbeurs in Milaan kregen lovende kritieken. Toonaangevende Italiaanse fabrikanten als Driade, Vitra en Poltronova hebben hem opdracht gegeven om meubilair te ontwerpen voor een gelimiteerde productie.

Sofa

PERIODE: 1988

ONTWERPER: Jasper Morrison (geb. 1959)

MATERIAAL: wollen bekleding en houten frame

FABRIKANT: Sheridan Coakley Products, Londen, Engeland

Jasper Morrison wordt nu wijd en zijd beschouwd als een van 's werelds toonaangevende jonge meubelontwerpers. In de jaren tachtig sloeg hij met zijn werk een nieuwe richting in waarin hij zich verre hield van de complexiteiten van postmodern design en zich toelegde op eenvoudige, klassieke vormen, aan de hand waarvan hij een beheerste en hoogst individuele stijl ontwikkelde.

In 1982 studeerde Morrison af aan de Kingston University en ging daarna naar het Royal College of Art in Londen. In 1987 opende hij zijn eigen designatelier. Morrison ontwierp een serie meubelstukken voor het Britse bedrijf Sheridan Coakley

en trok vervolgens binnen de kortste keren de aandacht van buitenlandse fabrikanten, waaronder Vitra en Capellini. Hij werkte ook voor de populaire Zweedse winkel Ikea.

Morrisons reeks van sofa's, die hij voorzag van een felgekleurde egale bekleding, met name oranje en paars, sloot eind jaren tachtig en begin jaren negentig perfect aan bij de voorkeur voor spaarzame, eenvoudige interieurs. Morrison heeft dezelfde designvisie ook toegepast op andere objecten, waaronder sculpturale deurkrukken voor het Duitse bedrijf Franz Schedier GmbH en een eenvoudig wijnrek van felgekleurd plastic.

Powerplay-leunstoel

Frank Gehry kan geplaatst worden in de grote Amerikaanse traditie van individualistische architecten zoals Frank Lloyd Wright. Zijn andere handelsmerk is de niet-alledaagse toepassing van alledaagse materialen – een benadering die terug te vinden is in zijn meubelontwerpen. Bij de Powerplay-stoel is de invloed van de popart-esthetiek opnieuw een belangrijk element. Meubilair moet in de ogen van Gehry onder andere verrassend en uitdagend zijn. De Powerplay-stoel vormt een weerspiegeling van deze ideeën en kan worden gezien als een bewerking van een eerder design van hem, de Wiggle – een kartonnen versie van de Zigzag-stoel van Rietveld, waarmee hij door de toepassing van een goedkoop alledaags materiaal een modernistisch icoon demystificeerde.

PERIODE: 1992

ONTWERPER: Frank Gehry (geb. 1929)

MATERIAAL: ureum, gelamineerde en gebogen stroken van esdoornhout

FABRIKANT: Knoll Associates, New York, vs

ww-kruk

PERIODE: 1990

ONTWERPER: Philippe Starck (geb. 1949)

MATERIAAL: gelakt aluminium

FABRIKANT: Vitra AG, Bazel, Zwitserland

Philippe Starck is op dit moment een van de bekendste ontwerpers In de wereld. Zijn atelier heeft enkele bijzondere opdrachten uitgevoerd, waaronder werk voor het privé-appartement van de voormalige Franse president François Mitterand in het Elysée-paleis en het populaire Royalton Hotel in New York, dat een maatstaf is geworden voor de nieuwe metropolitische ontmoetingsplaats.

Maar het project dat hem begin jaren tachtig onder de publieke aandacht bracht, was een klein Parijs café bij het Centre Pompidou dat Café Costes heette. Het interessante aan het project was dat Starck alle interieurelementen ontwierp, waaronder een stoel met drie poten die een internationale bestseller werd en symbool is komen te staan voor modern design in restaurants en ontmoetingsplaatsen over de hele wereld.

Sindsdien heeft hij veel bekende objecten ontworpen, waaronder de Juicy Salif-citruspers voor Alessi en de ww-kruk, die deel uitmaakt van een reeks ontwerpen die zijn gebaseerd op antropomorfe vormen. De ww is een verwijzing naar de Duitse filmregisseur Wim Wenders, voor wie hij dit kantoormeubel ontwierp – een kruk in de vorm van een sculptureel en groeiend object dat gelijkenis vertoont met de wortels van een levende plant.

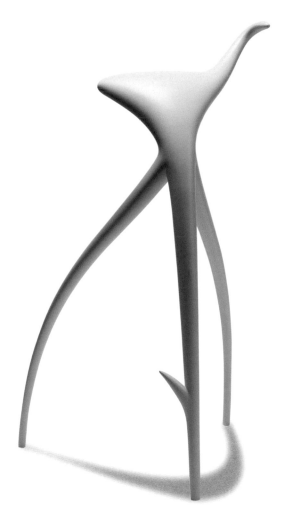

Sardineblik-kastje

In 1996 organiseerde de Crafts Council in Londen een expositie die 'Recycling: vormen voor de volgende eeuw' heette. De tentoonstelling haakte aan bij de nieuwe interesse in alternatief design, het hergebruik van materialen en het zoeken naar een designtoekomst waarin zorg voor het milieu en een minder agressief gebruik van grondstoffen belangrijke aandachtspunten waren. Op de expositie was ook werk te zien van Michael Marriott, wiens spitsvondige objecten bij veel mensen tot de verbeelding spraken. Voor zijn kastje gebruikte hij een constructie van houtvezelplaat en plaatste daarin gebruikte sardineblikjes als laadjes. Deze geestige en elegante oplossing suggereerde een andere designagenda die terugging op de alternatieve traditie van Victor Papanek en de Whole Earth Catalogue van de jaren zestig.

Marriott liet zich in zijn werk inspireren door de traditie van gevonden voorwerpen. Gevonden materialen leverden in zijn ogen niet alleen prachtige, onvoorziene effecten op, maar zorgden er ook voor dat men zich vertrouwd voelde met het object. Hij zag een overvloed aan afgedankte gebruiksvoorwerpen en benutte die om opmerkelijke dingen te creëren. Tot dusver heeft dat onder andere geresulteerd in een tafel die is opgebouwd uit een oude olieton, zwenkwieltjes en een blad van spaanplaat, en een muurlamp die bestaat uit een traditionele citruspers van glas, multiplex en planksteunen.

PERIODE: 1995

ONTWERPER: Michael Marriott (geb. 1963)

MATERIAAL: MDF, sardineblikjes, vleugelmoeren

FABRIKANT: Space UK, Londen, Engeland

verlichting

TIZIO TAFELLAMP

LICHTZUIL

AANVANKELIJK VERTROUWDE de geïndustrialiseerde wereld voor zijn verlichting op olie- of gaslampen. De komst van elektriciteit bracht daar echter verandering in, en verlichting werd een integraal en belangrijk aspect van vormgeving in de twintigste eeuw.

De vormgeving van armaturen in de twintigste eeuw is altijd nauw verbonden geweest met de ontwikkeling van de gloeilamp. De wolfraamlampen, die de meesten van ons vandaag de dag nog steeds thuis gebruiken, zijn sinds hun uitvinding in 1879 door Edison en Swan in feite niet meer veranderd. De lichtbron van deze lampen is een filament van wolfraam dat door een gasmengsel wordt omgeven; het gasmengsel zorgt ervoor dat het oxidatieproces van het filament wordt vertraagd en de levensduur van de lamp verlengd. Wolfraamlampen variëren van heldere gloeilampen tot de met een zilveren coating afgewerkte reflectorlampen. Ze zijn goedkoop en flexibel en hun gemiddelde levensduur bedraagt zo'n duizend uur. Wolfraamlampen zijn echter niet erg economisch: slechts zes procent van de energie wordt omgezet in licht, de rest in warmte.

In de jaren tachtig van de negentiende eeuw introduceerde Lord Armstrong in het Noord-Engelse Cragside het eerste elektrische verlichtingssysteem voor in huis. Rond 1900 was elektrisch licht zo algemeen geworden dat er zich een groeiende industrie begon te ontwikkelen die zich toelegde op de productie van armaturen. De uitgangspunten voor ontwerp waren overal dezelfde: het licht temperen en de gloeilamp verbergen.

Een van de bekendste lampenfabrikanten was Tiffany, die in 1905 tweehonderd werknemers in dienst had voor de productie van armaturen die met gebrandschilderd glas waren gemaakt. Deze schemerlampen en tafellampen vormen een van de belangrijkste bijdragen aan de art nouveau. Een andere belangrijke pionier was William Arthur Smith Benson, de eerste moderne lampenontwerper, die via zijn catalogus en zijn winkel in Londen armaturen verkocht die niet alleen handmatig, maar ook met industriële technieken waren gemaakt.

Ontwerpers gingen ook op zoek naar radicalere oplossingen, en in de jaren twintig en dertig ontstond er onder invloed van het modernisme een nieuwe houding tegenover armatuurdesign. De vroegste voorbeelden van deze veranderingen kwamen vooral van Peter Behrens van het Duitse bedrijf AEG. Behrens eerste ontwerpen verwierpen het naturalisme van de art nouveau en kwamen tegemoet aan de vereisten van industriële bedrijfsvoering; het waren eenvoudige vormen die van fabrieksmaterialen in massaproductie werden gemaakt. Ook de ontwerpers van het Bauhaus begonnen gloeilampen met andere ogen te bekijken: het waren niet meer gewone voorwerpen die licht gaven, maar voorwerpen die om een eigen esthetiek vroegen.

Deze ontwerpers wilden niet langer de gloeilamp verbergen, maar ze wilden dat hij het ontwerp zou bepalen. Ze ontwierpen buisvormige lampen die als formele sculpturen waren geordend, en introduceerden enkele van de meest vernieuwende ontwikkelingen in het ontwerp van industriële verlichting in huis. Hiertoe behoorden het

HANGLAMP

gebruik van geverfd en mat glas in eenvoudige vormen, ingebouwde schakelaars en het gebruik van aluminium voor reflectoren. In die tijd gingen ontwerpers uit van verlichting voor fabrieken en kantoren die voor gebruik in huis kon worden aangepast.

Na de Tweede Wereldoorlog begon de opmars van de tl-buis. Hoewel dit type lamp in 1938 werd ingevoerd, was de technologie erachter al in de negentiende eeuw door de Duitse uitvinder Heinrich Gessler bedacht. Tl-buizen werden al snel de belangrijkste vorm van verlichting in warenhuizen en kantoren. Ze werken volgens een volkomen ander principe dan wolfraamlampen. Ze worden ontstoken via een elektrische ontlading. Aan het einde van een buis zitten elektroden die elektronen uitzenden die weer met kwikdamp reageren en ultraviolet licht veroorzaken. Dankzij een coating van fosfor aan de binnenzijde van de glasbuis wordt het ultraviolette licht omgezet in zichtbaar licht. Deze lampen hebben een aantal grote voordelen: ze zijn goedkoop in aanschaf en gebruik, de armaturen zijn gemakkelijk te onderhouden, er is een grote keuze in maten en vormen en ze zijn energiebesparend. Er zijn echter ook wel nadelen aan verbonden: de lichtopbrengst is moeilijk te regelen en er worden giftige stoffen in verwerkt waardoor alle gebruikte tl-buizen op een speciale manier moeten worden verwerkt.

Halogeenlampen werden oorspronkelijk gebruikt in koplampen van auto's en later in winkeletalages. Er bestaan twee typen: lampen met lichtnetvoltage en lampen met een laag voltage, die in de jaren tachtig zijn geïntroduceerd. Halogeenlampen werken op dezelfde manier als de gewone gloeilamp; er is alleen een speciaal gas aan de gasvulling toegevoegd dat ervoor zorgt dat het wolfraam van het filament zich herstelt. Het voordeel is dat het licht sterker is en dat de ontwerper kleinere gloeilampen kan gebruiken en daardoor meer flexibiliteit heeft bij zijn ontwerp van armaturen. Het nadeel is dat ze gevoeliger zijn en sneller kapot gaan; bovendien geven ze veel warmte af, waardoor het energieverbruik groot is.

In de jaren zestig en zeventig profiteerden armaturenfabrikanten van de nieuwe reflectorlampen om lampen met gerichte lichtbundels te ontwerpen. Ze waren onmiddellijk een groot commercieel succes en hebben bepaalde delen van de markt tot diep in de jaren tachtig gedomineerd. De introductie van halogeenlampen en kleine tl-buizen zorgden in de jaren tachtig en negentig voor nieuwe ontwikkelingen en nieuwe mogelijkheden voor armatuurdesign. Ze hebben ontwerpers als de Duitser Ingo Maurer geïnspireerd en zijn erg populair geworden. De halogeenlampen met laag voltage zijn klein en worden veel binnenshuis gebruikt omdat ze sterk gericht licht geven en veilig zijn. De lichtopbrengst is gemakkelijk te controleren en de lampen verbruiken weinig stroom, maar ze werken alleen met een transformator, die ofwel in het ontwerp ofwel in de stekker moet worden geïntegreerd. Er is de laatste jaren veel maatschappelijke aandacht gekomen voor energiebesparing, wat mede heeft geleid tot de introductie van de energiezuinige gloeilamp.

BAY TAFELLAMP

TREFORCHETTE

Tiffany-lamp

PERIODE: ca.1910

ONTWERPER: Louis Comfort Tiffany (1848–1933)

MATERIAAL: gebrandschilderd glas, lood en brons

FABRIKANT: Tiffany Glass Company, New York, vs

Tiffany and Company was in 1837 in New York opgericht en had zich ontwikkeld zich tot een modieus warenhuis dat gespecialiseerd was in decoratief zilverwerk. Het genoot al snel internationale bekendheid vanwege de kwaliteit van zijn producten en opende vestigingen in Londen en Parijs. In 1885 richtte Louis Comfort Tiffany, de zoon van de oprichter van Tiffany and Company, een eigen bedrijf op, de Tiffany Glass Company in New York. Dit atelier werd een groot succes door zijn kenmerkende gebrandschilderd glas en zijn andere decoratieve huishoudelijke artikelen.

Rond 1900 had Tiffany een van de beroemdste producten van de art nouveau ontworpen: een serie van olie- en later elektrische lampen. Oorspronkelijk waren de lampen ontwikkeld als een economische manier om de resten gebrandschilderd glas te gebruiken die uit de glaswerkplaats kwamen. De lampen van gekleurd glas gaven een warm, gloeiend licht, en de Tiffanylampen werden een op zichzelf staande kunstuiting. Hoewel ze erg duur waren, werden ze al snel populair. Met haar rijke, iriserende kleuren was de vormgeving schatplichtig aan de naturalistische vormen van de art nouveau: insecten, bloemen, zwellende vormen en geabstraheerde lichamen. Het glas van Tiffany paste uitstekend in de architectuur en het interieurdesign van de nieuwe eeuw.

Hanglamp

PERIODE: jaren negentig van de negentiende eeuw

ONTWERPER: William Arthur Smith Benson (1854–1924)

MATERIAAL: koper en glas

FABRIKANT: Benson and Company, Londen, Engeland

William Arthur Smith Benson was de eerste ontwerper die moderne elektrische armaturen ontwikkelde voor gebruik in huis. Het was een prestatie die door zijn tijdgenoten in eigen land en daarbuiten zeer op waarde werd geschat. Toen de beroemde Duitse criticus Hermann Muthesius vlak na 1900 *Das Englische Haus* publiceerde, zijn studie van de avantgardistische Britse vormgeving, wijdde hij de laatste pagina's aan de lampontwerpen van Benson. Vanaf de jaren zeventig van de negentiende eeuw maakte Benson met overtuiging

deel uit van de Britse Arts and Crafts-beweging. Tijdens zijn studieperiode in Oxford had hij kennisgemaakt met leden uit de kring van William Morris, onder wie de schilder Burne-Jones. In die tijd ontwierp hij behang, meubels en armaturen voor William Morris en na diens dood in 1896 werd hij directeur van William Morris and Company. Op aandrang van Morris zette Benson een metaalwerkplaats op in Hammersmith in West-Londen, en later een grotere fabriek in Chiswick, waar Benson niet alleen armaturen maar ook meubels ontwierp.

Als enige onder de Arts and Crafts-ontwerpers was Benson bereid een fabrieksmatige productiewijze toe te passen en hij was de eerste producent die zijn lampontwerpen promootte en verkocht via zijn eigen catalogus en een eigen winkel. Hij was een echte uitvinder die zijn ideeën patenteerde en aan veel verschillende producten werkte, onder andere thermoskannen. In 1914 richtte hij mede de Design and Industries Association op, die was opgezet om nieuwe standaarden voor vormgeving in de Britse industrie te onderzoeken.

Bauhaus-tafellamp

PERIODE: 1923–'24

ONTWERPER: Karl J. Jucker en Wilhelm Wagenfeld (1900–'90)

MATERIAAL: helder en mat glas, koper en staal

FABRIKANT: metaalwerkplaats van het Bauhaus, Dessau, Duitsland

Dit ontwerp was een van de eenvoudigste en succesvolste lampen uit de metaalwerkplaats van het Bauhaus, die toen onder leiding van Lázló Moholy-Nagy stond. Hij was ontworpen door twee studenten, Wilhelm Wagenfeld en Karl Jucker. Wagenfeld ontwikkelde zich tot een van de bekendste Duitse industriële vormgevers; hij paste de Bauhausprincipes van modernistische vormen en materialen toe op armatuurontwerpen en glaswerk voor in huis. Van de carrière van Jucker is na 1925 niets meer vernomen. De enige informatie die over zijn werk bestaat, betreft enkele vernieuwende ontwerpen voor armaturen uit zijn studietijd van 1922 tot 1925. Hun gezamenlijke werk aan deze tafellamp trok echter onmiddellijk grote aandacht. De lamp werd in 1924 op de handelsbeurs in Leipzig gepresenteerd en het jaar erna in een boek met nieuw werk van het Bauhaus gepubliceerd. De lamp was verbluffend modern en industrieel vormgegeven: de kap was geleend van bestaande fabrieksverlichting en de bedrading werd verborgen in een stalen buis. De vorm was echter een uitgeklede variant van conventionele art-nouveauvormen. De industriële effecten waren verkregen door arbeidsintensief handwerk, waardoor de lamp nooit als een massaal geproduceerd, goedkoop en modern huishoudelijk artikel op de markt is verschenen.

Hanglamp

PERIODE: 1920–'24

ONTWERPER: Gerrit Rietveld (1888–1964)

MATERIAAL: glas en hout

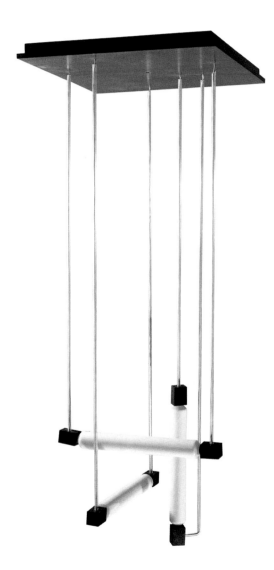

In 1920 experimenteerde Rietveld met een versie van deze hanglamp voor een medische kliniek in Maarssen; deze kliniek bezat een van de eerste interieurs die door de Nederlandse beweging van De Stijl was geïnspireerd. Het ontwerp maakte gebruik van gewone gloeilampen en elektrische bedrading, en er verschenen allerlei versies van dit minimalistische ontwerp. Verschillende versies met drie of vier lampen werden verwerkt in het interieur van het Rietveld-Schröderhuis (zie p. 48) en het kantoor van Walter Gropius in het Bauhaus (zie p. 80).

De armaturen die rond 1920 in het Bauhaus zijn gebruikt, verbergen de technologie niet, maar integreren haar in het ontwerp. Met zijn wolfraamlampen en radicale vorm was de lamp beschikbaar in diverse combinaties die alle dezelfde elementen bevatten: de gloeilamp en de twee houten blokjes.

Ook andere ontwerpers voelden zich aangetrokken tot de buisvormige gloeilampen. De installatie van Max Krajevski in 1927 in het Bauhaus en de buislamp van Eileen Gray uit datzelfde jaar tonen dezelfde vormentaal.

Kandem-lamp

PERIODE: 1927

ONTWERPER: Marianne Brandt (1893–1983)

MATERIAAL: vernikkeld metaal en lak

FABRIKANT: Korting und Matthieson, Leipzig, Duitsland

Van het eenvoudige en radicale ontwerp van Marianne Brandts Kandemlamp werden tussen 1928 en 1932 vijftigduizend exemplaren verkocht, en daarmee was dit model de eerste commercieel succesvolle bedlamp.

Walter Gropius, de directeur van het Bauhaus, wilde van zijn school het belangrijkste centrum van het modernisme maken. De metaalwerkplaats (*Metallwerkstatt*) speelde in dit streven een belangrijke rol. De werkplaats werd omschreven als 'een laboratorium voor massaproductie'; er vond veel onderzoek plaats en er werden veel prototypen ontworpen. In dat kader organiseerde de werkplaats veel projecten samen met de industrie, met als grootste succes een reeks armaturen die in massaproductie werden genomen.

Met name Marianne Brandt is erg belangrijk voor de werkplaats geweest: ze was tussen 1923 en de sluiting in 1932 niet alleen een van de weinige vrouwen in de metaalwerkplaats (in 1928 had ze tijdelijk de leiding over deze afdeling), maar ze ontwierp ook de meeste lampen. Ze blijft een zeldzaam voorbeeld van een vrouwelijke industriële vormgever.

Het succes van de Kandemlamp was gebaseerd op de functioneel en ingenieuze uitvinding van de drukschakelaar, waardoor het aan- en uitmaken van de lamp in half wakende toestand gemakkelijker is. De vorm van de lamp heeft de taal van het armatuurdesign voor altijd beïnvloed.

Anglepoise

In de jaren dertig werd in Engeland een rationele, moderne lamp voor massaproductie ontwikkeld, die was bedoeld als een functionele lamp voor thuis en op kantoor. George Carwardine, autotechnicus en directeur van Carwardine Associates of Bath, had de Anglepoise voor Herbert Terry and Sons ontworpen. Zijn achtergrond is terug te vinden in deze lamp, die een van de succesvolste bureaulampen ter wereld is geworden. Het model was gebaseerd op de ergonomie van de menselijke arm en maakte gebruik van veren in plaats van tegengewichten om de arm in positie te houden. In Groot-Brittannië is de lamp al meer dan zestig jaar een enorm commercieel succes en hij is een goed voorbeeld van de onafhankelijke Britse traditie van rationeel ontwerp.

PERIODE: 1932

ONTWERPER: George Carwardine (1887–1948)

MATERIAAL: gelakt metaal en bakeliet

FABRIKANT: Herbert Terry and Sons, Redditch, Engeland

Hanglamp

PERIODE: 1926

ONTWERPER: Poul Henningsen (1894–1967)

MATERIAAL: melkglas en koper

FABRIKANT: Louis Poulsen and Company, Kopenhagen, Denemarken

Aan het einde van de jaren twintig werd in Scandinavië een nieuw type verlichting ontwikkeld. In hun experimenten met armaturen legden ontwerpers meer nadruk op de kwaliteit van het licht en waren minder gericht op een eenvoudig ontwerp rondom de gloeilamp heen. Poul Henningsen was van huis uit architect, maar trok al snel internationale belangstelling met de vormgeving van een nieuwe serie armaturen. Reflectoren van allerlei afmetingen waren zodanig gecombineerd dat de lampen zonder te verblinden zowel direct als indirect licht zouden geven.

Door deze ergonomische eigenschappen waren ze uitermate geschikt voor boven de eettafel. De lampen waren voor het eerst te zien in het Deense paviljoen tijdens de *Paris Exposition des Arts Décoratifs* in 1925, waar ze verschillende malen bekroond werden. Modernistische architecten en vormgevers namen ze al spoedig in hun bestek op en pasten ze overal ter wereld toe. In Scandinavië zelf werden ze ook populair op de consumentenmarkt. Tot op de dag van vandaag zijn ze in productie gebleven: een moderne vormgevingklassieker.

Arco

PERIODE: 1962

ONTWERPERS: Achille (geb. 1918) en Pier Giacomo Castiglioni (1913-'68)

MATERIAAL: voet van wit marmer, stang van roestvrij staal, kap van gepolijst aluminium

FABRIKANT: Flos, Brescia, Italië

De Arcolamp uit het begin van de jaren zestig is een van de resultaten van de samenwerking tussen de broers Achille en Pier Giacomo Castiglioni. Hoewel de lamp voor bij de eettafel was ontworpen en om die reden op drie hoogten instelbaar is, werd hij doorgaans gewoon als staande lamp gebruikt. Hij is enorm populair gebleken en een ware klassieker geworden. De Arcolamp is een prachtig voorbeeld van de radicale, dappere en geestige stijl van de broeders Castiglioni.

Als student lieten beide mannen zich inspireren door het werk van Marcel Duchamp en de traditie van het 'objet trouvé', een thema waarmee Achille zich de rest van zijn carrière zou bezighouden. Gloeilampen, transformatoren en tractorstoelen (voor zijn beroemde zetel) hebben hem zijn leven lang als inspiratiebron gediend. Deze designbenadering verleende zijn werk 'reminiscenties aan bestaande voorwerpen, zodat er al op voorhand een zekere relatie met de gebruiker bestaat', zoals hij zelf uitlegde.

De broeders Castiglioni hadden het grote geluk dat hun originele benadering van design werd ondersteund door een aantal toegewijde Italiaanse fabrikanten die tijd en geld in de productontwikkeling wilden steken.

Boalum

PERIODE: 1969

ONTWERPERS: Livio
Castiglioni (1911–'79) en
Gianfranco Frattini
(geb. 1926)

MATERIAAL: PVC en metaal

FABRIKANT: Artemide,
Milaan, Italië

De Boalum is een typisch voorbeeld
van popdesign. Hij is gemaakt van
doorschijnende plastic buizen waarin
gloeilampen zijn bevestigd; metalen
ringen fixeren de vorm van de lamp.
De lamp vertegenwoordigde een radicale nieuwe visie waarin de consument zelf de vorm van de lamp
bepaalde. Hij kon de lamp verticaal
ophangen of hem als een sculptuur
buigen en op de tafel of de vloer
plaatsen. Theoretisch kon de consument meer eenheden kopen en de
lengte van zijn lamp laten afhangen
van het aantal dat hij gebruikte;
iedere eenheid was twee meter lang.

De Boalumlamp toonde aan dat
ontwerpen waarin industriële componenten waren verwerkt, niet per
se hard en agressief hoefden te zijn:
hier was een voorwerp dat een aan-
gename gloed en een dierlijke warmte uitstraalde. De lamp gaf een zacht
licht dat meer deed denken aan een
Japanse lantaren dan aan het licht
schijnsel in een laboratorium of fa-
briekshal. Dit ontwerp was het enige
gezamenlijke project van deze twee
Italiaanse vormgevers. Livio was de
oudste van de drie befaamde gebroeders Castiglioni, van wie ook Achille
bekendheid verwierf door zijn armatuurontwerpen. Livio werkte echter
onafhankelijk van zijn twee broers.

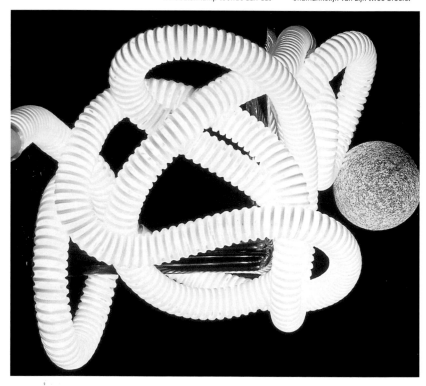

Parentesi

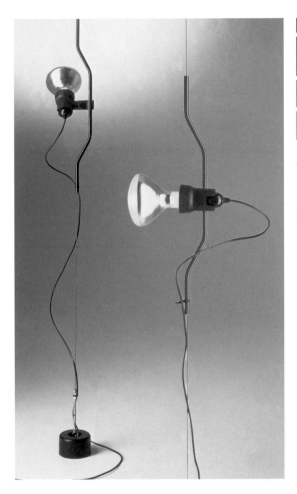

PERIODE: 1970

ONTWERPERS: Achille Castiglioni (geb. 1918) en Pio Manzù (1939–'69)

MATERIAAL: roestvrij staal met spot

FABRIKANT: Flos, Brescia, Italië

De unieke en verfrissende visie van Achille Castiglioni kwam tot uitdrukking in een reeks originele armatuurdesigns die hij nog tot in de jaren negentig maakte. De Parentesi, die hij in 1970 heeft ontworpen, is een van zijn bekendste lampen en bij dit ontwerp heeft hij samengewerkt met Pio Manzù. Manzù was geschoold aan de befaamde designopleiding in Ulm en werkte vervolgens voor de ontwerpafdeling van Fiat, waar hij de oorspronkelijke concepttekeningen voor de Fiat 127 maakte. In 1969 kwam hij door een tragisch auto-ongeluk om het leven. Het lampontwerp werd door Castiglioni voltooid. Manzù was waarschijnlijk verantwoordelijk voor de reflectorlampen, die voorheen alleen waren gebruikt voor autoverlichting.

De Parentesi was eenvoudig en stijlvol, en werd aan een strak gespannen draad aan het plafond gehangen. De lamp gaf een gerichte en gemakkelijk in te stellen lichtbundel en was voorzien van een dimmer.

Luminator

PERIODE: 1955

ONTWERPERS: Achille Castiglioni (geb. 1918) en Pier Giacomo Castiglioni (1913–'68)

MATERIAAL: staal

FABRIKANT: Gilardi e Barzaghi, Milaan, Italië

De broers Castiglioni kwamen uit een artistieke familie: hun vader was een klassiek beeldhouwer en de drie zoons, Pier Giacomo, Achille en Livio, hebben allemaal architectuur gestudeerd aan de Polytechnische Academie in Milaan. Zij hebben een unieke bijdrage geleverd aan de Italiaanse vormgeving in het algemeen, maar aan het armatuurdesign in het bijzonder. Vooral de samenwerking tussen Achille en Pier Giacomo vanaf 1945 bleek bijzonder vruchtbaar.

Ten tijde van de zogenaamde 'ricostruzione' (reconstructie) in de naoorlogse jaren vijftig bleek er in het Italiaanse streven om de economie opnieuw op te bouwen een belangrijke rol weggelegd voor de productie van armaturen. De Italiaanse industrie moest technisch eenvoudige artikelen voor de export fabriceren, die vanwege hun modieuze vormgeving echter duur konden worden verkocht. De Luminator was meteen een succes. De productiekosten waren laag: de lamp bestond alleen uit een eenvoudige driepotige standaard, een stalen buis en een stroomdraad die van een eenvoudige schakelaar was voorzien. Het resultaat was een elegante staande lamp die in de export een groot succes was.

De Luminator was de eerste lamp voor huishoudelijk gebruik waar aan de bovenkant een wolfraamlamp met ingebouwde reflector was bevestigd. Het design, met zijn eenvoudige stalen buis op een ranke drievoet, ondersteunde deze technische vondst.

Model H

PERIODE: kap 1954, voet 1962

ONTWERPER: Isamu Noguchi (1904–'88)

MATERIAAL: papier van de schors van moerbeibomen, bamboe en staal

FABRIKANT: Ozweki and Company, Gifu, Japan

Dat Isamu Noguchi van oorsprong beeldhouwer was, is goed te zien aan de vormgeving van zijn meubels en lampen. In het ontwerp van deze vloerlamp experimenteert hij met de lampenkap als plastische vorm en als een moderne interpretatie van de traditionele Japanse papieren lantaren. In 1951 reisde Noguchi naar Japan om lantarens te bestuderen die waren gemaakt van een geraamte van bamboe en een huid van papier. Deze *chochins* werden zonder versiering uitgevoerd en dienden om het kaarslicht diffuser te maken. Noguchi ging op zoek naar manieren om ze in een moderne context te gebruiken en geschikt te maken voor elektrisch licht. Net als de oorspronkelijke chochins waren Noguchi's lampen opvouwbaar.

Gedurende 25 jaar ontwikkelde hij een reeks ontwerpen op basis van papieren lampenkappen, die hij *Akaris* noemde. In de jaren zestig maakte hij versies met fluorescerend licht en ontwierp hij een staande lamp met een platte metalen voet om de lampenkap te dragen. Noguchi wilde vloeiende plastische vormen maken die een afspiegeling van moderne vormgeving waren, maar tevens door de nationale handwerktradities van Japan waren geïnspireerd. Hoewel Noguchi's ontwerpen bekend stonden om hun eenvoudige en mooie effecten, werden ze altijd in geringe aantallen als dure modellen op de markt gebracht. In de jaren zestig werd zijn werk geïmiteerd in ontelbare goedkopere vormen.

Gibigiana

PERIODE: 1981

ONTWERPER: Achille Castiglioni (geb. 1918)

MATERIAAL: metalen reflector met een spiegelend oppervlak, aluminium zuil met geëmailleerd metaal

FABRIKANT: Flos, Brescia, Italië

Spitsvondigheid en humor zijn kenmerkend voor Castiglioni's benadering van vormgeving. Hier zijn beide eigenschappen aanwezig in een ontwerp dat doet denken aan een dier of een vogel. De Gibigiana is een verstelbare tafellamp, die een weerkaatst licht geeft en van een dimmer is voorzien. De lamp maakt gebruik van een relatief nieuwe technologie, waarbij het licht van een halogeenlamp via een spiegel wordt gereflecteerd en op één bepaalde plaats geconcentreerd. Deze functie heeft de lamp zijn merkwaardige naam gegeven; *gibigiana* is de Italiaanse uitdrukking voor licht dat van een oppervlak wordt weerkaatst.

Via een cirkelvormige schijf boven op de lamp wordt de hoek van weerkaatsing ingesteld, terwijl de lichtsterkte wordt bepaald met behulp van een schuifregelaar aan de achterkant van de zuil. In de Gibigiana wilde Castiglioni een eigenzinnig uiterlijk combineren met een technisch ingewikkelde en hoogwaardige afwerking die niet gebruikelijk is bij een dergelijk huishoudelijk artikel.

Tizio

Richard Sapper heeft een technische opleiding in München gevolgd en begon zijn carrière bij Daimler. De technische vaardigheden die hij daarbij verwierf, heeft hij vervolgens ingezet om huishoudelijke artikelen te ontwerpen. Later heeft hij voor veel topbedrijven gewerkt, zoals Artemide en, vanaf 1980, IBM. Sapper is verantwoordelijk voor veel klassiekers op het gebied van het twintigste-eeuwse design. In de jaren zestig werkte hij bij tv- en radioproducent Brionvega aan baanbrekende producten die het bedrijf wereldberoemd hebben gemaakt. Zijn uitgangspunt was dat de technologische functie van een product de vormgeving moest bepalen. De Tiziolamp van Artemide is op dit principe gebaseerd. Het is een klassiek ontwerp: de in matzwart aluminium uitgevoerde lamp bezit een formele, elegante schoonheid die is gebaseerd op uitgebalanceerde technische vormen; de armen bewegen soepel en kunnen in een flink aantal verschillende, stabiele posities worden gezet. Ook in technisch opzicht is het ontwerp geslaagd omdat het een halogeenlamp met een laag voltage gebruikt, die een geconcentreerde lichtbron geeft. De Tizio werd een van de best verkopende producten van Artemide en won de prijs *Compasso d'Oro* in 1979.

PERIODE: 1972

ONTWERPER: Richard Sapper (geb. 1932)

MATERIAAL: ABS-plastic en aluminium

FABRIKANT: Artemide, Milaan, Italië

Bay

PERIODE: 1983

ONTWERPER: Ettore Sottsass (geb. 1917)

FABRIKANT: Memphis, Milaan, Italië

De creatieve brille van Ettore Sottsass heeft in vrijwel ieder decennium na de oorlog zijn sporen nagelaten. Zijn veelzijdigheid is adembenemend en zijn vermogen om met een frisse blik vrijwel iedere categorie van het huishoudelijke design te onderzoeken is legendarisch. In de vroege jaren tachtig leidde Sottsass de Memphisgroep uit Milaan, een internationaal collectief van ontwerpers dat een ommekeer in de benadering van kleur, decoratie en materialen heeft teweeggebracht. Memphis geniet meer bekendheid vanwege zijn meubels en decoratieve dessins, maar Sottsass maakte ook gebruik van de traditionele Italiaanse kennis op het gebied van gekleurd glas. Het Venetiaanse eiland Murano is beroemd om zijn glasfabricage, de kwaliteit van zijn handwerkslieden en het gebruik van helder blauw en rood glas. In de jaren vijftig en zestig had deze traditie veel ontwerpers geïnspireerd, maar in de jaren tachtig was dit gekleurde glas uit de mode geraakt. Sottsass vestigde weer de aandacht op gekleurd glas als een eigentijds ontwerpmateriaal. Hij werkte eerst aan een reeks artikelen waarbij hij een soort boetseertechniek voor het glas hanteerde. Later zette hij glas in bij lichte armaturen, zoals bij de tafellamp Bay, en onderzocht hij de mogelijkheden van glas voor decoratieve verlichting in huis. De formele plastische kwaliteiten, die op eenvoudige geometrische vormen zijn gebaseerd, doen denken aan Sottsass' werk uit

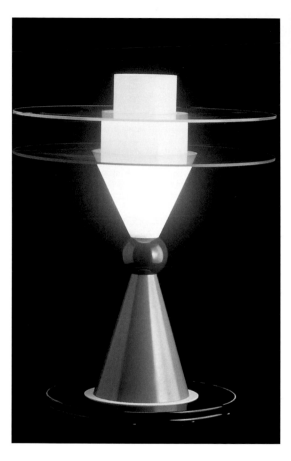

de jaren zestig, maar de speelse, haast kinderlijke, montage van de onderdelen in combinatie met het treffende rode en blauwe glas, maakt de lamp tot een nieuw en invloedrijk artikel voor de jaren tachtig.

Miss Sissi

Deze tafellamp is, met mysterieuze naam en al, een typisch Starck-product: een listige adaptatie van een verder conventioneel ontwerp. Starck heeft een nimmer falend talent om een alledaags voorwerp met spitsvondige humor te larderen. Deze kleine lamp van nog geen dertig centimeter hoog geeft zowel direct als diffuus licht. Hij is verkrijgbaar in wit en een aantal heldere kleuren. De Miss Sissi was onmiddellijk een groot commercieel succes en is een van de bekendste designaccessoires in het interieur van de jaren negentig geworden.

PERIODE: 1991

ONTWERPER: Philippe Starck (geb. 1949)

MATERIAAL: gekleurd technopolymeer plastic

FABRIKANT: Flos, Brescia, Italië

Ya Ya Ho

PERIODE: 1984

ONTWERPER: Ingo Maurer
(geb. 1932)

MATERIAAL: glas, keramiek,
metaal en plastic

FABRIKANT: Design M
Ingo Maurer,
München, Duitsland

Het originele ontwerp van Ya Ya Ho
bezorgde de Duitse vormgever Ingo
Maurer van de ene op de andere dag
een grote faam. De lamp werd zijn
handelsmerk en het ontwerp werd
geprezen als een van de verfrissend-
ste en origineelste armatuurdesigns
van het decennium. Ya Ya Ho was een
constructie met laagspanningsdraden
waaraan halogeenlampjes en tegengewichten waren bevestigd, waardoor het effect ontstond van een
plastisch mobiel. De kleine verplaats-
bare lichtbronnen konden door de
consument naar believen op een andere plek worden bevestigd, een
flexibiliteit die doet denken aan de
beroemde armaturen uit de jaren zestig, waaronder de Boalumlamp (zie
p. 152).

Maurer maakte gretig gebruik van
de ontwikkeling van de diverse soorten halogeenlampen en kleine tl-buizen. Tot aan de komst van de transformatoren was de technologie van
halogeenlampen nogal primitief en
zelfs gevaarlijk. Maurer pleitte voor
een situatie waarin verlichting kon
worden teruggebracht tot een reeks
eenvoudige onderdelen die een grote
verscheidenheid aan vormen en licht-
effecten mogelijk maakte. Lichtbronnen met een laag voltage waren
daarvoor noodzakelijk omdat de
consument de lampjes zonder gevaar
moest kunnen aanraken en verplaatsen.

Birds, Birds, Birds

PERIODE: 1992

ONTWERPER: Ingo Maurer (geb. 1932)

FABRIKANT: Design M Ingo Maurer, München, Duitsland

In de jaren tachtig maakte Ingo Maurer furore met een reeks bijzondere armaturen. Hij combineerde de modernste technologie met een benadering die het armatuurdesign meer op installatiekunst dan op vormgeving deed lijken. De uit Duitsland afkomstige Maurer had enkele jaren in de Verenigde Staten gewerkt en begon zijn carrière als armatuurontwerper in de jaren zestig. In deze periode liet hij zich inspireren door de popart en experimenteerde hij met schaal, decoratie en hergebruik van gevonden voorwerpen. De ideeën en theorieën van dit vruchtbare decennium zouden twintig jaar later in gewijzigde vorm opduiken, toen hij in de jaren tachtig internationale erkenning kreeg voor zijn projecten. Toen zijn werk op de jaarlijkse tentoonstelling Arteluce in Milaan werd getoond, vergeleken internationale critici Maurer met andere originele armatuurontwerpers, zoals de gebroeders Castiglioni. Ze hadden grote bewondering voor de manier waarop hij als het ware een speelse wegwerpbenadering van het design had geïntroduceerd, waarbij hij nieuwe technologie gebruikte zonder dat deze het uiteindelijke resultaat domineerde.

Maurer werkt onder meer samen met elektrotechnici en heeft een hele reeks verlichtingen voor binnenshuis ontworpen.

Treforchette

PERIODE: 1997

ONTWERPER: Michele de Lucchi (geb. 1951)

MATERIAAL: lampenkap van pvc en vorken

FABRIKANT: Produzione Privata, Italië

Produzione Privata is een experimentele keten die artikelen produceert door eenvoudige, reeds bestaande voorwerpen met elkaar te combineren. De nieuwe artikelen worden in kleine hoeveelheden gefabriceerd en komen uit de studio van Michele de Lucchi, een van Italiës bekendste ontwerpers.

In de jaren tachtig verwierf De Lucchi internationale faam via zijn ontwerpen voor Studio Alchimia en de nog beroemdere Memphisgroep van Ettore Sottsass. In deze periode maakte hij carrière als industrieel designer voor Italiaanse topbedrijven, zoals Kartell, Artemide en Olivetti, maar bleef daarnaast ook werken aan experimentele en unieke objecten. Produzione Privata betekende de terugkeer naar intiemere en kleinschaligere experimenten, waarin De Lucchi's belangstelling voor het twintigste-eeuwse idee van het 'objet trouvé' tot uitdrukking komt. Dit concept was in de jaren twintig ontwikkeld door Marcel Duchamp, die wijnrekken en urinoirs als kunstvoorwerpen tentoonstelde. In zijn ontwerp voor de Treforchette is Michele de Lucchi op zoek naar een nieuwe richting waarin gewone gebruiksvoorwerpen op een onverwachte manier bijeen worden gebracht. Voor deze tafellamp heeft hij een eenvoudige koker van pvc gebruikt als een lampenkap die wordt gedragen door drie 'ready made' metalen bestekvorken. Hij probeert op deze manier de mogelijkheden van het gewone en het alledaagse opnieuw te ontdekken.

Lichtzuil

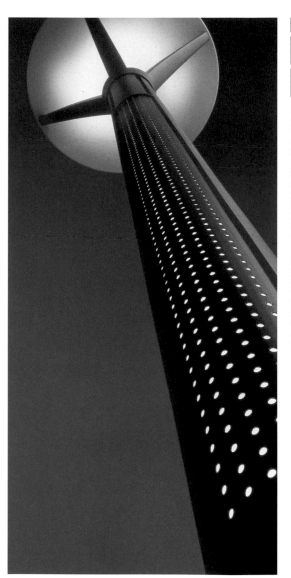

PERIODE: 1995

ONTWERPERS: Philips
Corporate Design

FABRIKANT: Philips,
Eindhoven, Nederland

Philips werd in 1891 in Eindhoven als
een gloeilampenfabriek opgericht.
Hoewel het bedrijf al spoedig andere
producten, zoals radio's, op de markt
bracht, heeft het altijd een leidende
positie op het gebied van verlichtings-
techniek behouden. De lichtzuil
maakt gebruik van een verbeterde
technologie om licht te verstrooien,
de intensiteit ervan te regelen en
licht te creëren dat de karakteristiek
van natuurlijk licht benadert. De zuil
bestaat uit een aantal decoratieve
componenten die door hun organische, plastische structuren een har-
monieus geheel met hun omgeving
vormen. Elke keuze voor bepaalde
componenten zorgt voor een ander
lichteffect. De zuil is ontworpen om
stedelijke ontwerpers de mogelijkheid te geven een omgeving met
een moderner gevoel voor 'natuurlijk'
licht te scheppen.

huisraad

SOEPLEPEL

PASTAPAN 9092

DOOR DE GESCHIEDENIS HEEN hebben producten voor huishoudelijk gebruik zowel de cultuur van een samenleving als de technologie van een tijdperk weerspiegeld. De industriële revolutie bracht ingrijpende sociale en technologische veranderingen teweeg en dat had bijvoorbeeld weer grote gevolgen voor de manier waarop tafelgerei werd gemaakt en gebruikt. Door de opkomst van een middenklasse van burgers nam de vraag naar tafelgerei van een goede kwaliteit toe, en daarnaast konden fabrieken voortaan met massaproductietechnieken producten met een gestandaardiseerd ontwerp en een constante kwaliteit maken.

In de negentiende eeuw ontwikkelden zich onder invloed van de Victoriaanse waarden en door de beschikbaarheid van goedkoop bedienend personeel formele rituelen in het gebruik van maaltijden en de vrijetijdsbesteding in huis. Iedere activiteit en onderdeel van het huis werd duidelijk gescheiden, bijvoorbeeld in een keuken en een salon, zodat objecten werden ontworpen voor een specifieke plek en een specifiek doel. In de twintigste eeuw veranderden de behoeften van de mensen en werd er gebroken met deze traditie.

De ontwikkelingen op materieel technologisch gebied en veranderingen in sociale patronen hebben het uiterlijk van producten in de twintigste eeuw verder beïnvloed. Het verdwijnen van eetrituelen, de groeiende behoefte aan gemak en praktische bruikbaarheid en de introductie van nieuwe materialen als roestvrij staal, hittebestendig glas en synthetische plastics hebben geleid tot ontwerpen die multifunctioneel, duurzamer en gemakkelijker te reinigen zijn en in

sommige gevallen na gebruik meteen worden weggegooid.

Verder trad er een belangrijke verschuiving in de houding ten aanzien van huishoudelijke artikelen op doordat men de keuken anders ging inrichten. De keuken werd voortaan met eenzelfde precisie ontworpen en toegerust als een wetenschappelijk laboratorium; de organisatieprincipes van een fabriek konden worden toegepast op het gezinshuis. Dat leidde tot een zorgvuldige integratie van plaatsen voor de voedselbereiding, de afwas en het koken, waarbij werkoppervlakken en hulpmiddelen een plek kregen op dezelfde hoogte. Het invloedrijkste model was de zogenoemde 'Frankfurter Keuken', die werd gebruikt voor de gestandaardiseerde huizen die na de Eerste Wereldoorlog in Frankfurt werden gebouwd ter vervanging van woningen in vervallen stadswijken. Het doel van deze keuken was de hygiëne te verbeteren en het werk van de huisvrouw gemakkelijker te maken, maar tevens haar status te verhogen: een huisvrouw was niet langer een sloof, maar iemand die een huishouden runde.

De ontwerpers van de modernistische beweging richtten zich op massaproductie om het design en de kwaliteit van huishoudelijke artikelen te verbeteren. Toonaangevende ontwerpers namen in hun werk niet langer een voorbeeld aan traditionele nijverheidsproducten, maar aan de fabriek en experimenteerden op uitgebreide schaal met de mogelijkheden van goedkope industriële materialen. Het glaswerk dat werd ontworpen door het echtpaar Alvar Aalto en Aino Marsio-Aalto is een voorbeeld daarvan. Aino Aalto leefde haar talenten uit op geperst glas: een goedkoop materiaal waar-

GRAVES-KETEL

van ze de productiefouten trachtte te maskeren met eenvoudige gebogen randen en basale vormen. Tafelgerei werd ontworpen aan de hand van gemakkelijk te reinigen, simpele vormen dat in losse delen kon worden gekocht, waarmee werd gebroken met de lange kooptraditie van grote keramische serviezen. De Bauhaus-school heeft hierin een grote rol gespeeld. Studenten werden er aangemoedigd om objecten te ontwerpen met een nieuwe moderne agenda en altijd de mogelijkheden voor massaproductie in het oog te houden.

Bijna ieder gebruiksvoorwerp voor in huis kreeg zodoende een nieuw uiterlijk. In Italië werd bijvoorbeeld het Moka-koffiezetapparaat ontworpen dat zo van het fornuis op tafel kon worden gezet, en Caccia-bestek om een alternatief te bieden voor de traditionele zilveren messen en vorken die veel onderhoud eisten. Daarnaast deden nieuwe materialen hun intrede: in de jaren twintig werd hittebestendig glas gebruikt met koken en bewaren van voedsel, en dit glas werd opnieuw zodanig vormgegeven dat het zo uit de oven of de koelkast op tafel kon worden gezet. Ook plastic was een belangrijk nieuw materiaal. Na de Tweede Wereldoorlog begon het glas te vervangen in het design van bewaarbakken, waarvan die van het bedrijf Tupperware de beroemdste zijn. Andere belangrijke nieuwe materialen waren keramiek voor kommen en schalen en metaal voor keukengerei als saladescheppen en lepels.

Veel vooraanstaande ontwerpers produceerden rationele en functionele objecten die bedoeld waren voor massaproductie, maar aan de andere kant waren er nog steeds ontwerpers die bleven werken in de meer traditionele gebieden van de kunstnijverheid en de decoratieve kunst. De beroemde tapijten van Marion Dorn uit de jaren dertig zijn daarvan een goed voorbeeld, net als de decoratieve patronen van Eric Ravilious en Susie Cooper, die het keramiek van Wedgwood zijn karakteristieke uiterlijk gaven. Met name de Scandinavische landen liepen voorop door fraai ontworpen objecten voor in huis te creëren. De kwaliteit van Scandinavisch glaswerk en tafelgerei wekte na de Tweede Wereldoorlog internationale bewondering. Model voor dit werk staan de ontwerpen van architect Arne Jacobsen voor tal van objecten, variërend van koffiepotten tot eenvoudige kranen.

Aan het begin van de jaren tachtig, het designerdecennium, groeide de belangstelling voor huishoudelijke artikelen zelfs nog verder. De beste illustratie daarvan vormen de producten van het Italiaanse bedrijf Alessi. Men zag daar al snel in dat mensen nu objecten voor in huis wilden die tal van functies vervulden. Ze wilden producten van beroemde ontwerpers als Michael Graves en Philippe Starck en dingen die niet alleen functioneel waren, maar ook konden worden gezien als beeldende kunst, ofwel objecten die echt mooi waren. Een nieuwe groep welgestelde mensen zocht naar winkels waar ze de felgekleurde wijnrekken van Jasper Morrison en wijnglazen van Ettore Sottsass konden kopen, en daarnaast groeide de keus in goedkoop tafelgerei en bestek zoals onder andere verkocht door de moderne winkelketen Ikea. De consument heeft geleerd het oude en het nieuwe ieder een eigen plaats te geven binnen het huis.

GINERVA-KARAF

ODEON-BESTEK

Soeplepel

PERIODE: 1879

ONTWERPER: Dr Christopher Dresser (1834–1904)

MATERIAAL: verzilverd staal en zwart geverfd hout

FABRIKANT: Hukin and Heath, Birmingham, Engeland

Christopher Dresser was een unieke figuur onder negentiende-eeuwse ontwerpers. Hij wordt nu gezien als een belangrijke wegbereider voor modern industrieel design doordat hij eenvoudige, functionele gebruiksvoorwerpen voor massaproductie maakte in een tijd waarin tijdgenoten als William Morris en John Ruskin pleitten voor een terugkeer naar de ambachtelijke productie.

Na een opleiding als botanist studeerde Dresser aan de South Kensington School of Design, waar hij zich een voortreffelijke leerling toonde en later zelf lesgaf. Zijn ontwerpprincipes kwamen voort uit zijn studie van de natuur en gaven vorm aan een taal van geometrische patronen en vormen die konden worden toegepast op industriële designs. Zijn interesse in Moorse sjablonen en Japanse kunst bracht hem ertoe een geometrische en vereenvoudigde visuele grammatica te ontwikkelen die hij toepaste op verrassend modern en functioneel tafelzilver als theepotten, toastrekjes en soepterrines. Dresser publiceerde zijn ideeën in een reeks boeken over design die zowel in Engeland als daarbuiten grote invloed uitoefenden.

Hoewel het merendeel van Dressers werk naar negentiende-eeuwse maatstaven conventioneel was, werd een deel van zijn metaalobjecten gekenmerkt door een bijzonder originele vormgeving, waarmee hij vooruitliep op het werk van het Bauhaus. Zijn designs vormen belangrijke archetypes in de ontwikkeling van het twintigste-eeuwse modernisme. In zijn werk combineerde hij de nieuwste technologie op materiaalgebied, zoals elektrolytische metaalbekleding, met de modernste productietechnieken. Zijn minimalistische designs kenden geen tegenhanger in het Victoriaanse Engeland – veel van zijn compromisloze ontwerpen zouden pas in de jaren twintig van de twintigste eeuw worden geëvenaard.

Ontwerp voor een tapijt

Archibald Knox heeft zijn faam waarschijnlijk vooral te danken aan de ontwerpen voor metaalwaren die hij rond 1900 maakte voor Liberty's, het beroemde warenhuis in Londen. Hij bestreek als architect en ontwerper echter een veel groter terrein en wordt gezien als een van de grote exponenten van de Britse Arts & Crafts-beweging.

Net als zijn tijdgenoten maakte Knox studie van de Keltische tradities van zijn geboorte-eiland Man. Dit is te zien in zijn gebruik van complexe golvende patronen. Maar zijn stijl behelsde meer dan een simpel teruggrijpen op het verleden, en Knox creëerde allengs, hoewel nog steeds geïnspireerd door de intense kleuren en golvende, kronkelende vormen van de Keltische decoratieve kunst, een ornamenttaal die in toenemende mate neigde naar vereenvoudigde en verfijnde vormen.

De hier afgebeelde waterverfschets voor een tapijt die Knox in 1900

PERIODE: 1900

ONTWERPER: Archibald Knox (1864–1933)

maakte, oogt nog altijd fris en tijdloos. Met dit soort werk groeide Knox niet alleen uit tot een vooraanstaande Arts & Crafts-ontwerper, maar ook tot een vakman die de aanzet gaf tot een nieuwe designrichting voor de volgende eeuw.

Bestek voor Lilly en Frits Waerndorfer

PERIODE: 1904

ONTWERPER: Josef Hoffman (1870–1956)

MATERIAAL: zilver

FABRIKANT: Wiener Werkstätte, Wenen, Oostenrijk

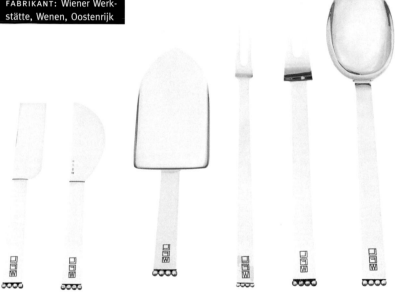

De architect en ontwerper Josef Hoffman was een vooraanstaand lid van de *Wiener Sezession*, een groep avant-garde-ontwerpers die zich keerden tegen de gevestigde en academische vormgeving in de architectuur en designkunst. In 1903 richtte hij samen met Koloman Moser en Fritz Waerndorfer de *Wiener Werkstätte* op, waarvan hij tot 1931 de artistiek leider bleef. Het voorbeeld voor de *Werkstätte* was de *Guild of Handicrafts* van de Britse ontwerper C.R. Ashbee, en daarnaast werd Hoffman sterk beïnvloed door de Engelse Arts & Craftsbeweging, en dan met name Charles Rennie Mackintosh en de Glasgow School.

Hoffmans ontwerpen voor meubilair en metaalwerk zijn strikt gebaseerd op geometrische en rechtlijnige vormen, waardoor ze een sobere en elegante eenvoud uitstralen – een radicaal contrast met de overwegend sierlijke vormen van de art nouveau die rond 1900 de progressieve designkunst domineerde.

Hoffman wordt beschouwd als een van de grondleggers van de twintigste-eeuwse designkunst en zijn werk is nog altijd een inspiratiebron voor hedendaagse ontwerpers.

Textiel met gloeilampenpatroon

Na de bolsjewistische revolutie van 1917 keerden veel Russische kunstenaars zich af van kleinburgerlijke kunst en stelden ze hun talenten in dienst van de Sovjet-staat. Ze wilden met hun ontwerpen de nieuwe Sovjet-samenleving symboliseren en de overgang naar een nieuwe manier van leven helpen realiseren.

In de eerste paar jaar na de revolutie hamerde de staat erop dat er nieuwe beelden en producten moesten worden gecreëerd om het gewone volk de ideologie van de revolutie bij te brengen. Door de wanhopige economische situatie was er weinig nijverheid en geen geld voor grootse architectonische projecten. Derhalve richtten Russische constructivistische ontwerpers hun aandacht op de grafische kunst, textiel en keramiek om hun visie op de toekomst tot uiting te brengen. Tot de beroemdste leden van de groep behoorden El Lissitzky, Vavara Stepanova en Ljubov Popova, maar van Strusevich resteren vrijwel geen biografische gegevens.

Het werk van de constructivisten werd gekenmerkt door krachtige abstracte motieven die hun weg vonden in het design van theaterdecors, wandkleden, tapijten, behang en textiel. De visuele taal van het constructivisme was grotendeels gebaseerd op het gebruik van platte vlakken, dat ontleend was aan het kubisme van Picasso en Braque. Maar de constructivisten hielden bijna altijd vast aan een abstracte en logische applicatie van lijn en kleur, en – het belangrijkste element – een onderliggende zinspeling op de ideologie van de revolutie. Het design vormde een boodschap aan het volk, hier weer-

PERIODE: 1928–'30

ONTWERPER: S Strusevich (actief in de jaren twintig)

MATERIAAL: bedrukt katoen

FABRIKANT: Sosnevsk Verenigde Fabrieken, Ivanava, Rusland

gegeven met gloeilampen. Het zich herhalende patroon verbeeldt het elektrificatieprogramma van het vijfjarenplan van 1928-'32. De toepassing van op industrie en technologie geïnspireerde beelden symboliseerde een breuk met de decadente, kleinburgerlijke decoratieve traditios van de negentiende eeuw.

Glazen theepot

PERIODE: 1932

ONTWERPER: Wilhelm Wagenfeld (1900–'90)

MATERIAAL: glas

FABRIKANT: Jenaer Glaswerk Schott und Genossen, Jena, Duitsland

Hoewel Wagenfeld in de jaren vijftig elektrische apparaten ging ontwerpen voor Braun, is hij vooral bekend als ontwerper van glaswerk en keramiek. Hij volgde een opleiding bij het Bauhaus, waar hij later ook lesgaf, en bleef zijn hele leven trouw aan de principes van overzichtelijke eenvoud en functionalisme die de school uitdroeg. Wagenfeld was docent aan de Kunsthochschule in Berlijn toen hij het theeservice ontwierp. Het is een van de puurste uitingsvormen van Wagenfelds industriële esthetiek, waarin ieder aspect van de relatie tussen vorm en functie letterlijk en figuurlijk transparant is. Hij werkte voor dit ontwerp met hittebestendig glas, een glassoort die ook wordt gebruikt voor het maken van testbuizen. Zijn opdracht was glaswerk te ontwerpen dat zowel in de keuken als op tafel kon worden gebruikt. Deze theepot (hier afgebeeld met een latere kop en schotel) is daarvan een goed voorbeeld. Door zijn baanbrekende gebruik van nieuwe materialen bracht hij de Bauhaus-idealen naar de massamarkt. Ondanks zijn niet-aflatende toewijding aan het modernisme had hij in de periode van het Derde Rijk een succesvolle carrière in de Duitse industrie. Na de oorlog opende hij zijn eigen designatelier, waar hij tot 1978 werk bleef produceren voor vooraanstaande cliënten.

Kubusstapelbakken

De serie kubusstapelbakken van glas vormt een illustratie van het Bauhausprincipe dat design kon worden teruggebracht tot een pure geometrische vorm die zich leende voor massaproductie en derhalve een massamarkt. Toen Wagenfeld in 1935 werd benoemd tot hoofd van de designafdeling van de Vereinigte Lausitze Glaswerke, begon hij zijn modernistische idealen vorm te geven in goedkope producten van geperst glas. Zijn op een rechthoekige module gebaseerde kubusbakken vormen nog altijd het bekendste ontwerp van de honderden ontwerpen die hij maakte voor het bedrijf. Ze werden ontworpen om zo uit de koelkast op tafel te kunnen worden gezet, en wanneer ze niet in gebruik waren, konden ze keurig worden opgestapeld in een geometrische configuratie. Omdat glas niet poreus is en gemakkelijk te reinigen is, is het ideaal voor gebruik in de keuken. De Kubus-serie bestond uit tien bewaarbakken voor in de koelkast, zeven bussen en drie potten, allemaal met een luchtopening en onderling inwisselbare deksels.

PERIODE: 1938

ONTWERPER: Wilhelm Wagenfeld (1900–'90)

MATERIAAL: geperst glas

FABRIKANT: Kamenz Glassworks, Vereinigte Lausitze Glaswerke, Weiswasser, Duitsland

Burg Giebichenstein-eetservies

PERIODE: 1930

ONTWERPER: Marguerite Friedlaender-Wildenhain (1896–1985)

MATERIAAL: porselein

FABRIKANT: Staatliche Porzellanmanufaktur, Berlijn, Duitsland

Het Burg Giebichenstein-eetservies heeft zijn naam te danken aan de school voor toegepaste kunsten in Halle-Saale - ook wel het 'kleine Bauhaus' genoemd – waar Friedländer van 1926 tot 1933 hoofd was van de sectie keramiek. Ze werd in Lyon geboren uit Engels-Duitse ouders, studeerde in Berlijn en daarna bij het Bauhaus, waar ze les kreeg van de meesterpottenbakker Gerhard Marcks. Friedländer kreeg van de Staatliche Porzellanmanufaktur in Berlijn de opdracht een modern, functioneel eetservies te ontwerpen dat rekening hield met de trend naar minder formele eetgewoonten. Ze zag daarbij af van de uitvoerig bewerkte schotels die normaal deel uitmaakten van zulke serviezen en beperkte zich tot borden en kommen in basale vormen en van verschillende grootte. De vereenvoudigde geometrische vormen van de serviesonderdelen worden geaccentueerd door concentrische groeven in het porselein, die dienden als een ingetogen vorm van decoratie.

Friedländer trouwde in 1930 met de pottenbakker en ex-Bauhaus-leerling Franz Rudolf Wildenhain. Toen de nazi's haar drie jaar later haar docentschap ontnamen, werden ze gedwongen naar Nederland te vluchten, waar ze pottenbakkerij Het Kruikje vestigden. Friedländer voerde daarnaast opdrachten uit voor de Sphinxfabriek in Maastricht. In 1940 emigreerde ze naar Californië, waar ze doceerde aan het College of Arts and Crafts in Oakland en de Pond Farm Workshops oprichtte. Haar industriële keramiek behoort tot het belangrijkste en invloedrijkste werk van de modernistische beweging.

Praktika-tafelservies

Aan het begin van de twintigste eeuw werden er in veel Europese landen organisaties opgericht die tot doel hadden goed design te promoten in de industrie. De Zweedse Vereniging van Industrieel Design moedigde fabrikanten aan om vooraanstaande kunstenaars en ontwerpers in dienst te nemen om nieuwe producten te creëren. In 1930 gaf Gustavsberg, de toonaangevende aardewerkfabrikant van het land, Wilhelm Kåge opdracht een nieuw en modern tafelservies te ontwerpen voor een radicaal nieuw verkoopconcept. Praktika werd niet aangeboden als een compleet servies, zoals gebruikelijk was, maar kon in losse delen worden aangeschaft. Daarnaast zorgde de ontwerper ervoor dat de delen gemakkelijk op elkaar te stapelen waren, zodat ze minder ruimte innamen, en er zaten ook delen bij die op meerdere manieren gebruikt konden worden – bijvoorbeeld kommen die ook konden dienen als deksels voor bewaarpotten. Het Praktika-servies werd gekenmerkt door gladde basale vormen, lichte kleuren en eenvoudige sierelementen. Het was echter geen

PERIODE: 1933

ONTWERPER: Wilhelm Kåge (1889–1960)

MATERIAAL: aardewerk

FABRIKANT: Gustavsberg, Zweden

commercieel succes toen het op de markt werd gebracht. Pas toen het na de Tweede Wereldoorlog opnieuw werd geïntroduceerd, werd het populair bij het grote publiek.

Savoy-vaas

PERIODE: 1936

ONTWERPER: Alvar Aalto (1898–1976)

MATERIAAL: geblazen glas

FABRIKANT: Karhula Iltala, Karhula, Finland

Karhula, de befaamde Finse glas-fabrikant, schreef een wedstrijd uit om aan nieuwe glaswerkontwerpen te komen en die ten toon te stellen in het Finse deel van de Internationale Expositie van Parijs in 1937. Alvar Aalto's ontwerp won de eerste prijs. Aalto stuurde een reeks tekeningen in die hij *Eskimoerindens Skinnbuxa* (Eskimose leren broek) noemde. De golvende lijnen van de ontwerpen op die tekeningen braken met de glasdesigntraditie van symmetrische vormen.

De vazen, soms Savoy-vazen genoemd omdat ze werden gebruikt in het bekende gelijknamige restaurant in Stockholm waarvan Aalto het interieur had ontworpen, waren onmiddellijk een succes en zijn sindsdien in productie gebleven. Aalto ontwikkelde een unieke architectonische stijl die was gebaseerd op onregelmatige en asymmetrische vormen en het vindingrijke gebruik van natuurlijke materialen.

De organische en niet-rationele vorm van de Savoy-vaas kan worden gezien als een verwerping van het geometrische formalisme dat de meerderheid van Aalto's tijdgenoten aanhing. De vloeiende vorm is te vergelijken met die van Aalto's stoelen van gebogen berkenlaminaat uit diezelfde periode en doet denken aan de vrije vormpatronen in de surrealistische schilderkunst.

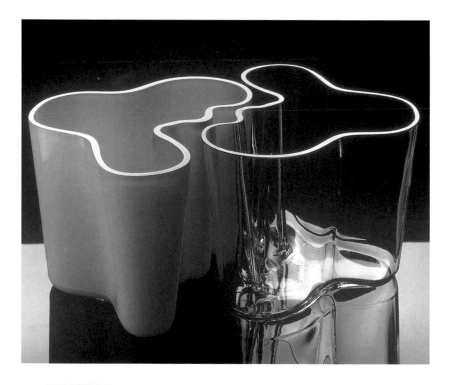

Geperst glas 4644

Aino Marsio was de vrouw van de beroemde Finse architect Alvar Aalto. Zoals bij veel vrouwen van vooraanstaande ontwerpers werd haar eminente werk vaak overschaduwd door dat van haar beroemdere echtgenoot. Marsio was niettemin een ontwerpster die haar eigen weg ging. Daarnaast speelde ze een belangrijke rol in Alvars carrière en werkte ze van 1924 tot haar dood in 1949 in zijn atelier. Ze zetten samen Artek op, een marketingbedrijf voor hun designs. Marsio werkte lang en met succes samen met de glasfabrikant Karhula, vanaf 1932, toen ze een ontwerpwedstrijd won die door het bedrijf was uitgeschreven om een serie goed-

koop glas te creëren dat in massaproductie kon worden genomen. De serie heette aanvankelijk Bölgeblick, naar een café op de Expositie van Stockholm in de jaren dertig, en bestond uit een grote schenkkan, glazen, kommen, schalen en een roomkannetje. Er werd dik glas voor gebruikt dat werd gegoten in een driedelige mal, waardoor er aan de zijkant een duidelijk zichtbare naad op zat. De karakteristieke 'stapringen' waren geen origineel idee: in 1930 had de Zweedse ontwerper Edvard Hald een vergelijkbare techniek toegepast op zijn kommen voor Orrefors Glass Works.

Aino Aalto's glas ging in 1934 in

PERIODE: 1932

ONTWERPER: Aino Marsio-Aalto (1894–1949)

MATERIAAL: geperst glas

FABRIKANT: Karhula Iltala, Karhula, Finland

productie en won twee jaar later een gouden medaille op de Triënnale in Milaan. De serie wordt nog steeds bewonderd om zijn eenvoudige praktische vormgeving en is onafgebroken een succes geweest.

Tapijt

PERIODE: 1932

ONTWERPER: Marion Dorn (1896–1964)

MATERIAAL: wol

FABRIKANT: Wilton Royal Carpet Factory Limited, Engeland

In de jaren dertig kozen toonaangevende Britse modernistische architecten vaak voor Marion Dorns tapijten en textiel wanneer ze een interieuraankleding zochten die paste bij hun werk. Zo lagen er tapijten van Dorn in de beroemde White Room van Syrie Maughan in het Savoy Hotel en in de foyer van Oswald P. Milnes opgeknapte Claridges Hotel, beide in Londen.

De oorspronkelijk als schilder opgeleide Dorn was zeer productief. Ze ontwierp bekleding voor de stoelen in de Londense metro en ook stoffen, behangpapier en meubilair. Ze kreeg verder opdracht te werken aan de grote oceaanschepen uit die tijd, waaronder ook de Queen Mary van Cunard. In de jaren dertig maakte ze ruim honderd tapijtdesigns voor Wilton Royal, met als gevolg dat ze in het tijdschrift *Architectural Review* 'de vloerenarchitect' werd genoemd. In haar langdurige en vruchtbare samenwerking met Wilton maakte ze vooral ontwerpen voor handgeknoopte tapijten die meestal in gelimiteerde aantallen werden geproduceerd. Dorns tapijten werden in de nieuwe modernistische interieurs gebruikt om bepaalde ruimtes af te bakenen en vaak geplaatst op centrale punten. Meubilair werd om het tapijt heen opgesteld of er als los decoratief element bijgezet. De patronen waren over het algemeen opgebouwd uit krachtige geometrische vormen, maar in haar kleurgebruik was ze terughoudend en beperkte ze zich tot wit, roomgeel, zwart en bruin.

Reisservies

Hoewel Eric Ravilious al op vrij jonge leeftijd tragisch om het leven kwam tijdens een vliegmissie als oorlogsartiest in de Tweede Wereldoorlog, was de impact van zijn grafische stijl in de jaren direct na de oorlog groot.

Ravilious was een illustrator en houtgraveur die aan het Royal College of Art in Londen les had gekregen van de vooraanstaande Britse kunstenaar Paul Nash. Net als zijn medestudent Edward Bawden, met wie hij de muurschilderingen in de kantine van Morley College in Londen maakte, deed hij in de jaren dertig illustratiewerk voor een aantal uitgeverijen,

met name Jonathan Cape. Zijn eenvoudige maar aantrekkelijke decoratieve stijl viel in de smaak bij ondernemers die de standaard van de moderne vormgeving in de jaren dertig in Engeland wilden verhogen.

In 1936 kreeg Ravilious opdracht een tafel met stoelen in regencystijl te ontwerpen voor Dunbar Hay and Company, een winkel die was opgezet door Athole Hay en Cecilia Dunbar Kilburn (lady Semphill) en toegepaste kunst verkocht. Het was lady Semphill die Ravilious in 1935 voorstelde aan Tom Wedgwood. In de jaren daarna ontwierp Ravilious Wedgwoods

meest succesvolle bedrukte keramiek, waarvan een deel tot ver in de jaren vijftig populair bleef.

PERIODE: 1938

ONTWERPER: Eric William Ravilious (1903-'42)

MATERIAAL: aardewerk

FABRIKANT: Josiah Wedgwood and Sons Limited, Etruria, Stoke on Trent, Engeland

Amerikaans Modern Tafelservies

PERIODE: 1937

ONTWERPER: Russel Wright (1904-'76)

MATERIAAL: geglazuurd aardewerk

FABRIKANT: Steubenville Pottery, East Liverpool, Ohio, VS

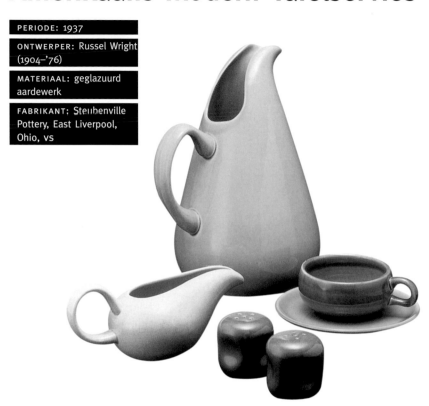

Het werk van Russel Wright is, meer dan dat van enig andere Amerikaanse ontwerper, symbool komen te staan voor de ongedwongen levensstijl die in de jaren veertig opgang maakte. Hij begon zijn carrière als leerling van Norman Bel Geddes, maar Russel Wright richtte zich in tegenstelling tot zijn tijdgenoten, die zich toelegden op transport en producten, op het ontwerpen van huishoudelijke artikelen, en dan met name tafelgerei. Zijn Amerikaanse Moderne Servies, in 1937 ontworpen en van 1939 tot 1959 in productie, was een enorm commercieel succes. Er werden acht miljoen stuks van verkocht, waarmee het een van de populairste tafelgereisets is die ooit werden ontworpen. Het Amerikaanse Moderne Servies markeerde daarnaast een meer algemene verandering in de Amerikaanse designwereld. Wright zette zich af tegen de populaire machine-esthetiek en gaf zijn keramiek sculpturale, organische vormen mee. In de jaren dertig was het werk van surrealistische schilders als Salvador Dalí en dat van beeldhouwer Jean Arp op tal van tentoonstellingen in New York te zien. Hun biomorfe vormen wonnen geleidelijk aan invloed. Tegelijkertijd ging de Amerikaanse architect Frank Lloyd Wright in de richting van een meer natuurlijke architectonische vormgeving door de tradities en wortels van de Amerikaanse visuele cultuur te exploreren. Het grote publiek maakte via dit servies kennis met deze nieuwe ideeen – de vorm van de waterkan werd bijvoorbeeld vergeleken met een traditionele achttiende-eeuwse kolenkit, terwijl andere delen de nieuwe kleur en organische stijl van de periode belichaamden.

Beechwood-tafelgerei

Susie Cooper was in tal van opzichten een unieke ontwerpster. Ten eerste was ze een succesvolle vrouwelijke designer, iets wat destijds een zeldzaamheid was. En ten tweede was ze niet een pottenbakker die het uitsluitend om kunst was te doen, maar iemand die veelvuldig ontwerpen maakte voor massaproductie.

Ze werd geboren in Burslem, in het hart van de pottenbakkersstreek Staffordshire. Ze startte haar loopbaan als assistent-ontwerper van A.E. Gray, maar begon al snel eigen werk te produceren en decoreren. In 1929 opende ze de Susie Cooper Pottery, die enkele zeer populaire decoratieve stukken in haar eigen kenmerkende gestileerde versie van het modernisme produceerde.

Hoewel ze aanvankelijk dus actief was als maker van kunstaardewerk, richtte Cooper zich na de oorlog op de massamarkt. In de jaren vijftig hield ze zich met name bezig met het ontwerpen van tafelgerei van porselein. Haar moderne kleuren, heldere lijnen en grafische, op de natuur geïnspireerde patronen sloten naadloos aan bij de toenmalige tijdgeest.

PERIODE: 1939

ONTWERPER: Susie Cooper (geb. 1902)

MATERIAAL: porselein

FABRIKANT: Crown Works, Stoke On Trent Engeland

In 1966 werd ze partner in de Wedgwood-groep, waarvan ze tot 1972 de belangrijkste ontwerpster was.

Snelkookpan Prestige 65

PERIODE: 1948

ONTWERPER: onbekend

MATERIAAL: plastic handgrepen en metalen body

FABRIKANT: Platers and Stampers Limited, Londen, Engeland

De Prestige 65 was met zijn eenvoudig en stijlvol ontwerp meteen zeer populair toen hij in 1949 op de markt werd gebracht. Hij was gemaakt van glanzend staal en voorzien van zwarte plastic handgrepen en een kookventiel waarlangs stoom kon ontsnappen. De snelkookpan, of hogedrukpan, gaf de huisvrouw in de jaren vijftig de mogelijkheid om snel en goedkoop verschillende soorten voedsel te koken, waarmee hij qua functie wel iets weg had van de hedendaagse magnetron. In praktische zin betekende het dat je niet langer je oven hoefde aan te maken voor de bereiding van slechts een enkel gerecht of met meerdere pannen aan de slag moest op het fornuis, omdat er standaard drie gescheiden vakken in zaten waarin je verschillende dingen kon koken. In theorie kon je met de Prestige 65 een complete gezinsmaaltijd klaarmaken, en daarbij verscheen er in de jaren vijftig een aantal gespecialiseerde kookboeken waarin bijpassende menu's stonden beschreven. En stoom onder hoge druk had nog een voordeel: het koken van groenten in deze pan ging niet alleen veel sneller, maar was ook gezonder omdat er veel meer voedingsstoffen en vitamines bewaard bleven. De snelkookpan was derhalve niet alleen een functioneel en praktisch huishoudelijk artikel, maar droeg ook bij aan de gezondheid en het welzijn van de consument, wat een zeer sterk verkoopargument bleek.

Cornish aardewerk

Cornish aardewerk verscheen in 1927 voor het eerst in de catalogus van T.G. Green. De collectie van wit aardewerk met decoraties van blauw glazuur werd op de markt gebracht om werk te verschaffen aan de draaiers van de fabriek, wier banen op de tocht stonden vanwege de alom heersende economische misère. Oorspronkelijk waren er alleen potten en kruiken in deze stijl, maar het assortiment werd uitgebreid met tafelgerei zoals mokken, borden en theepotten. De collectie was bedoeld voor mensen met een midden-inkomen en bood functioneel, goedkoop tafelgerei voor het ontbijt en in-formele maaltijden. Voor de naam 'Cornish' (uit Cornwall) werd gekozen uit marketingoverwegingen. Het woord wekte associaties met boerderijen en het platteland en het gebruik van blauw glazuur versterkte dat frisse gevoel nog eens.

De karakteristieke blauwe en witte banden van Cornish aardewerk zijn deels geïnspireerd op het naar modernistisch model ontworpen tafelgerei dat destijds werd geproduceerd op het Europese vasteland. Cornish aardewerk werd een Britse design-klassieker en vroege exemplaren zijn nu zeer in trek bij verzamelaars en worden op een prominente plek ten-toongesteld in musea. In 1967 gaf Judith Onions, een oud leerling van het Royal College of Art, een groot deel van het Cornish aardewerk een nieuw ontwerp. Het wordt nog steeds goed verkocht.

PERIODE: 1927

ONTWERPER: onbekend

MATERIAAL: aardewerk

FABRIKANT: T.G. Green and Company, Church Gresley, Derbyshire, Engeland

Victory v

PERIODE: 1941

ONTWERPER: onbekend

MATERIAAL: bedrukt katoen

FABRIKANT: Calico Printers Association, Engeland

Deze katoenstof, destijds een noviteit, maakte deel uit van een reeks patriottisch bedrukte stoffen die tijdens de Tweede Wereldoorlog werden gemaakt in het kader van het Utility-plan, een programma van de regering om consumentengoederen te produceren voor de burgerbevolking.

In deze tijd kreeg iedereen, van de koningin tot de gewone man, rantsoenbonnen uitgereikt, waarmee men dan bepaalde goederen kon kopen. Het was een eenvoudig, maar eerlijk systeem, bedoeld om iets te doen aan de ernstige tekorten in de winkels. Geïmporteerde materialen werd strikt gerantsoeneerd, waaronder ook verfstoffen, wat wellicht de donkerbruine kleur van deze stof verklaart. Het uitgangspunt voor het design was het beroemde Victory-teken van Winston Churchill, dat in het patroon is terug te vinden als een zich herhalend motief en in allerlei vormen, waaronder vallende bommen, gevechtsvliegtuigen van de RAF en een 'röntgenfoto' van vrouwenhanden – een techniek die waarschijnlijk deels is geïnspireerd op de surrealistische fotografische experimenten van Man Ray in de jaren dertig.

Crystal-design

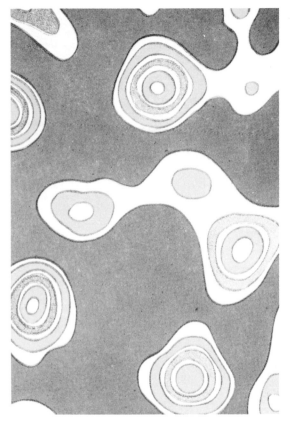

PERIODE: 1951

ONTWERPER: S.M. Slade

MATERIAAL: Celanese

FABRIKANT: British Celanese, Engeland

Dit patroon is afkomstig uit het *Souvenir Book of Crystal Patterns* van het Festival of Britain in 1951. Het is een interessant ontwerpexperiment. Met dit beroemde festival, gehouden op de South Bank in Londen, wilde men Britse prestaties en handel op nationaal en internationaal gebied promoten. Op het festival werd onder andere het vernieuwende wetenschappelijke werk voor het voetlicht gebracht dat op dat moment in Cambridge werd gedaan aan de structuur van kristallen. Als uitvloeisel van dit onderzoek werden ontwerpers uitgenodigd om aan de hand van de karakteristieke kristalvormen die waren ontdekt onder de microscoop patronen te creëren voor tapijten, gordijnstoffen en laminaten. Het hier getoonde ontwerp wordt gekenmerkt door schematisch weergegeven contourvormen en sluit perfect aan bij de toenmalige voorkeur voor felle kleuren en vrije organische vormen.

Dergelijke designs waren zeer geliefd bij de consument en werden in de jaren vijftig op grote schaal geïmiteerd een hele reeks tapijten en stoffen voor in huis.

Tafelkommenset 3089 A.B.C.

PERIODE: 1969

ONTWERPER: Enzo Mari (geb. 1932)

MATERIAAL: plastic melamine

FABRIKANT: Danese, Milaan, Italië

Tot de jaren zestig had plastic een negatief imago en werd beschouwd als een materiaal van weinig waarde. Jonge ontwerpers uit die tijd zagen plastic echter niet als een goedkoop alternatief voor duurdere materialen, maar als een mogelijkheid om ontwerpen met sterke kleuren en vormen te creëren, wat mede de aanzet gaf tot het ontstaan van de nieuwe esthetiek van de popart. Fabrikanten wilden graag de markt op met nieuwe plastic producten en het Italiaanse bedrijf Danese was er daar een van. Het bedrijf, in 1957 opgericht door Bruno Danese in Milaan, specialiseerde zich in kleine huishoudelijke artikelen zoals glazen, kommen en vazen. Enzo Mari werkte vanaf het begin voor Danese en ontwierp in 1964 een reeks objecten, waaronder bureau-accessoires en vazen, waarmee het bedrijf naam maakte als producent van stijlvolle en innovatieve producten van plastic.

Mari behoort met zijn interesse in semiotiek tot de meer intellectuele ontwerpers van zijn generatie. In 1970 publiceerde hij het boek *Funzione della ricerca estetica*, waarin hij design belichtte als een linguïstisch systeem. Mari's ontwerpen van plastic waren technologisch inventief en origineel, wat hier te zien is in een reeks cilindrische tafelkommen met een holronde binnenkant en twee gaten aan de voor- en achterzijde. In 1972 werden de kommen tentoongesteld op een baanbrekende expositie van Italiaans design in het Museum of Modern Art in New York die 'Italië: het nieuwe huishoudelijke landschap' heette. Dankzij de expositie verwierf Mari wijd en zijd erkenning als een van de belangrijkste ontwerpers van Italië.

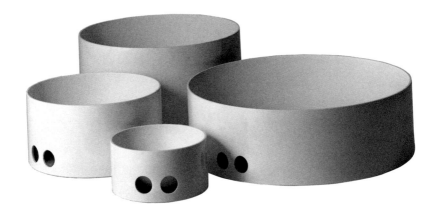

Picknickset

De Amerikaan Earl Tupper bracht in 1945 als eerste een reeks bakken van polyethyleen op de markt. Ze waren voorzien van luchtdichte deksels en ontketenden daarmee een revolutie in het bewaren van eten in huis. Het commerciële succes van Tupperware was gebaseerd op het idee van de verkoopparty bij mensen thuis, waar-

mee in 1946 werd begonnen.

Het Tupperware-assortiment is in de loop van de tijd uitgebreid van bewaarbakken voor in de keuken tot kook-, tafel- en picknickgerei en kinderproducten, waaronder ook speelgoed. De ontwerpen worden voortdurend aangepast aan nieuwe trends in vorm en kleur.

PERIODE: de jaren vijftig

ONTWERPER: Tupperware

MATERIAAL: plastic

FABRIKANT: Tupperware, Orlando, Florida, vs

Terrazzo-stof

PERIODE: 1943

ONTWERPER: Josef Frank (1885–1967)

MATERIAAL: bedrukt linnen

FABRIKANT: Svenskt Tenn, Stockholm, Zweden

In de jaren na de Eerste Wereldoorlog ontwikkelde Josef Frank zich met de bouw van appartementenblokken, huizen en kantoren tot een van de toonaangevende avant-garde-architecten van Oostenrijk. Hij maakte daarbij gebruik van moderne technieken en stijlvormen. In 1927 kwam hij onder de aandacht van Mies van der Rohe, die hem uitnodigde om deel te nemen aan een expositie van de Deutsche Werkbund. Maar in de jaren dertig zag hij zich gefnuikt in zijn carrière toen hij als jood in een onhoudbare positie terechtkwam door de politiek van de nazi's.

In 1933 emigreerde hij met zijn Zweedse vrouw naar Stockholm, waar hij werkte voor Svenskt Tenn, het toonaangevende interieurdesignbedrijf van Zweden. Samen met zijn Zweedse tijdgenoten ontwikkelde hij een typisch Zweedse variant van het modernisme – een benadering ten aanzien van design die minder leunde op harde lijnen, de natuur en de eigen traditie als inspiratiebronnen had en werd gekenmerkt door sculpturale, organische vormen.

Hoewel Frank de oorlogsjaren in Amerika doorbracht, bleef hij contact houden met mensen in Zweden. In 1944 stuurde hij Estrid Ericson, de oprichtster van Svenskt Tenn, een serie van vijftig nieuwe designs voor haar vijftigste verjaardag. Daartussen zat ook het Terrazzo-design. Dit is in zoverre een ongewoon ontwerp doordat Frank zich hierbij voornamelijk liet inspireren door bloemen, vogels en dieren uit de natuur. Het hier getoonde patroon is opgebouwd uit gepolijste stenen met een achtergrond van terrazzo – een Italiaans vloerontwerp met stukken marmer. Hoewel er geen lijn lijkt te zitten in de rangschikking van de stenen, vormen ze een zich herhalend geometrisch patroon dat fungeert als een twee-dimensionaal net om het ontwerp bijeen te houden.

Cylinda-theeservies

Arne Jacobsen behoorde tot de meest vooraanstaande moderne architecten van Denemarken. Deze reeks gebruiksvoorwerpen van roestvrij staal beantwoordde volledig aan het modernistische schoonheidsideaal van open en eerlijk materiaalgebruik en een transparant productiesysteem, en daarnaast lagen ze dankzij het lage prijskaartje binnen het bereik van de doorsnee burger.

De Cylinda-serie – geheel gebaseerd op de vorm van een cilinder – werd in een periode van drie jaar ontwikkeld in samenwerking met Stelton. Het assortiment bestond onder andere uit steelpannen, ijstangen, asbakken en koffiepotten.

PERIODE: 1967

ONTWERPER: Arne Jacobsen (1902–'71)

MATERIAAL: roestvrij staal

FABRIKANT: A. S. Stelton, Denemarken

Caccia-bestek

PERIODE: 1938

ONTWERPERS: Luigi Caccia Dominioni (geb. 1913), Livio (1911–'79) en Pier Giacomo Castiglioni (1913–'68)

MATERIAAL: roestvrij staal

FABRIKANT: Alessi, Crusinallo, Italië

Luigi Caccia Dominioni, naar wie deze bestekset is genoemd, was opgeleid als architect en werkte met de bekende gebroeders Castiglioni aan tal van projecten. Toen het Caccia-bestek in 1940 werd getoond op de Triënnale van Milaan, noemde Gio Ponti het in het tijdschrift *Domus* 'het mooiste bestek dat er bestaat'. Op deze expositie lieten Italiaanse architecten zien welke oplossingen ze hadden bedacht voor de problemen waarmee men geconfronteerd werd bij het maken van artikelen voor industriële productie. Daarbij verkenden ze aan de hand van tafelgerei en bestekontwerpen de mogelijkheden van giettechnieken en nieuwe materialen zoals staal. Toen het bestek op de markt werd gebracht, was het aanvankelijk alleen verkrijgbaar in zilver. Maar Alessi zag er vijftig jaar later in potentie een grote markt voor en gaf Dominioni opdracht de set te completeren aan de hand van de originele tekeningen.

Odeon-bestek

PERIODE: 1992

ONTWERPER: David Mellor (geb. 1930)

MATERIAAL: roestvrij staal en plastic

FABRIKANT: David Mellor, Sheffield, Engeland

David Mellor heeft als bestekmaker, industrieel ontwerper en meer recent winkelondernemer een diepgaande invloed gehad op het naoorlogse Britse design. Hij volgde in zijn geboortestad Sheffield een opleiding als zilversmid en studeerde daarna verder aan het Royal College of Art in Londen. In de jaren vijftig en zestig ontwierp hij straatlampen, bushokjes en verkeersborden voor het Britse ministerie van Verkeer- en Waterstaat en een ronde brievenbus voor de posterijen. Deze bijdrage aan het landschap werd echter overschaduwd door zijn betekenis als ontwerper, fabrikant en winkelverkoper van hoogwaardig zilver en roestvrij staal.

In 1970 begon Mellor een fabriek in Broom Hall in Sheffield, bekend om zijn staal- en eetgerei-industrie. Hij ontwikkelde een compleet nieuw productieproces door gespecialiseerde machines en een flexibel werksysteem te introduceren waarin iedere arbeider wordt opgeleid om alle fases in het productieproces uit te kunnen voeren. Via zijn winkels in Londen en Manchester heeft Mellor zijn eet- en keukengerei met succes op de markt gebracht, en datzelfde geldt voor het werk van andere ontwerpers en vakmensen.

Mellor maakte een uitzonderlijk diverse reeks van bestekontwerpen, van het Embassy-servies van zilver, dat hij in 1965 in opdracht ontwierp voor gebruik in Britse ambassades over de hele wereld, tot een speciaal servies dat rekening hield met de behoeften van gehandicapten.

Pastaset 9092

PERIODE: 1985

ONTWERPER: Massimo Morozzi (geb. 1941)

MATERIAAL: roestvrij staal

FABRIKANT: Alessi, Crusinallo, Italië

Het Italiaanse bedrijf Alessi, dat in de jaren dertig werd opgericht, had de reputatie dat het metaalwaren van een goede kwaliteit maakte, en ook na de oorlog behield het bedrijf die reputatie. In 1983 lanceerde het een nieuwe en zeer succesvolle serie producten voor gebruik in de huishouding die de naam Officina Alessi meekreeg. Het bedrijf zag mogelijkheden om zijn assortiment uit te breiden en de groeiende belangstelling voor design in de jaren tachtig uit te buiten. Daarom gaf Alessi vooraanstaande internationale architecten en designers opdracht om karakteristieke, speciaal ontworpen producten te creëren en zich daarbij te laten leiden door Alessi's traditionele expertise in het gebruik van roestvrij staal, koper, messing en zilver. De keuze voor Massimo Morozzi was in zekere zin typerend voor de aanpak van Alessi, omdat Morozzi radicaal en experimenteel werk maakte, waardoor hij niet een vanzelfsprekende kandidaat was voor het ontwerpen van een pastaset. Alessi had echter een goede neus voor dit soort creatief talent en onderkende daarnaast dat de eetgewoonten in de jaren tachtig aan het veranderen waren. Mensen waren overal in de wereld bezig te experimenteren met regionale gerechten en met pasta, dat speciaal kookgerei vereiste.

Morozzi's set bestaat uit een kook- en stoompan, een vergiet met handvatten en een deksel met een holle knop waarlangs stoom kan ontsnappen. Je kunt er snel en efficiënt een heleboel pasta mee koken, en daarnaast vormde de set een stijlvolle bijdrage aan de nieuwe 'designerkeuken' van de jaren tachtig.

Fluitketel 9093

Michael Graves is een van de toonaangevende theoretici en architecten van het postmodernisme, een beweging die ernaar streeft gebouwen en objecten een narratieve inhoud mee te geven. Inherent aan de ideeën van de beweging is een kritische houding ten aanzien van de internationale vormgeving en het sobere en onpersoonlijke karakter van het modernisme.

Graves studeerde architectuur aan de Harvard University en heeft sinds 1962 gedoceerd op Princeton. Hoewel hij relatief weinig objecten en architectonische projecten op zijn naam heeft staan, heeft hij een vorm van design gestimuleerd waarin gebruik wordt gemaakt van sterke kleuren en patronen en geestige verwijzingen naar de volkscultuur worden verwerkt. In dit opzicht brak hij met het modernisme, de stijlfilosofie die hij oorspronkelijk aanhing, en het mag opmerkelijk heten dat er in de eerste collectie die de Italiaanse Memphis-groep in 1982 presenteerde werk van slechts één Amerikaan zat: Graves. Dit bracht hem onder de aandacht van Alessi.

De ketel van Graves vormde een van Alessi's eerste en succesvolste experimenten met het postmodernisme. De ketel is eenvoudig van vorm en samengesteld uit een beperkt aantal materialen, waarmee het een modern ontwerpstaaltje is. Maar Graves geeft er een humoristisch tintje aan met de toevoeging van een plastic vogeltje op de tuit dat zingt wanneer het water kookt.

PERIODE: 1985

ONTWERPER: Michael Graves (geb. 1934)

MATERIAAL: staal met handvat van polyamide

FABRIKANT: Alessi, Crusinallo, Italië

Arizona-tapijt

PERIODE: 1984

ONTWERPER: Nathalie du Pasquier (geb. 1957)

MATERIAAL: wol

FABRIKANT: Memphis, Milaan, Italië

Nathalie du Pasquier maakte begin jaren tachtig deel uit van de in Milaan gevestigde Memphis-groep die mede het aanzien van de designwereld veranderde. De postmodernistische agenda, die in de loop van de jaren zeventig steeds meer terrein had gewonnen, had kleur en decoratie geherintroduceerd als belangrijke thema's in de architectuur. In de designwereld bleef men echter over het geheel genomen een voorkeur houden voor klassieke eenvoudige vormen en neutrale kleuren. Memphis zette mede een radicale verandering in gang waardoor bonte kleuren en patronen weer in de mode kwamen, een echo van de esthetiek van de popart van de jaren zestig. Het hier afgebeelde Arizona-tapijt is typerend voor deze ontwerpen.

Du Pasquier was nog jong toen ze zich na een schildersopleiding aansloot bij Memphis. Haar vroege ontwerpen voor laminaten, stoffen en tapijten baarden groot opzien. Mede door haar toepassing van krachtige vormen en een palet van zeer felle kleuren werd stijl in de jaren tachtig een prioriteit in de vormgeving van interieurs.

Du Pasquier werkte samen met George Sowden, haar partner en medeoprichter van Memphis. Ze creëerden onder de noemer Progetto Decorazione een hele reeks dessins voor tapijten, behang en textielstoffen. Een succesvol commercieel project vormden de laminaatontwerpen die ze maakte voor het Italiaanse bedrijf Abet Laminati.

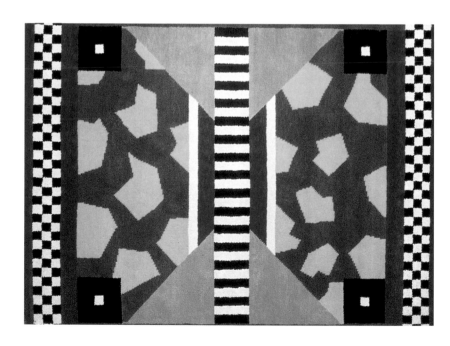

Ginevra-karaf

PERIODE: 1997

ONTWERPER: Ettore Sottsass (geb. 1917)

MATERIAAL: glas

FABRIKANT: Alessi, Crusinallo, Italië

Ettore Sottsass is de *grand old man* van het Italiaanse design. Zijn werk overspant een periode van ruim veertig jaar. In ieder decennium ontwikkelde hij een frisse en originele visie waarmee hij de tijdgeest van die periode tot uitdrukking wist te brengen. De Ginevra-serie, bestaande uit een karaf en glazen, is daarop geen uitzondering en past perfect in de jarennegentig-trend van eenvoudige klassieke vormen. Sottsass heeft decennialang met glas gewerkt. In een reeks beroemde experimenten voor Memphis in de jaren tachtig liet hij zich inspireren door een traditioneel Italiaans ambacht en gebruikte hij glas als een kneedbaar materiaal in combinatie met felle kleuren en eenvoudige vormen, dat deed denken aan de boetseerklei waar kinderen mee spelen. Sottsass veelzijdigheid op het gebied van glas wordt hier geïllustreerd door zijn schitterende herstilering van de klassieke karaf.

Mr Mause-kleerhanger

PERIODE: de jaren negentig

ONTWERPER: Sebastian Bergne

MATERIAAL: borstelharen en verzinkt zacht staal

FARRIKANT: D-House, Fedra b.v., Italië

In 1998 organiseerde powerhouse:UK een expositie waarop werk van de getalenteerdste Britse ontwerpers te zien was. Daarbij was ook werk van Sebastian Bergne, die daardoor onder de aandacht kwam van een veel groter publiek.

Na zijn studie aan het Royal College of Art in London opende Dergne in Battersea zijn eigen atelier en kreeg hij enkele belangrijke opdrachten van klanten als Vitra. Een van de steeds terugkerende thema's in Bergnes werk is de herinterpretatie en het gebruik van de bestaande productie-technologie. De Mr Mause-kleerhanger is toegerust met flessenborstels ter opvulling van de kleding die erop gehangen wordt. De hanger was een onverwacht succes, wat wellicht te verklaren valt uit het feit dat hij er grappig uitzag en tegelijk functioneel was. Het ontwerp van Mr Mause is perfect omdat een flessenborstel qua productie niet veel kost – in dat opzicht is hij te vergelijken met de kleerhanger van staaldraad. Door materialen zo te combineren en door de kleerhanger in diverse felle kleuren aan te bieden heeft Bergne een object gecreëerd waarvan de eraan gehechte waarde veel groter is dan die van de samenstellende delen.

Wijnrek

Jasper Morrison is een jonge Britse ontwerper die vooral naam heeft gemaakt met zijn stijlvolle, minimalistische meubels. Hij heeft ook een reeks objecten voor gebruik in huis gecreëerd, waaronder deze nieuwe versie van het wijnrek. Vóór hem hadden ontwerpers vertrouwd op traditionele en regionale vormen met steunstukken van hout en metaal, die ze soms verkleinden met het oog op het beperkte werkoppervlak in de keuken. Jasper Morrison nam de eenvoudige maar voor de hand liggende stap om wijnrekken van plastic te maken. Het wijnrek is te koop als bouwpakket en in een reeks felle moderne kleuren.

PERIODE: jaren negentig

ONTWERPER: Jasper Morrison (geb. 1959)

MATERIAAL: plastic

FABRIKANT: Magis, Treviso, Italië

producten

ZWITSERS LEGERZAKMES

PYRAMID-KOELKAST

DIT HOOFDSTUK GAAT OVER huishoudelijke apparaten zoals wasmachines, koelkasten, strijkbouten en stofzuigers. Wat de industrie voor huishoudelijke apparaten uniek maakte, was dat de groei niet zozeer werd bepaald door de vraag van de consument, maar vooral door het feit dat steeds meer huishoudens de beschikking kregen over gas, licht en water. Door de grootscheepse invoering van gas en stromend water in de negentiende eeuw, later gevolgd door elektriciteit, veranderde het karakter van zowel het huishouden als huishoudelijke apparatuur ingrijpend. In de Victoriaanse tijd hadden huishoudens de beschikking gehad over talloze ingenieuze apparaten waarmee vaak maar één taak kon worden uitgevoerd, zoals het maken van jam of het draaien van gehakt, en die allemaal met de hand werden bediend. De belangrijkste huishoudelijke taken in een negentiende-eeuws middenklassehuishouden – wassen, strijken, koken en het inmaken van voedsel – waren altijd door goedkoop huispersoneel uitgevoerd. Toen zowel mannen als vrouwen uit de arbeidersklasse ten tijde van de Eerste Wereldoorlog uit veel meer banen dan alleen bediende konden kiezen, kwamen veel huishoudens zonder personeel te zitten en groeide de vraag naar nieuwe elektrische apparatuur.

De ontwikkeling van de elektrische huishoudelijke apparatuur begon rond 1885 met eenvoudige apparaten als dompelaars en strijkbouten. Een belangrijk gegeven was dat deze apparaten op elektriciteit werkten. Na invoering van de wet op de elektriciteitsvoorziening in 1926 werd er in Groot-Brittannië een landelijk elektriciteits-netwerk aangelegd, waardoor ieder huishouden de beschikking over stroom kreeg. De fabricage van huishoudelijke apparaten was vooral het domein van machinefabrieken, die afhankelijk waren van de experimenteerdrift van vooruitstrevende ontwerpers en bedrijven. Fabrikanten moesten leren inspelen op nieuwe productiemethoden waarbij onderling uitwisselbare standaardonderdelen werden gebruikt, zodat massagoederen snel op de markt konden worden gebracht. Bedrijven werden gedreven door de vraag van consumenten naar praktische en functionele producten die pasten bij de nieuwe manier van leven in de twintigste eeuw. Het duurde enige tijd voordat deze producten de markt veroverden. Er werden steeds kleinere elektromotoren en warmte-elementen ontworpen om wasmachines en mixers aan te drijven en waterkokers en strijkbouten te verwarmen. Een belangrijke pionier op dit gebied was Peter Behrens, die sinds 1907 werkzaam was voor het Duitse AEG, toentertijd de invloedrijkste fabrikant van elektrische apparaten ter wereld. De gebruiksvriendelijke, eenvoudige en doordachte apparatuur die onder zijn leiding werd vervaardigd, beïnvloedde de vormgeving van dit soort producten. Het baanbrekende werk van Behrens vormde een inspiratie voor het modernistische streven naar het huis als machine om in te wonen. De keuken werd nu bijvoorbeeld gezien als een laboratorium waarin huishoudelijke taken op een bijna wetenschappelijke manier konden worden uitgevoerd. Er kwamen aparte werkvlakken voor het bereiden en reinigen van voedsel, muren werden vaak betegeld,

ELEKTRISCHE KACHEL BRUTON

SURFLINE-STRIJKIJZER

kookplaten werden van het gemakkelijk te reinigen email gemaakt en aluminium pannen namen de plaats in van de ouderwetse koperen pannen. De ontwerpers van het Bauhaus haakten snel in op deze veranderingen en ontwierpen bijvoorbeeld de Kubus-lijn, glazen bakjes van hittebestendig glas die in een laboratorium niet hadden misstaan (zie het hoofdstuk over huishoudartikelen). De machtigste economie ter wereld, de Verenigde Staten, zette op dit gebied de toon. Dankzij ontwerpers als Norman Bel Geddes, Raymond Loewy en Walter Dorwin Teague begon industrieel vormgever een echt vak te worden, en ook zij gingen zich al snel op huishoudelijke apparatuur richten. Ze richtten professionele ontwerpbureaus op die eerder deden denken aan architectenbureaus of advocatenkantoren dan aan ateliers van onafhankelijke kunstenaars. Hun streven was de markt te voorzien van producten met een doordachte vormgeving. Ze wilden een nieuwe stijl creëren en een gestroomlijnde, moderne verpakking maken voor apparaten waarvan de techniek en functie zich al bewezen hadden, maar die vaak een ouderwets en gedateerd uiterlijk hadden. De Coldspotkoelkast is een mooi voorbeeld: voorheen had de koelkast nog altijd het uiterlijk van een ouderwetse provisiekast gehad, met het vriesgedeelte onhandig bovenop geplaatst, maar Loewy gaf zijn Coldspot een slanke, elegante vorm die paste bij de moderne keuken. Ook strijkbouten, fornuizen en weegschalen kregen al snel een nieuw uiterlijk. Moderne materialen en sierlijke vormen gaven zulke gebruiksvoorwerpen een aura van kwaliteit en prestige.

Na de oorlog werd de modernistische lijn voortgezet door de Duitse fabrikant Braun. De elektrische apparaten die dit bedrijf produceerde, kregen allemaal dezelfde vormgeving die opviel door de eenvoudige geometrische vormen en de afwezigheid van versieringen en kleuren. Het merendeel van de producten was wit. Vanaf 1960 hadden de meeste huishoudelijke apparaten ter wereld dezelfde vormgeving als die van Braun, maar er waren ook uitzonderingen. Tijdens de jaren zestig lieten vooruitstrevende bedrijven als het Italiaanse Brionvega zien dat er ook ruimte was voor humor. Hun vormgeving paste bij de in die periode overheersende esthetiek van de popart. De meerderheid van de elektrische producten uit die tijd kon echter nog steeds worden geschaard onder de noemer 'witte doos'.

Aan het begin van de jaren tachtig vond er een kentering plaats. Er was altijd al een markt geweest voor gekleurde of versierde producten, maar die werden door de designpuristen als het toonbeeld van slechte smaak beschouwd. Onder invloed van de nieuwe ideeën van het postmodernisme begonnen de fabrikanten nu te experimenteren met organische vormen. Bedrijven als Zanussi voorzagen producten als koelkasten van grappige details en durfden kleur te gebruiken.

In de jaren negentig zijn vormgevers zich meer en meer bezig gaan houden met apparaten die in technisch opzicht steeds geavanceerder worden. De functie blijft centraal staan, maar de consument wil steeds vaker dat deze machines voor thuisgebruik een fraaie vormgeving meekrijgen.

DYSON-STOFZUIGER

MOKA EXPRESS

Hoover Junior

PERIODE: 1907

ONTWERPER: onbekend

MATERIAAL: metaallegering en kunststof

FABRIKANT: Hoover Limited, Engeland

Nadat de Amerikaanse Hoover Company in 1907 haar eerste eenvoudige stofzuiger had ontwikkeld, ontstond er al snel internationale interesse voor de producten van dit bedrijf. In 1919 vonden de eerste Hoovers hun weg naar Groot-Brittannië, waar ze bijzonder in trek bleken te zijn. Hoover was met haar moderne verkoopmethoden haar tijd ver vooruit. Medio jaren dertig werden de stofzuigers – zoals ook het hier afgebeelde model – regelmatig door handelsreizigers aan huis gedemonstreerd. Door massaproductie kon de verkoopprijs van de stofzuigers aanzienlijk dalen: in 1935 zouden ze nog maar eenderde van de prijs in de jaren twintig kosten. In 1949 was dan ook maar liefst veertig procent van de Britse huishoudens in het bezit van een Hoover-stofzuiger. De verkoopcijfers in Groot-Brittannië bleken dermate te stijgen, dat Hoover besloot om de stofzuigers ook in Engeland te gaan vervaardigen. In 1932 verrees in Perivale, West-Londen, hun schitterende art deco-fabriek, ontworpen door Wallis, Gilbert and Partners. Met dit gebouw wilde Hoover haar moderne image verder versterken. De hier afgebeelde Hoover Junior was een goedkopere versie van de Hoover Senior. Bij beide apparaten waren alle bewegende delen ondergebracht in één afgesloten compartiment. Het resultaat was een elegantere en meer gestroomlijnde vormgeving, die associaties opriep met vooruitgang en hygiëne.

Electrolux-stofzuiger

De eerste cilindervormige stofzuigers, die in horizontale positie over de vloer gleden, werden in 1915 op de markt gebracht door Electrolux. Deze Zweedse firma besteedde veel aandacht aan de vormgeving van haar producten en nam dan ook regelmatig bekende ontwerpers in de arm. Zo werd ook Sixten Sason door Electrolux aangetrokken om ontwerpadviezen te geven. Hij ontwikkelde de verder verfijnde gestroomlijnde, torpedoachtige vorm voor de stofzuiger.

Hoewel Sason eigenlijk was opgeleid tot zilversmid, heeft hij een aantal van de meest kenmerkende ontwerpen voor industriële producten uit de twintigste eeuw op zijn naam staan, waaronder de eerste Hasselblad-camera's en de Saab-modellen 96 en 99.

PERIODE: ca. 1945

ONTWERPER: Sixten Sason (1912–'69)

FABRIKANT: Electrolux, Zweden

Dyson Dual Cyclone

PERIODE: 1983

ONTWERPER: James Dyson (geb. 1947)

MATERIAAL: gegoten kunststoffen

FABRIKANT: Dyson Appliances, Engeland

De Dual Cyclone, die een onconventionele vormgeving combineert met technische innovatie, werd voor het eerst in 1993 in massaproductie genomen en is tegenwoordig een van de bestverkochte stofzuigers in Engeland. Traditionele stofzuigers vangen vuil en stof op in een filterzak en blazen tegelijkertijd schone lucht de kamer in. Naarmate de stofzuigerzak voller raakt, neemt de effectiviteit van dit soort stofzuigers echter af, doordat microscopisch kleine stofdeeltjes de gaatjes in de zak verstoppen. Bij het cyclonale systeem van James Dyson, dat is gebaseerd op het principe van de centrifugaalkracht, wordt de lucht opgezogen en met een snelheid van zo'n dertienhonderd kilometer per uur in twee cyclooncompartimenten geroteerd, waardoor al het vuil en stof naar de onderzijde van de transparante cilinder zakt.

Het kostte Dyson vijf jaar en meer dan vijfduizend prototypen om zijn eerste stofzuiger, G-Force genaamd, te ontwikkelen. Europese en Amerikaanse fabrikanten toonden niet bijster veel belangstelling voor zijn product, maar in 1984 nam een Japanse firma de stofzuiger in beperkte productie. In 1991 zou Dyson zijn licenties aan de Japanners overdoen, waardoor hij over voldoende middelen beschikte om zelf de productie en verkoop in Groot-Brittannië ter hand te nemen. Aan het latere Absolute-model werd nog een bacteriedodend filter toegevoegd, dat virussen en pollen uit de lucht verwijdert.

Supernova-wasmachine

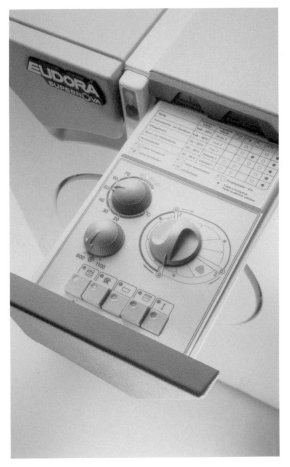

PERIODE: 1989

ONTWERPER: Porsche Design GmbH, Oostenrijk

MATERIAAL: staal en kunststof

FABRIKANT: Eudora, Oostenrijk

Met dit huishoudelijke apparaat werden, in vergelijking met de gebruikelijke vormgeving van grotere keukenapparaten – ook wel 'witgoed' genoemd – geheel nieuwe wegen ingeslagen. Nog geen twee maanden na de marktintroductie van de Supernova was het model al uitgegroeid tot de op drie na bestverkochte wasmachine in Oostenrijk. Bij dit apparaat was het traditionele 'tv-scherm' vervangen door een werkingscontrolecirkel. Het bedieningspaneel is ondergebracht in het paneel aan de rechterkant van de machine, dat het spiegelbeeld vormt van het aangrenzende wasmiddelencompartiment. Doordat het paneel als lade is uitgevoerd, worden de knoppen beschermd tegen de inwerking van water en zeep. Stevige kunststofpanelen vormen een bescherming tegen krassen op de bovenzijde. De wasmachine is uitgerust met een automatische sensor die de hoeveelheid wasgoed herkent en vervolgens exact berekent hoeveel water er benodigd is. Hierdoor wordt een aanzienlijke besparing van elektriciteit, wasmiddelen en water mogelijk. In de jaren negentig zouden wasmachines standaard van dergelijke energiebesparende en milieuvriendelijke systemen worden voorzien.

Coldspot Super Six-koelkast

PERIODE: 1934

ONTWERPER: Raymond Loewy (1893–1986)

FABRIKANT: Sears Roebuck Company, Chicago, vs

Volgens Raymond Loewy, die een legendarisch talent bezat om 'zichzelf te verkopen', was een geslaagd ontwerp synoniem met stijgende verkoopcijfers. In de jaren dertig klonk dit als muziek in de oren van de fabrikanten die tijdens de zwaarste economische recessie uit de Amerikaanse geschiedenis het hoofd boven water probeerden te houden. Loewy had naam gemaakt door bestaande apparaten opnieuw vorm te geven en vaak zelfs van een volledig nieuw uiterlijk te voorzien. De Coldspot-koelkast vormt een klassiek voorbeeld van deze benadering. Loewy ontwierp de Coldspot voor Sears Roebuck, een bedrijf dat in de Verenigde Staten de verkoop via postorderbedrijven tot een succes maakte. Voortaan konden klanten hun producten gewoon per post bestellen en van gunstige afbetalingsregelingen profiteren. De Coldspot was een van de eerste producten waarbij het gestroomlijnde uiterlijk een belangrijk verkoopargument vormde. De koelkast, voorheen niet meer dan gewoon een apparaat, zou vanaf dat moment beschouwd worden als een esthetisch product en een toonbeeld van modern ontwerp. Bij het vervaardigen van deze koelkast met roestvrije aluminium legplateaus en een greep die op de geringste aanraking reageerde, werd gebruikgemaakt van de modernste technieken voor metaalbewerking. Kenmerkend is het blauwe logo op de voorkant. De Coldspot markeert een keerpunt in het ontwerp van huishoudelijke producten en het begin van de 'objects of desire'-trend.

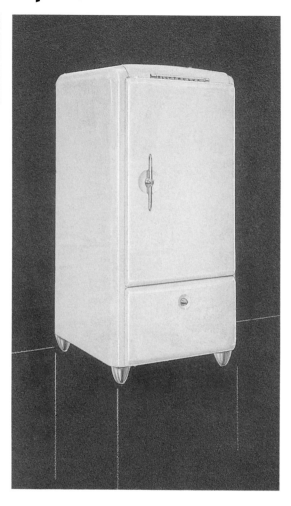

Pyramid-koelkast

PERIODE: 1987

ONTWERPER: Roberto Pezzetta (geb. 1946)

FABRIKANT: Zanussi, Italië

In de jaren tachtig introduceerde Zanussi deze koelkast om het gebruik van wit als dé kleur voor keukenapparatuur op de korrel te nemen. Inmiddels zijn kleuren ook voor de keuken een wezenlijk thema gaan vormen, waardoor 'witgoed' een prominente positie is gaan innemen en is uitgegroeid tot een even belangrijk item in huis als de meubels.

Deze uitgesproken postmoderne koelkast, die werd ontworpen door het hoofd van de ontwerpafdeling van Zanussi, was geen commercieel succes: de opvallende vorm liet zich niet goed combineren met de beperkte ruimte in moderne keukens.

Het nieuwe standaardfornuis Aga

PERIODE: 1922

ONTWERPER: Gustaf Dalen (1869–1937)

FABRIKANT: Aga Heat Limited, Zweden

Voor velen is het Aga fornuis nog steeds het toppunt van huiselijkheid. Het wordt vooral geassocieerd met het buitenleven, waar men voor het koken de tijd neemt en het gezinsleven zich afspeelt in de keuken. Toch werden de eerste ontwerpen van de Aga indertijd als voorbeelden van modernistische vormgeving en tech-

nologie beschouwd. De Aga werd afgebeeld in een groot aantal boeken over moderne vormgeving uit de jaren dertig, zoals in *Art and Industry* uit 1936, van de Engelse criticus Herbert Read.

De Aga werd in 1922 ontwikkeld door Gustaf Dalen, die in 1912 de Nobelprijs voor natuurkunde had ontvangen voor zijn Solventil. Het fornuis werd pas begin jaren dertig in productie genomen, nadat in Engeland de assemblagelicenties waren verleend. De Aga was een eenvoudig alternatief voor de onbetrouwbare grote keukenfornuizen. Het ontwerp bestond uit een geïsoleerde ijzeren

kast met twee ovens die een constante temperatuur bereikten. De werking berustte op het principe van warmteopslag niet vooraf ingestelde kookplaten voor koken en sudderen, afgedekt met de voor Aga karakteristieke scharnierende platen.

Vanaf de jaren zestig en zeventig werd de Aga behalve in de traditionele, klassieke crèmekleur, ook in primaire kleuren en donkere blauw- en groentinten geleverd. Hoewel het ontwerp in de loop der tijd wijzigingen heeft ondergaan en de meeste modellen tegenwoordig op elektriciteit werken, blijft de Aga trouw aan haar oorspronkelijke kookprincipes.

Elektrische oven Oriole

In de jaren dertig publiceerden Amerikaanse industriële vormgevers een aantal belangwekkende boeken. Zij deden hierin hun plannen op ontwerpgebied uit de doeken en maakten tegelijkertijd reclame voor zichzelf. In 1932 publiceerde Bel Geddes *Horizons*, dat een afbeelding van het Oriole-fornuis bevatte. Met dit ontwerp gaf hij uitdrukking aan het principe dat de vorm wordt bepaald door de functie ('form follows function''). Om het fornuis gemakkelijk te kunnen schoonmaken, waren de branders bedekt met vlakke platen, de ovendeuren glad en de hoeken rond. Bovendien gebruikte hij wit email dat

kon worden afgenomen als het vuil was. De constructie had Bel Geddes afgekeken bij de nieuwe technologie: net als bij de wolkenkrabbers ging hij uit van een stalen frame waaraan de emaillen panelen pas na het installeren werden bevestigd. Zo werd voorkomen dat het email tijdens het transport beschadigde. Standard Gas had onmiddellijk succes met dit fornuis: de verkoopcijfers verdubbelden en concurrenten brachten imitaties op de markt.

De Oriole schudde de grote fabrikanten wakker en opende hun ogen voor de grote invloed die de vormgeving kon hebben op de verkoop.

PERIODE: 1931

ONTWERPER: Norman Bel Geddes (1893–1958)

MATERIAAL: geëmailleerd metaal

FABRIKANT: Standard Gas Equipment Corporation, VS

Fabrikanten van wasmachines, koelkasten, stofzulgers en strijkijzers volgden al snel het Oriole-voorbeeld en kwamen met nieuwe producten op de markt die de interieurs een volledig nieuw aanzien zouden geven.

Bruton elektrische kachel

PERIODE: 1939

MATERIAAL: chroom

FABRIKANT: HMV, Londen, Engeland

Om de moderne en effectieve eigenschappen van hun ontwerpen te onderstrepen, maakten vormgevers van elektrische apparaten in de jaren dertig gebruik van stijlkenmerken uit de art deco en gestroomlijnde auto-ontwerpen. Het overdadige gebruik van chroom, dat associaties opriep met de eigentijdse vormgeving van auto's, maakte de elektrische kachel Bruton tot een kenmerkend ontwerp voor die tijd. Daarnaast zorgde de dubbele paraboul voor een betere verspreiding van de warmte en dus voor een grotere effectiviteit van de kachel.

De introductie van elektrische kachels op de markt voor huishoudelijke apparaten stelde de consument in de gelegenheid om een draagbare warmtebron die direct warmte leverde, in huis te halen. Hoewel elektrische kachels door hun hoge energieverbruik relatief duur waren, vormden zij een bijzonder welkome aanvulling op de kolenkachels, die de standaardvorm van verwarming waren totdat na de Tweede Wereldoorlog de centrale verwarming op grote schaal haar intrede deed.

Surfline

In het begin van de twintigste eeuw werd het elektrische strijkijzer het populairste huishoudelijke apparaat. De vroege technologie, in de vorm van een elektrisch element, was uiterst eenvoudig: strijkijzers konden snel worden verwarmd en waren gemakkelijk op temperatuur te houden, schoon en vrij van rook en geurtjes.

Dankzij het strijkijzer, dat uitgroeide tot het bestverkochte elektrische apparaat van de afgelopen eeuw, ontstond al vroeg de vraag naar een goede elektriciteitsvoorziening. Om het strijkijzer als product verder te ontwikkelen, richtte men zich op het uitbreiden van de technische mogelijkheden, een betere thermostaatwerking, waterverstuivers voor stoom en de uiterlijke vormgeving.

Na een grondige studie van dit marksegment te hebben verricht, boekte het Duitse bedrijf Rowenta groot succes met de introductie van een van haar recentste modellen: Surfline. Dit strijkijzer combineert de nieuwste technologische snufjes en superlichte metaallegeringen met een Tevlon-strijkzool, maar het succes ervan berust op de opvallende blauwgroene kunststof buitenkant. Door deze vormgeving heeft het strijkijzer een eigentijdse postmoderne uitstraling, die inspeelt op de voorkeur voor kleurige huishoudelijke apparatuur. Zo kon een gewoon, saai gebruiks-

PERIODE: 1994

MATERIAAL: metaal en kunststof

FABRIKANT: Rowenta, Duitsland

voorwerp veranderen in een designartikel voor in huis. Daarnaast roept de blauwgroene kleur associaties met het frisse en schone gevoel van de oceaan op en kan de huisvrouw – volgens de statistieken wordt het strijkwerk nog steeds voornamelijk door vrouwen gedaan – eenvoudig het waterniveau in het strijkijzer controleren.

Philips-broodrooster

PERIODE: 1996

ONTWERPERS: Philips Corporate Design i.s.m. Alessandro Mendini (geb. 1931) /Alessi

FABRIKANT: Philips, Eindhoven, Nederland

Philips is internationaal marktleider op het gebied van keukenapparatuur en elektronische technologie. In 1995 bracht Philips in samenwerking met Alessi, een klein Italiaans designbedrijf dat keukengereedschap en huishoudelijke artikelen vervaardigt, een aantal producten op de markt. Deze productlijn bestaat onder andere uit een koffiezetapparaat, een sinaasappelpers, een waterkoker en een broodrooster. De kunststof apparaten hebben opvallende plastische vormen en zijn uitgevoerd in eigentijdse kleuren, zoals groen, roze en crème. Via een sensor in het broodrooster kan heel nauwkeurig worden bepaald hoe licht of donker het brood moet worden geroosterd. De broodgeleider kan zo ver omhoog worden getild dat zelfs het kleinste stukje brood uit het rooster kan worden gehaald.

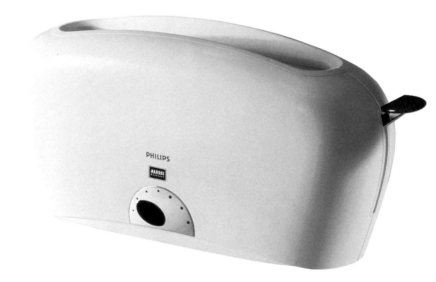

Hannibal-plakbandhouder

Julian Brown ontving in 1998 vier internationale designprijzen voor zijn plakbandhouder Hannibal. In datzelfde jaar werd de plakbandhouder vermeld in het jaaroverzicht van de beste gebeurtenissen, dat jaarlijks in het decembernummer van het Amerikaanse tijdschrift *Time* wordt gepubliceerd. Een betere blijk van waardering kon er niet worden gegeven aan deze vormgever, die niet alleen internationale bekendheid geniet, maar ook in hoog aanzien staat bij zijn collega's.

Brown volgde eerst een ingenieursopleiding, maar brak die af om vormgeving te gaan studeren. Na zijn opleiding werkte hij voor een aantal grote bedrijven, totdat hij zijn eigen kantoor, Studio Brown, oprichtte. In Hannibal komen zijn onderzoekswerk en zijn bevlogenheid met productdesign tot uitdrukking: van wegwerpartikelen weet hij designproducten te maken die volgens velen de stijl en teneur van het eind van de jaren negentig belichamen.

Hoewel Rexite kwalitatief goede kantoorartikelen had geproduceerd, had dit bedrijf zich nog niet eerder toegelegd op 'zwervende bureauvoorwerpen', producten die een secundaire functie vervullen en geen specifieke plek hebben. De idee van de olifant was geen gril, maar het resultaat van een uitgebreide studie en zorgvuldig onderzoek: de vorm van slurf voldeed volledig aan de eisen die aan de plakbandhouder werden gesteld. De slurf kon niet alleen worden geopend, maar ook worden teruggeklapt, zodat het plakband 'stofvrij' kon worden afgesloten. Rexite stelde alles in het werk om de productie en bewerking van alle onderdelen volgens de hoogste kwaliteitsnormen te laten verlopen. De vervaardiging van de roestvrijstalen snijmesjes vormt hier een goed voorbeeld van. Niet alleen ziet de Hannibal er exact zo uit als het ontwerpvoorstel van Brown, maar van naderbij beschouwd blijkt het ook een uiterst vakkundig staaltje metaaltechniek op minutieuze, bijna horlogeachtige schaal te zijn.

PERIODE: de jaren negentig

ONTWERPER: Julian Brown

MATERIAAL: kunststof

FABRIKANT: Rexite

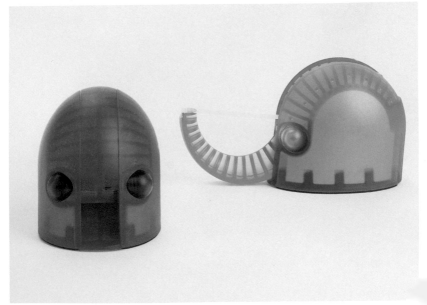

Moka Express

PERIODE: 1930

ONTWERPER: Alfonso Bialetti

FABRIKANT: Moka, Italië

De Moka Express is een eenvoudig koffiezetapparaat voor op het fornuis. Het apparaat kan in het midden worden losgeschroefd, waarna het onderste compartiment met water en het bovenste met gemalen koffie moet gevuld. Als vervolgens het water aan de kook wordt gebracht, baant de hete stoom zich een weg omhoog door de gemalen koffie en vult het bovenste compartiment zich langzaam met verse koffie. De vormgeving van de Moka Express, die werd ontworpen in 1930, is met zijn geometrische vlakken, glimmend metaal en bakelieten onderdelen een typisch voorbeeld van de klassieke art deco-stijl. In de jaren dertig was het nog een duur, avant-gardistisch voorwerp met een beperkt productieaantal, maar na de Tweede Wereldoorlog zou de Moka in massaproductie worden genomen en uitgroeien tot een internationale bestseller.

La Pavoni-espressomachine

Voor de babyboomgeneratie uit de jaren vijftig werd de nieuwe esthetiek van de naoorlogse Italiaanse vormgeving belichaamd door twee machines: de Vespa-scooter en de beroemde verchroomde espressomachine, in 1947 voor La Pavoni ontworpen door Gio Ponti. De gestroomlijnde, industriële vorm kwam niet zo maar uit de lucht vallen: Ponti was in de jaren dertig een van de weinige Italiaanse productontwerpers die ook opdrachten voor de industriesector uitvoerde. Ponti studeerde architectuur in Milaan en voltooide zijn opleiding In 1921. Bij zijn vroege werk had hij te kampen met de beperkingen van het Italiaanse fascisme, maar na de oorlog zou hij een van de meest gerespecteerde

Italiaanse ontwerpers worden. Niet alleen was dit te danken aan zijn originele denkbeelden, maar ook aan de sleutelpositie die hij innam in het hart van de Italiaanse designwereld. Ponti was ook een van de drijvende krachten achter de Milanese Triënnale en een invloedrijk schrijver en docent. In 1928 richtte hij het blad *Domus* op, waaraan hij vijftig jaar lang verbonden zou blijven en dat onder zijn leiding zou uitgroeien tot een tijdschrift van internationale allure.

Ponti gaf jarenlang les aan de Milanese Polytechnische Academie en leverde een grote bijdrage aan de intellectuele opvattingen die aan de Italiaanse vormgeving ten grondslag liggen. Hij stond in hoog aanzien bij

PERIODE: 1947

ONTWERPER: Gio Ponti (1891–1979)

FABRIKANT: La Pavoni, San Giuliano, Italië

diverse generaties jonge ontwerpers, die op zijn steun konden rekenen.

De espressomachine werd door La Pavoni over de gehele wereld geëxporteerd, maar nergens heeft dit apparaat zo'n belangrijke rol gespeeld als in Londen, waar hij onlosmakelijk met de espressobars van de nieuwe tienercultuur is verbonden.

Mirella-naaimachine

PERIODE: 1956

ONTWERPER: Marcello Nizzoli (1895–1969)

MATERIAAL: staal, aluminium

FABRIKANT: Necchi, Pavia, Italië

Marcello Nizzoli heeft zich gedurende zijn loopbaan met vrijwel alle ontwerpdisciplines beziggehouden, maar vooral met de vormgeving van kantoorapparatuur en schrijfmachines voor Olivetti.

Zoals zoveel Italiaanse fabrikanten in de jaren vijftig nam ook Necchi een ontwerpadviseur in de arm om hun producten een eigen karakter te geven en zich zo van hun concurrenten op de binnen- en buitenlandse markt te kunnen onderscheiden. In de jaren vijftig beleefde Italië, dat financiële steun van Amerika ontving, een periode van hoogconjunctuur, veroorzaakt door de grote vraag naar elektrische huishoudelijke apparaten, zoals koelkasten, wasmachines en naaimachines. De Italiaanse staalindustrie had de wind mee en er werden nieuwe technieken ontwikkeld, zoals het gieten van materiaal. Het

resultaat van deze nieuwe techniek, die de productie van geperfectioneerde gietstukken mogelijk maakte, is te zien op onderstaande foto. Net als bij andere Italiaanse producten uit deze tijd werd aan de vormgeving van de Mirella-naaimachine veel aandacht besteed. Bij de naaimachines die Nizzoli voor Necchi ontwierp, ligt de nadruk op de krachtige organische vormgeving, waarachter de motor en het mechanisme van de machine schuilgaan. Ook door de zorgvuldige en gedetailleerde uitvoering van de machine en de bedieningsknoppen is de Mirella tot een belangrijk designproduct uitgegroeid.

Braun-scheerapparaat

PERIODE: 1951

ONTWERPER: Dieter Rams (geb. 1932)

FABRIKANT: Max Braun, Frankfurt, Duitsland

Met de vormgeving van producten voor het Duitse bedrijf Braun heeft Dieter Rams zijn naam als een van de invloedrijkste productontwerpers van de naoorlogse periode gevestigd. Aan zijn ontwerpen liggen de opvattingen van het functionalisme ten grondslag: de vormgeving moet eenvoudig en zonder opsmuk zijn en uitdrukking geven aan de functie van het product. Het kleurgebruik was minimaal en Braun werd beroemd met zijn producten die hetzij helemaal in wit, hetzij helemaal in zwart waren uitgevoerd. Rams vertegenwoordigt een rode draad in het modernisme, die via de Bauhaus-opvattingen terugleidt naar zijn studietijd aan de ontwerpschool in Ulm. De Braunesthetiek was zo krachtig, dat zelfs het postmodernisme niet van invloed op het designbeleid van Braun zou zijn. De voor Braun kenmerkende eenvoud en functionaliteit komt tot uitdrukking in al hun producten, zoals bijvoorbeeld in het hiernaast afgebeelde scheerapparaat.

De elektrische scheerapparaten zouden het gebruik van scheercrème en scheerzeep overbodig maken. Hoewel de eerste prototypen al in de jaren dertig werden ontworpen, werd het apparaat pas na de Tweede Wereldoorlog in productie genomen. Braun was in 1951 de eerste fabrikant die een eenvoudig vormgegeven prototype, dat werd aangedreven door een oscillerende motor op oplaadbare batterijen, op de markt bracht. De vormgeving van scheerapparaten zou sindsdien nauwelijks nog worden gewijzigd.

Keukenmachine

PERIODE: 1957

ONTWERPER: Gerd Alfred Muller (geb. 1932)

MATERIAAL: metaal en polystryol-kunststof

FABRIKANT: Max Braun, Frankfurt, Duitsland

De keukenapparaten die tot in de jaren twintig in zwang waren, konden alleen handmatig worden bediend. De uitvinding van de elektrische motor bracht hier verandering in en luidde het tijdperk van de elektrische mixers en keukenmachines in. Pas in de jaren dertig waren de motoren klein genoeg om met succes voor keukenapparatuur te kunnen worden gebruikt. De eerste mixers hadden nog meer weg van machines voor in een werkplaats, maar in de Verenigde Staten werden meer gestroomlijnde en mooiere behuizingen ontworpen, waaronder de motor schuilging. Het was echter de verdienste van een Duits bedrijf dat de moderne ontwikkelingen werden geïntegreerd in één nieuw en bepalend product: de Braun-keukenmachine.

Sinds de introductie van de keukenmachine in de jaren vijftig, is Braun niet meer afgeweken van haar stevig verankerde designbeleid: het fabriceren van functionele, smaakvolle, eenvoudige producten, uitgevoerd in neutrale kleuren. De esthetiek kwam voort uit de Bauhaus-stroming en werd verder ontwikkeld door de nieuwe Duitse ontwerpschool in Ulm. Braun werkte samen met een aantal Ulmse docenten en ontwerpers, waaronder Hans Gugelot, die professor in de industriële vormgeving was. Ook Müller, die eind jaren vijftig deel uitmaakte van het ontwerpteam van Braun, liet zich inspireren door de idee van zuiverheid van vorm, geometrische vormgeving en het gebruik van eerlijke materialen. Zijn mixer was een van de eerste apparaten die voor het grootste gedeelte uit kunststof bestond, met duidelijke zwarte lijnen die de naden van de behuizing markeerden.

Kenwood Chef

PERIODE: 1960

ONTWERPER: Kenneth Grange (geb. 1929)

FABRIKANT: Kenwood, Engeland

In 1960 voorzag Kenneth Grange de beroemde Kenwood Chef, die voor het eerst in 1950 werd gelanceerd, van een nieuw uiterlijk. Grange, die sterk werd beïnvloed door de onopvallende, vloeiende vormgeving van de producten van de Duitse firma Braun, had niet meer dan vier dagen nodig om met een nieuw ontwerp voor dit archetypische huishoudelijke apparaat te komen. De afgelopen veertig jaar is hij continu als extern ontwerpadviseur aan Kenwood verbonden geweest. In die periode heeft hij de vormgeving van de Kenwood Chef, die in veel Britse keukens een prominente plek inneemt, regelmatig gemoderniseerd.

Kenwood CHEF

does so much more than mixing ✳

For you . . . Kenwood presents the new Chef! With the Kenwood *Sheer Look* . . . beautifully designed. And beautifully easy to use! Now, attachments simply 'click in, click out' . . . beaters slide in and lock with only one movement . . . a push-button lifts the beater-head effortlessly from the bowl . . . the spill-proof bowl is double-lipped for easy pouring. Yes, Kenwood is the first in the world to bring you these—and many other advantages. Plus, of course, all the time-saving, cook-aiding jobs only the Chef can do!

We'll gladly send you a leaflet explaining all about them. Show it to your husband . . . he'll see the sense of investing in a new Chef. Particularly as you can own one for only 5s. 9d. a week!

✳ New Kenwood Chef with its dozen wonderful attachments

A NEW KENWOOD CHEF, *complete with mixing bowl, k-beater, whisk, dough hook, spatula, big recipe and instruction book cover 200 recipes and its own protective cover is yours for only £2.14.6 down and 24 monthly payments of £1.2.6 (cash price 26 gns. tax paid).*

MIXES · LIQUIDISES · MINCES · PEELS POTATOES · WHIPS · BLENDS
CUTS · SLICES · SHREDS · SIEVES · STRAINS · JUICES · PUREES
SHELLS PEAS AND SLICES BEANS · OPENS CANS · GRINDS COFFEE
. . . it's the most versatile food preparing machine in the world!

Write today for free literature
ABOUT THE EXCITING NEW KENWOOD CHEF,
AND NAME AND ADDRESS OF YOUR LOCAL DEALER

NAME
ADDRESS

KENWOOD MANUFACTURING CO. LTD · OLD WOKING · SURREY

K2-waterkoker

PERIODE: 1959

ONTWERPER: W.M. Russell

FABRIKANT: Russell
Hobbs, Engeland

De K2 was een vervolg op een eerdere waterkoker uit 1954, de K1, en maakte deel uit van een serie die door Russell Hobbs 'Forgettable' was gedoopt, omdat ze waren uitgerust met een automatische stroomonderbreker. Dit was een uitermate populair onderdeel, omdat gebruikers die vergaten om de waterkoker uit te zetten, nu geen last meer hadden van een kamer vol stoom of een doorgebrand element. Tot de technische vernieuwingen behoorden ook een krachtig element dat binnen enkele seconden het water aan de kook bracht, en een controleschakelaar in het handvat die automatisch naar buiten sprong zodra de ketel afsloeg. Het handvat en de knop op de deksel bleven altijd koel. De K2 was verkrijgbaar in een groot aantal uitvoeringen: van gepolijst en glimmend roestvrijstaal tot koper en chroom. Nu wordt de markt gedomineerd door de langwerpige, elektrische kunststof waterkokers, maar nog altijd zijn de inmiddels klassiek geworden Russell Hobbs toonaangevend voor de metalen waterkokers.

AEG-elektrische waterkoker

Peter Behrens is het bekendste lid van een groep ontwerpers die in 1906 de Deutsche Werkbund oprichtten, een organisatie die zich ten doel stelde de kwaliteit van vormgeving te bevorderen. Zij waren zowel voorstanders van standaardisatie als van de opvatting dat productontwerpen uit abstracte vormen moesten bestaan. Behrens introduceerde deze opvattingen in de industriële sector, nadat hij, in 1906, werd gevraagd om het reclamemateriaal voor het elektriciteitsbedrijf AEG (Allgemeine Elektrizitäts-Gesellschaft) te ontwerpen, waarvan ook de hieronder afgebeelde advertentie deel uitmaakt. In 1907 werd hij benoemd tot coördi-

nerend architect van AEG en in deze functie ontwierp hij niet alleen fabrieksgebouwen, winkelfaçades en advertenties, maar ook elektrische verlichtingsinstallaties, ventilatoren, ketels, fornuizen, klokken en lettertypen. Dit vernieuwende werk voor AEG zou hij voortzetten totdat de Tweede Wereldoorlog uitbrak.

De uitgebreide collectie elektrische producten die Behrens voor AEG ontwierp, omvatte onder andere drie verschillend uitgevoerde waterkokers, waaronder een model waarbij voor het eerst een dompelaar als element werd gebruikt. Dit element was niet langer in een apart compartiment, maar in de ketel zelf ingebouwd. Ook

PERIODE: 1908–'09

ONTWERPER: Peter Behrens (1869–1940)

FABRIKANT: AEG, Berlijn, Duitsland

waren verscheidene onderdelen van het ontwerp onderling uitwisselbaar. Nieuwe standaardisatietechnieken maakten vereenvoudiging van het productieproces en kostenbesparingen mogelijk. Elk van de modellen was in verschillende materialen en in diverse soorten afwerking en maten verkrijgbaar.

Zwitsers legerzakmes

PERIODE: 1891

ONTWERPERS: Carl en Victoria Elsener

FABRIKANT: The Elsener Family, Zwitserland

Het Zwitserse legerzakmes, de droom van iedere schooljongen, werd voor het eerst geproduceerd aan het eind van de negentiende eeuw. Het in een karakteristiek felrood heft gevatte mes met het kenmerkende witte kruis is niet zomaar een zakmes, maar een compacte gereedschapset. Carl en Victoria Elsener vervaardigden kwaliteitsbestek in hun kleine fabriek in de Zwitserse Alpen. Hun producten wonnen snel aan bekendheid en in 1891 werden zij benaderd om voor het piepkleine Zwitserse leger een stevig mes te fabriceren. Het eenvoudige ontwerp zou positief worden ontvangen en een jaar later kregen ze een nieuwe opdracht. Deze keer ontwikkelden zij het elegante, multifunctionele 'officiersmes', de eerste versie van het Zwitserse legerzakmes. Inmiddels vervaardigt de familie Elsener al vier generaties lang deze fameuze messen, waarbij nog steeds de drie oorspronkelijke uitgangspunten worden gehanteerd: hoge kwaliteit, veelzijdigheid en een uitstekend ontwerp. Hoewel er veel verschillende uitvoeringen van dit mes bestaan, is aan het originele ontwerp nauwelijks iets veranderd. Het basismodel omvat niet veel meer dan een reeks uitvouwbare lemmeten, terwijl modellen als de kolossale 'SwissChamp' zijn uitgevoerd met een kurkentrekker, blikopener, flessenopener, nagelvijl, schroevendraaiers, houtzaag, tangen, scharen, tandenstoker en beitel. De aantrekkingskracht die het mes al sinds jaar en dag uitoefent, is te danken aan het eenvoudige concept: een uitklapbare miniatuurgereedschapset die in de palm van je hand past.

Swatch

PERIODE: 1983

FABRIKANT: Swatch, Zwitserland

In de afgelopen twintig jaar werd de markt voor horloges door de introductie van de Swatch op z'n kop gezet. Door de combinatie van Zwitserse technologie, vormgeving en een redelijke prijs werd de Swatch hét mode-accessoire van de jaren tachtig. Het eerste horloge met het zwarte plastic bandje en de eenvoudige wijzerplaat geldt nog steeds als het klassieke ontwerp. Swatch, dat volgens de marketingtechnieken van de mode-industrie te werk gaat, brengt ieder seizoen een nieuwe collectie op de markt, produceert voor trouwe verzamelaars beperkte oplagen en heeft een aantal klassieke modellen vast in haar collectie opgenomen. In de twintigste eeuw vormden horloge-ontwerpen altijd al een afspiegeling van de heersende mode, maar vooral dankzij de vele stijlen en kleuren van haar horloges zou Swatch in de afgelopen vijftien jaar uitgroeien tot een van de toonaangevende merken. De vroege prototypen werden ontworpen door de ingenieurs Ernst Thonke, Jacques Muller en Elmar Mock. Zij ontwikkelden het eerste geïntegreerde horloge, waarin het uurwerk niet langer een afzonderlijk onderdeel was. Met de introductie van de kwarts-Swatch, de meest recente technologische ontwikkeling op horloge-gebied, werd vervolgens afgerekend met het imago van onbetrouwbaarheid dat plastic had. Swatch maakte van haar vereenvoudigde concept – de Swatch is uit 51 onderdelen opgebouwd, tegen meer dan 90 bij een traditioneel uurwerk – zelfs een sterk punt door een doorzichtige versie te vervaardigen, waarin alle componenten zichtbaar waren.

Garbo-prullenbak

PERIODE: 1997

ONTWERPER: Karim Rashid
(geb. 1960)

MATERIAAL: spuitgegoten
zuiver polypropyleen

FABRIKANT: Umbra

Karim Rashid is een jonge New Yorkse
ontwerper, wiens verpakkingen voor
Issey Miyake-parfums met veel enthousiasme werden ontvangen.
De eenvoudige, maar beeldschone
Garbo-prullenbak is kenmerkend
voor Rashids talent om aan gebruiksvoorwerpen een eigentijds karakter
te verlenen. Zijn bedoeling was om
met een nieuw ontwerp voor een
tamelijk alledaags voorwerp voor de
dag te komen, dat qua uitstraling,
levendigheid, functie en toegankelijkheid in een volledig nieuw jasje was
gegoten. Het resultaat is een veel-
zijdige prullenbak, mooi, sierlijk en
gemakkelijk in het gebruik, die geschikt is voor een groot aantal verschillende omgevingen, zoals woonhuizen, kantoren en restaurants, en
niet duur is. Inmiddels zijn er al meer
dan een miljoen Garbo-prullenbakken
verkocht.

Rashid gebruikte voor deze prullenbak polypropyleen, een goedkoop
materiaal dat recyclebaar en in verschillende kleuren en afwerkingen
verkrijgbaar is. De wanden van de
prullenbakken werden met opzet
dun gehouden, zodat er met een
minimum aan kunststof kon worden
volstaan. De handvatten, die hoger
in de oplopende bovenkant zijn uit-
gespaard, verlenen de Garbo een for-
meel karakter dat hem onderscheidt
van andere prullenbakken en zorgen
ervoor dat de Garbo bijzonder ge-
bruiksvriendelijk is. Bij dit ontwerp
is de functie van cruciaal belang.

Door de flexibele ronde onderkant
kan de prullenbak eenvoudig worden
schoongemaakt en kan de gebruiker
het afval zonder problemen uit de
bak schudden. Bovendien kunnen
de prullenbakken in elkaar worden
gestapeld, waardoor een efficiënte
vorm van verzending mogelijk werd
en winkeliers de Garbo op een opvallende en aantrekkelijke manier
konden presenteren. Maar ook uit
zichzelf verkopen deze prullenbakken
goed, omdat ze eenvoudig, goedkoop en aantrekkelijk zijn.

Cactus-radiator

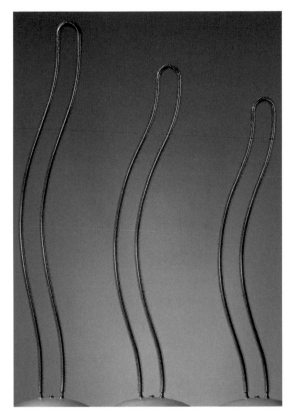

PERIODE: 1994

ONTWERPER: Paul Priestman (geb. 1961)

FABRIKANT: Priestman Goode, Londen, Engeland

Toen Paul Priestman in 1985 afstudeerde aan het Londense Royal College of Art, werd hij alom geprezen voor zijn ontwerp voor een draagbare radiator. Daarna richtte hij samen met Nigel Goode een adviesbureau voor vormgeving op. Samen ontwierpen zij een aantal verwarmingssystemen, waaronder een Belling-kachel, en in 1994 de Cactus-verwarming. Priestman ontdekte een gat in de markt voor designproducten: sinds de jaren zestig was het ontwerp van radiatoren voor de centrale verwarming nauwelijks veranderd en de saaie vormgeving van de traditionele radiatoren viel uit de toon in de nieuwe designwoningen van de jaren tachtig. Priestman vatte het plan op om het uiterlijk van de radiator helemaal opnieuw te ontwerpen. Tot nu toe heeft hij te kampen met de gebruikelijke bezwaren van fabrikanten tegen het in massaproductie nemen van zijn ontwerpen, maar te zijner tijd zullen deze alternatieve verwarmingselementen vast en zeker wel hun weg naar de bouwwereld en de consumentenmarkt vinden. In 1996 liet Priestman zich voor een nieuw radiatorontwerp inspireren door de ringband. 'Hot Springs' bestond uit een spiraal die in model werd gehouden door een buis waarmee de armatuur tegen de wand kon worden bevestigd. Het resultaat was een economische, buisvormige radiator die verkrijgbaar was in een scala van felle, levendige kleuren.

Serie B-sanitair

PERIODE: 1953

ONTWERPER: Gio Ponti (1891–1979)

MATERIAAL: porselein

FABRIKANT: Ideal Standard, Milaan, Italië

Kenmerkend voor de Italiaanse benadering van design is dat een van de grootste naoorlogse talenten, Gio Ponti, zich toelegde op essentiële producten voor in huis: badkamers en toiletten. Over het algemeen werd sanitair tot aan de jaren vijftig beschouwd als een oninteressant product, hoewel een nieuw gebruik van kleur en art deco-invloeden al in jaren dertig hun intrede in de huishoudens hadden gedaan. Ponti verrijkte de sanitairproducten echter met opvallend originele plastische vormen. Omdat deze niet aansloegen, kwam Ideal Standard het jaar daarop met de meer commerciële Zeta-lijn van Ponti op de markt.

Lunar-tandenborstel

In de Silicon Valley in Californië, de thuisbasis van Lunar, is iedereen op de toekomst gericht. Producten moeten steeds slimmer, sneller, eerder en kleiner zijn. Lunar wil producten ontwikkelen die enerzijds de bedrijfsfilosofie van hun klanten uitdragen en anderzijds een individuele uiting van kunst, de culturele traditie van vakmanschap en de logica van de wetenschap integreren. Met de ergonomische CrossAction-tandenborstel voor Oral-B heeft Lunar een van z'n opmerkelijkste successen geboekt.

De klant wilde een tandenborstel op de markt brengen waarvan kon worden aangetoond dat deze meer tandplak zou verwijderen dan andere tandenborstels. Lunar kreeg de opdracht om de ergonomische eigenschappen van de steel te optimaliseren. Uit onderzoek bleek dat gebruikers op vijf verschillende manieren hun tandenborstel vasthouden. Lunar gebruikte deze informatie om een aantal modellen van schuimplastic te ontwerpen. Met behulp van deze modellen werd beoordeeld welke ergonomische eigenschappen en hoeken van de borstel ten opzichte van de steel voor iedereen het meest comfortabel zijn. Daarnaast

PERIODE: de jaren negentig

ONTWERPER: Lunar Design Inc.

voerde Lunar experimenten uit met kunststoffen, zoals elastomeer en kunsthars, om het meest geschikte materiaal te vinden. In samenwerking met Oral-B ontwikkelde het ontwerpteam verdere prototypen, die met behulp van een CAD-tekenprogramma tot driedimensionale computertekeningen werden uitgewerkt, voordat het gekozen model in productie werd genomen.

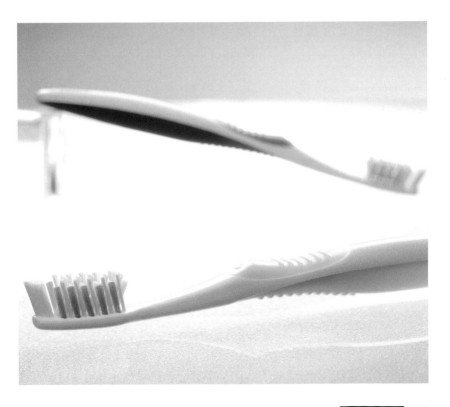

A7-1700 keukenblok

PERIODE: 1996

ONTWERPER: intern ontwerpteam van bulthaup

MATERIAAL: aluminium en staal

FABRIKANT: bulthaup Gmbh, Aich, Duitsland

Het Duitse bedrijf bulthaup werd in 1949 door Martin Bulthaup opgericht. Van producent van keukenkasten groeide het bedrijf uit tot specialist in systeemmeubels voor keukens, badkamers en laboratoria. In de jaren tachtig begon bulthaup zich hoofdzakelijk op keukens te richten. In 1982 verzocht bulthaup de Duitse vormgever Otl Aicher (geb. 1922) een boek met de titel *The keuken als plaats om te koken* te vervaardigen. Aicher nam een belangrijke positie in de naoorlogse Duitse moderne vormgeving in. Hij studeerde in Ulm bij Max Bill en werkte voor Braun, een bedrijf dat zich met haar ontwerpen sterk maakte voor het functionalisme en een eenvoudige vormgeving. Aichers eerste idee voor bulthaup was het ontwerp voor een 'slagershakblok': een robuuste tafel van massief hout die in het midden van de keuken kon worden geplaatst. Dit ontwerp werd het handelsmerk van de bulthaupkeuken, samen met een eenvoudig roestvrijstalen aanrecht dat zowel los als in combinatie met een serie modules, kasten en apparaten die eveneens door bulthaup werden geleverd, kon worden gebruikt. In 1989 won dit eenvoudige en functionele ontwerp een aantal prijzen, waarna bulthaup verderging met het ontwikkelen van nieuwe producten, zoals het ventilatiesysteem voor keukens uit 1991. bulthaup, dat de nadruk legde op vormgeving, eersteklas materialen en goede constructies, zou al snel uitgroeien tot de nummer één op het gebied van designkeukens. In 1992 brachten zij het keukensysteem System 25 op de markt, een serie multifunctionele keukeneilanden, apparaten en werkbladen, uitgevoerd in hout, aluminium en roestvrijstaal. Bulthaup introduceerde de opvatting dat de keuken de belangrijkste ruimte in huis is en dat de hoeveel geld, tijd en werk die aan deze ruimte werd besteed, hiervan een afspiegeling moest vormen. In 1994 zou de research- en developmentafdeling een technologisch geavanceerde coating op waterbasis voor de meubelindustrie ontwikkelen.

Robo-Stacker

PERIODE: 1994

MATERIAAL: gerecyclede wasmachinetrommels, glas

FABRIKANT: Jam, Londen, Engeland

Jam werd in 1994 in Londen opgericht door de jonge vormgevers Astrid Zala, Jamie Ankey en Matthieu Pallard, die afkomstig waren uit de architectuur en de beeldende kunsten. Hun geza menlijke ontwerpen kenmerken zich door een grote diversiteit en hun doelstelling is om zich te 'richten op het creatieve gebruik van eigentijds materiaal en technologische vernieu- wingen'. Voor de ontwerpen van hun producten betekent dit dat herge- bruik van materialen hoog op de agenda staat. De Robo-Stacker is ge- maakt van wasmachinetrommels, aangeleverd door Whirlpool, die tot leuke, voor allerlei doeleinden be- stemde opbergunits voor in huis zijn omgetoverd. Jam werkt samen met een aantal grote bedrijven: Whirlpool stelt trommels ter beschikking die niet aan hun kwaliteitsnormen vol- doen, terwijl Sony projectoren en ge- luidssystemen heeft geleverd voor een bed dat tijdens de recente Flexibel Furniture-expositie van de Crafts Council werd tentoongesteld. Deze bedrijven associëren zich graag met jong, vooruitstrevend talent en de implicaties van recycling en her- gebruik van hun producten in een volledig andere context. Hieruit kwa- men weer nieuwe opdrachten voort voor Jam, zoals een toestel van oude televisies voor in de hal van de Independent Advertising Association in Londen en een Chelsea-bar voor de frisdrankenfabrikant Evian, waar- van het decoratieve blad uit flessen- doppen is gemaakt.

DEEL 8

vervoer

HUDSON J-3A

VESPA

ALS WE DE NEGENTIENDE EEUW beschouwen als de eeuw van de fiets, de locomotief en de stoomboot, dan stond de twintigste eeuw in het teken van het massale, van de individuele mobiliteit, van het autobezit, supersonische straalvliegtuigen en de ruimtevaart.

De systemen voor openbaar vervoer hebben zich razendsnel verspreid sinds de opening van de Londense Metropolitan-metro in 1863 die een nieuw type arbeider het levenslicht deed zien: de forens. Hoewel het in hoofdzaak producten waren uit de negentiende eeuw, waren het in de beginjaren van de twintigste eeuw vooral de bussen, trams en metrolijnen die bezit namen van de straten en buitenwijken van de grotere geïndustrialiseerde steden. Het einde van de eeuw geeft echter een nog veel sterkere toename van het massatransport te zien met de nieuwe generatie Jumbojets, zoals de Boeing-777, en de bouw van nieuwe megaluchthavens bij Chek Lap Kok op het eiland Lantau in Hongkong en bij Kansai in Japan.

In 1883 vervaardigde Gottlieb Daimler een eencilinder motor die hij aan een fiets bevestigde. In 1903 ondernamen de gebroeders Wright hun baanbrekende eerste vlucht. Het waren deze twee gebeurtenissen die, samen met Frank Whittles patent voor de straalmotor in 1930, het pad zouden effenen voor de belangrijkste ontwikkelingen op het gebied van het twintigste-eeuwse vervoer: de geboorte van de massaproductie van de auto en de oprichting van de burgerluchtvaart.

In navolging van Daimlers gemotoriseerde fiets uit 1883, fabriceerde de Duitser Karl Benz al in 1885 een driewielig voertuig met viercilinder motor. Deze automobiel en andere 'rijtuigen zonder paard' waren echter in hoofdzaak speeltjes van de rijke elite.

Niettemin zou geleidelijk aan de wens ontstaan om de markt voor auto's te vergroten. Men ging op zoek naar nieuwe middelen om het productieproces te standaardiseren, zodat de kosten van het eindproduct voor de consument omlaag zouden kunnen. Vlak voor het uitbreken van de Eerste Wereldoorlog betekende het innovatieve fabricageproces van staalplaat dat aansluitend kon worden geperst, een belangrijke vernieuwing voor de autoproductie. Toch waren het uiteindelijk de ambitieuze plannen van één man in het bijzonder die de productiesystemen in de automobielindustrie zouden hervormen en een volkomen nieuwe basis voor zowel het industrieel ontwerp als de massaproductie zouden leggen. In zijn fabriek in Detroit zorgde Henry Ford niet alleen voor een doorbraak in het productiesysteem voor auto's, maar ook voor alle overige takken van industrie en industrieel ontwerp. Ford ontwikkelde productiesystemen met lopende banden, die al snel in de hele wereld bekend kwamen te staan als *Fordism*. Een belangrijke factor voor het succes hiervan was de organisatie van de afzonderlijke bewerkingen binnen het montageproces. Elke auto werd opgebouwd uit honderden verschillende componenten, waarbij het voor een hoog productie- en kwaliteitsniveau noodzakelijk was dat iedere arbeider een gecontroleerde reeks handelingen verrichtte. Ford was door middel van deze aanpak in staat om elke dag drieduizend T-Fords te produceren en het aankoopbedrag van een nieuwe auto omlaag te schroeven van duizend dollar in 1908 naar minder dan driehonderd dollar in 1928.

De T-Ford zou wereldwijd bepalend zijn voor de productiestandaards in de auto-industrie. In 1919 rolde de eerste in massa geproduceerde Europese auto, de Citroën A, van de band en in de jaren twintig liepen

QUEEN MARY-OCEAANSTOMER

LAND ROVER

zowel het publiek als de ontwerpers in groten getale warm voor deze nieuwe vormen van vervoer.

Vanaf de jaren dertig zouden oorspronkelijke ontwerpers als Ferdinand Porsche in Oostenrijk en Duitsland, Dante Giacosa in Italië, Pierre Boulanger in Frankrijk en Alec Issigonis In Engeland een hele reeks opvolgers voor de T-Ford creëren: 'auto's voor de gewone man', uiteenlopend van de vw Kever in 1937 tot de Morris Mini in 1959. Deze auto's werden stuk voor stuk ontworpen om tegemoet te komen aan de behoeften van het Europa 'in beweging'.

Aan de overkant van de Atlantische Oceaan, waar de markt voor auto's groter en verder ontwikkeld was, werd er om geheel andere redenen een beroep gedaan op de diensten van de industrieel ontwerpers. Zij werden uitgenodigd om zich bezig te houden met de vormgeving, de styling, de versieringen en de 'verpakking' van auto's en treinen. In 1930 richtte de industrieel ontwerper Harley Earl in opdracht van General Motors het eerste onderzoekscentrum voor styling op. Vanuit dit centrum voorzag hij, samen met zijn vakgenoten Raymond Loewy en Henry Dreyfuss, het hele vervoerssysteem in de Verenigde Staten, van benzinestations en Greyhound-bussen tot locomotieven en auto's, van een nieuw gezicht. Aan het einde van de jaren vijftig zou deze vernieuwingsdrift haar hoogtepunt bereiken in de beruchte uitwassen van de 'ingecalculeerde veroudering'.

Het vervoer over de weg en door de lucht bracht niet alleen een radicale verandering teweeg in onze maatschappelijke patronen en in onze arbeidspatronen. Het zou ook grote gevolgen hebben voor de ruimtelijke ordening van de steden en voor altijd het landschap van de bebouwde gebieden en het platteland ingrijpend veranderen.

Voor de toename van de mobiliteit dankzij de auto en het vliegtuig moest een hoge prijs worden betaald: milieuvervuiling, uitholling van de plattelandsgemeenschappen en het verlies van boerenland en natuurgebieden. Deze gevolgen van de industrialisatie waren al rondom de eeuwwisseling voorspeld door 'profeten' als John Ruskin en William Morris, maar geen van hen had ooit kunnen voorzien dat de ontwikkelingen zich in zo'n hoog tempo en op zo grote schaal zouden voltrekken.

Om tegemoet te komen aan de strenge nieuwe criteria die in Europa en de Verenigde Staten worden gehanteerd, zijn de autofabrikanten – met de oliecrisis nog vers in het geheugen en onder invloed van de toenemende overheidsdruk om het autobezit terug te dringen – zich in de jaren tachtig en negentig gaan richten op het reduceren van de emissiewaarden van uitlaatgassen. De ontwerpers hebben het gewicht van auto's omlaag kunnen brengen door intensiever gebruik te maken van kunststoffen en door te experimenteren met metaallegeringen. De fabrikanten, waaronder ook General Motors, zijn ertoe overgegaan elektronisch aangedreven voertuigen te testen als alternatief voor de benzine- en dieselmotor. Alle deskundigen zijn het erover eens dat de massale mobiliteit bijna haar verzadigingspunt heeft bereikt. De westerse economieën zullen – opnieuw – op zoek moeten gaan naar alternatieve oplossingen voor de massale mobiliteit. Ironisch genoeg wordt een terugkeer naar het vervoer per trein, veilige fietsen en trams, zoals dat ook al in de negentiende eeuw werd voorgesteld, op dit moment door de regeringen van de westerse landen serieus overwogen.

SPACESHUTTLE

APOLLO 11

Ford Model T

PERIODE: 1908

ONTWERPER: Henry Ford
(1863–1947)

FABRIKANT: Ford Motor
Company, Detroit, vs

Op het moment dat Henry Ford begon
om met de hand zijn eerste auto te
bouwen, waren er slechts vier auto-
mobielen met een benzinemotor in
de Verenigde Staten. Ten tijde van zijn
dood in 1947 bezat meer dan zestig
procent van de Amerikaanse gezinnen een auto. Deze enorme groei
van het autobezit kan voor een groot
deel worden toegeschreven aan de in
1913 door Henry Ford geïntroduceerde
technieken die de massaproductie
van de T-Ford mogelijk maakten.

De Ford Motor Company werd opgericht in 1903, waarna Henry Ford in
1908 een kleine, betaalbare auto
onder de naam Model T op de markt
zou brengen. In 1913 introduceerde
Ford de lopende band voor de fabricage van auto's. Deze primeur ging
vergezeld van een ingrijpende standaardisatie van de onderdelen. Door
de materialen in zeer grote aantallen
tegelijk te bestellen, kon Ford enorm
op de kosten bezuinigen.

In 1915 was de Ford-fabriek in staat
om duizend voertuigen per dag te as-
sembleren. Het gevolg van deze hoge
productiviteit was dat Ford de prijs
van het Model T kon verlagen van
950 dollar in 1908 tot 360 dollar in
1915, het salaris van zijn werknemers
kon verdubbelen en hun werkdag
kon verkorten. Hij benutte de volle-

dige standaardisatie van zijn auto
om een advertentiecampagne vol
zelfspot op te zetten, waarin hij te
kennen gaf: 'U kunt een Ford in elke
gewenste kleur kopen, zolang hij
maar zwart is.'

In het begin van de jaren twintig,
toen deze foto werd genomen, had
Ford bezit genomen van de helft van
de Amerikaanse automarkt en in 1925
zou hij de assemblage van het Model
T in de Duitse stad Berlijn ter hand
nemen. Toen in 1927 de productie
van de T-Ford na negentien jaar werd
gestaakt, waren er vijftieneneenhalf
miljoen exemplaren van deze auto
van de band gerold. Het zou de lang-
ste productieperiode en het grootste
aantal gefabriceerde auto's van één
model blijven totdat de Volkswagen
Kever in 1972 dit record zou breken.

Citroën 2cv

Toen de 2cv, of 2 paardenkracht, voor het eerst werd getoond op de Parijse Salon de l'Automobile van 1948, werd de auto met een enorm hoongelach ontvangen. Ontworpen om te kunnen concurreren met de Volkswagen Kever en de eveneens Franse Renault 4cv, ook al een 'auto du peuple', zou de 2cv in feite slag leveren met het paard en wagen, dat nog altijd het gebruikelijke vervoersmiddel was in het hoofdzakelijk rurale Frankrijk.

Toen Boulanger zich in 1939 opmaakte om een auto voor de agrarische markt te ontwerpen, wist hij dat hij aan een zwaar eisenpakket moest zien te voldoen. De 2cv zou in staat moeten zijn om een man die een hoge hoed droeg en een mand met eieren bij zich had, door een veld te vervoeren zonder dat er iets van de kostbare lading zou breken. Iets minder bizar was de eis dat de auto, die bescheiden van afmetingen en goedkoop te produceren en te onderhouden diende te zijn, voldoende hoofdruimte, een uitstekende vering en een hoge mate van comfort moest bieden.

De vereenvoudigde, geometrische carrosserie maakte – in de periode direct na de Tweede Wereldoorlog toen de grondstoffen nog schaars waren – een minimum aan materiaalgebruik en een gemakkelijke productiemethode mogelijk. De lichtgewicht zittingen, die het model van een hangmat hadden, konden worden verwijderd om extra bergruimte vrij te maken en het oprolbare canvasdak

PERIODE: 1939

ONTWERPER: Pierre Boulanger (1886–1950)

FABRIKANT: Citroën, Frankrijk

maakte het mogelijk om langwerpige of grote voorwerpen met de auto te vervoeren.

Ondanks de vele critici en de ontelbare keren dat de auto belachelijk werd gemaakt, heeft de 2cv een cultstatus weten te bereiken. Met een productieaantal tussen 1948 en 1990 van meer dan vijf miljoen exemplaren is de 2cv nog steeds een van de succesvolste auto's uit de Franse geschiedenis.

Queen Mary-oceaanstomer

PERIODE: 1934

BOUWER: John Brown and Company, Clydebank, Schotland

De Queen Mary is een van de grootste zeeschepen ooit en kent een romantische en illustere geschiedenis. De gigantische opdracht om een van de grootste en meest luxe oceaanschepen aller tijden te bouwen, werd verstrekt aan de firma John Brown and Company. In 1931 nam de bouw van Job nr. 534, zoals het schip oorspronkelijk werd genoemd, een aanvang. Later in dat jaar kwam het werk onder invloed van de crisistijd stil te liggen en pas in 1934 werd de bouw weer voortgezet. Het nieuwe schip van de Cunard-maatschappij zou ten slotte in september 1934 te water worden gelaten door de Engelse koningin, Queen Mary, die tevens haar naam aan het schip leende.

Na het uitbreken van de Tweede Wereldoorlog kwam er een eind aan de diensten van de Queen Mary als transatlantisch passagiersschip en werd de boot in Australië omgebouwd tot troepenschip. Toen het schip dienst deed voor het vervoer van soldaten, kwam het bekend te staan als de 'Grey Ghost'. In 1943 zou het vaartuig 16.683 personen vervoeren tijdens één enkele reis – het grootste aantal dat ooit per schip werd verplaatst. Vandaag de dag is de Queen Mary in gebruik als drijvend hotel en toeristische attractie in Long Beach, Los Angeles, waar het schip al dertig jaar lang een ligplaats heeft.

Hudson J-3A

In de jaren tussen de twee wereldoorlogen raakten de ontwerpers in Europa en Amerika in de ban van de mogelijkheden die voortkwamen uit de moderne technologie. Snelle auto's, vliegtuigen en krachtige locomotieven groeiden uit tot symbolen van het machinetijdperk.

Steeds hogere snelheden gingen een doel op zich vormen en de ontwerpers begonnen de wetenschappelijke principes van de aërodynamica te bestuderen om de luchtweerstand omlaag te kunnen brengen en daardoor de effectiviteit van voertuigen te kunnen verhogen. De stroomlijn, een vormgeving die bedoeld is om de luchtweerstand te verminderen, kwam nog nooit zo goed tot uitdrukking als in de locomotief van Henry Dreyfuss voor de New York Central Railroad.

Dreyfuss begon zijn carrière als decor- en kostuumontwerper in het theater en startte zijn eigen industrieel-ontwerpbureau in 1929. Hij zou al snel uitgroeien tot een van de toonaangevende exponenten van een rationele en functionele benadering van het ontwerp, die werd gekenmerkt door zuivere lijnen en krachtige, onversierde vormstatements.

In de jaren dertig ontwikkelde de stroomlijn zich tot een oppervlakkige stijl en zouden de gladde, ronde vormen die een functie hadden voor hogesnelheids-voertuigen, worden toegepast bij huishoudelijke voorwerpen als camera's, stofzuigers en koelkasten. Deze puur uiterlijke styling had meestal niet meer om het lijf dan een cynische verkooptruc om verouderde producten in een nieuw jasje te steken.

PERIODE: 1938

ONTWERPER: Henry Dreyfuss (1903–'72)

FABRIKANT: New York Central Railroad, VS

In tegenstelling tot zijn tijdgenoten Raymond Loewy en Walter Dorwin Teague, was Dreyfuss vierkant tegen deze praktijken, die hij beschouwde als een afwijzing van het zuivere functionalisme en het ergonomische ontwerp. Zijn afgewogen en integrale aanpak zou resulteren in een aantal duurzame klassiekers, zoals zijn telefoon uit 1933 voor de Amerikaanse Bell Company, die meer dan vijftig jaar lang bepalend zou blijven voor de basisvorm van de moderne telefoon.

Greyhound Bus

PERIODE: 1940

ONTWERPER: Raymond Loewy (1893–1986)

FABRIKANT: Greyhound Corporation, vs

In een land dat gedomineerd wordt door het ethos van individualisme en het hoogste percentage particuliere autobezitters ter wereld heeft, vormt de Greyhound-bus een krachtig symbool van de democratiserende werking van een betaalbaar en toegankelijk openbaar vervoer. In romans, films en advertenties is de bus synoniem geworden met vrijheid, ontvluchting en het najagen van avontuur in de oneindige uitgestrektheid van het Amerikaanse land.

Het bedrijf begon op bescheiden voet in 1914 in Minnesota, toen de Zweedse immigrant Carl Wickmann een goedkope vervoersdienst voor mijnwerkers in het leven riep. In 1921 zou de dienst al verschillende steden verbinden en over een eigen wagenpark met bussen kunnen beschikken die de bijnaam 'Greyhounds' kregen vanwege hun gladde, gestroomlijnde uiterlijk en opvallende grijze kleur.

Door een fusie in 1926 met Orville Swann Caesar kreeg Wickmann er nog een groot aantal kleinere busbedrijven bij, waarna in 1930 de Greyhound Corporation werd opgericht. Bij die gelegenheid werd ook het vertrouwde handelsmerk van de 'rennende hond' geïntroduceerd, dat ook tegenwoordig nog het bedrijfslogo is.

In de jaren veertig benaderde Greyhound een van de grote pioniers van het Amerikaanse industrieel ontwerp, Raymond Loewy, met het verzoek om nieuwe bussen te ontwerpen. Het resultaat was een voertuig dat met z'n spiegelende en gecanneleerde aluminium carrosserie een van de grootste proeven van bekwaamheid vormt in de geschiedenis van de Amerikaanse stroomlijn.

Routemaster Bus

De Routemaster, de klassieke rode dubbeldekker uit Londen, is – samen met de zwarte taxi en de K2-telefooncel van Giles Gilbert-Scott – over de hele wereld uitgegroeid tot een symbool van de Engelse hoofdstad.

De Routemaster werd in 1954 ontworpen om de toentertijd actieve trolleybussen te vervangen en is nog immer een vertrouwd beeld in de straten van Londen. Het plompe uiterlijk ontmoette aanvankelijk veel kritiek en doordat in 1961 wettelijk werd vastgelegd dat bussen voortaan tot tien meter lang mochten zijn, zou de Routemaster vrijwel direct nadat hij in 1959 in dienst werd genomen algemeen als ouderwets worden beschouwd. Het elementaire ontwerp van de bus bleek echter eindeloos te kunnen worden aangepast en buitengewoon populair te zijn bij de inwoners van Londen. Al vroeg in de geschiedenis van de bus waren er plannen om de Routemaster geleidelijk buiten bedrijf te stellen en te vervangen door een voertuig met alleen een chauffeur. Omstreeks 1970 zou het openbaarvervoerbedrijf van Londen dan ook aan de hand van een 'hervormingsplan' een tijdschema opstellen voor de afschaffing van alle bussen, met uitzondering van de nieuwe 'driver-only'-bus. Omdat dit project echter zowel inefficiënt als impopulair bleek te zijn, is het resultaat dat de Routemaster na veertig jaar trouwe dienst nog steeds deel uitmaakt van het Londense stadsgezicht.

PERIODE: 1954

ONTWERPERS:
A.A.M. Durrant (1898–1984),
Douglas Scott (1913–'90)

FABRIKANT: London Transport, Londen, Engeland

Dursley-Pedersen-fiets

PERIODE: 1893

ONTWERPER: Mikael
Pedersen (1855–1929)

Rondom de eeuwwisseling zag een
aantal van de belangrijkste innovaties
voor het ontwerp van de fiets – die in
rap tempo uitgroeide tot een universeel transportmiddel – het levenslicht. Voorop in deze ontwikkelingen
liep de Deen Mikael Pedersen, die in
het Engelse plaatsje Dursley woonde.

Pedersens fiets was een meesterwerk van geavanceerde technische
kennis, dat uitging van een ingenieus
geconstrueerd frame, zoals bij de fiets
die rechts op de foto door de vrouw
wordt vastgehouden. Het frame was
samengesteld uit veertien afzonderlijke dunne holle buizen, die op zeven-
envijftig punten met elkaar waren
verbonden, waardoor in totaal eenen-
twintig driehoeken ontstonden. Deze
constructie, die 'ruimteframe' werd genoemd, was enorm stevig en had een

relatief laag gewicht. Het zadel bestond uit een soort lederen hangmat-
je, dat was gespannen tussen de
bovenste buis van het frame en het
stuur, waardoor het bijzonder goed
veerde en in de jaren rond de eeuwwisseling een naar verhouding comfortabele rit over de primitieve wegen
en landweggetjes mogelijk maakte.

In de afgelopen jaren zouden veel
van Pedersens baanbrekende ideeën,
met name op het gebied van het frame-
ontwerp, opnieuw worden toegepast.

Harley-Davidson-motorfiets

De Harley-Davidson is – net als het zwarte leren jack – synoniem met non-conformisme, rebelsheid en gevaar. Meer dan enig ander merk motorfiets staat de Harley symbool voor de associatie van snelheid en kracht met onafhankelijkheid en seksuele agressie.

De eerste Harley-Davidson ontstond ten tijde van de eeuwwisseling, toen twee jeugdvrienden, William Harley en Arthur Davidson, pogingen ondernamen om een gemotoriseerde fiets te bouwen. Zij werkten aan dit project in hun vrije tijd en zouden al snel gezelschap krijgen van Davidsons broers Walter en William, van wie de laatste een opleiding tot gereedschapsmaker had gevolgd. In 1903 construeerden de vier mannen hun eerste eencilinder, 3 pk motorfiets,

en omdat het resultaat hen beviel, besloten ze er nog twee te bouwen. In 1904 zouden weer drie exemplaren volgen, waarna de Harley-Davidson Motor Company een feit was.

Hun reputatie als constructeur van degelijke motoren zou snel overal bekend worden en reeds in 1910 waren hun verkopen gegarandeerd door middel van een dealernetwerk. Het succes van hun motorfietsen was in hoofdzaak gebaseerd op de betrouwbaarheid van de machine. In 1913 had de eerste motor die ze bouwden de verbazingwekkende afstand van 100.000 mijl afgelegd, zonder dat het nodig was geweest om een van de belangrijke onderdelen te vervangen.

Door de toename van het aantal motorraces in de jaren twintig en

PERIODE: 1903

ONTWERPERS: William Harley (1871–1937), Arthur Davidson (1881–1950), Walter Davidson (1876–1942) en William Davidson (1880–1943)

FABRIKANT: Harley Davidson Motor Company, VS

dertig (het model op de foto stamt uit 1939) en het feit dat het leger in de Tweede Wereldoorlog in vrijwel alle continenten gebruikmaakte van hun motorfietsen, kon de Harley-Davidson uitgroeien tot een begrip.

Vespa

PERIODE: 1945

ONTWERPER: Corradino
d'Ascanio (1891–1981)

FABRIKANT: Piaggio,
Italië

De Vespa is een van de belangrijkste symbolen van de Italiaanse naoorlogse wederopbouw. Aan het eind van de Tweede Wereldoorlog had Italië net als de meeste andere Europese landen, te kampen met een vervoerscrisis. Gedurende de oorlog werd de voltallige Italiaanse automobielindustrie ingezet voor de oorlogsproductie om vervolgens door de geallieerden tot puin te worden gereduceerd. Nu er een tekort aan grondstoffen als staal en benzine was ontstaan en de levensstandaard ernstig was gekelderd, was er grote behoefte aan een modern individueel vervoermiddel dat niet te veel mocht kosten.

Het bedrijf Piaggio begon in 1915 met de bouw van vliegtuigen. Tijdens de Tweede Wereldoorlog zou de fabriek echter worden gebombardeerd. De president van het bedrijf, Enrico Piaggio, besloot toen – in een poging het Italiaanse volk weer aan het werk te krijgen – om de vliegtuigproductie stop te zetten en over te stappen op de bouw van een voertuig dat goedkoop, betrouwbaar, eenvoudig te onderhouden en gemakkelijk te besturen moest zijn. Piaggio's hoofdingenieur Corradino d'Ascanio zette zich aan de taak een scooter te ontwerpen die in 1946 onder de naam Vespa, het Italiaanse woord voor 'wesp', op de markt zou komen.

Tijdens het ontwerpproces van de Vespa maakte D'Ascanio gebruik van zijn kennis en ervaring op het gebied van helikopter- en vliegtuigmotoren. In zijn ontwerp was onder andere het principe van de zelfdragende carrosserie verwerkt, waarbij het koetswerk en het frame uit één geheel bestaan. De toepassing voor een civiel voertuig van dit *monocoque*-ontwerp, dat tegenwoordig op grote schaal in de automobielindustrie wordt toegepast, was in 1945 uniek.

Ducati-motorfiets

De Ducati-familie, befaamd over de hele wereld als makers van sommige van de beste high-performance-motorfietsen, startte haar bedrijf in 1926 als fabrikant van onderdelen voor de snelgroeiende radio-industrie. Adriano Ducati's patenten op dit gebied bezorgden de firma al snel een internationale reputatie.

Net als bij veel andere Italiaanse ondernemingen het geval was, zouden de Ducati-fabrieken in de Tweede Wereldoorlog worden verwoest. Tijdens de wederopbouw had het bedrijf geen andere keus dan haar productenaanbod uit te breiden. Op een salon in Milaan zou Ducati een kleine hulpmotor tentoonstellen,

die op een fiets kon worden gemonteerd. Met dit ontwerp was de basis gelegd voor de overstap naar de fabricage van motorfietsen en met de introductie van de 175cc Cruiser in 1952 wist Ducati zich zelfs stevig te nestelen tussen 's werelds toonaangevende fabrikanten.

In 1955 kwam de Argentijnse ontwerper Fabio Taglioni de Ducati-staf versterken. Hij zou een aantal van de meest legendarische ontwerpen van het bedrijf produceren, die in lange-afstandsraces tot aan de grenzen van hun mogelijkheden werden uitgeprobeerd. Vanaf dat moment zou Ducati steevast de ervaringen die het tijdens de succesvolle races opdeed,

PERIODE: 1993

ONTWERPER: Fabio Taglioni (geb. 1920)

FABRIKANT: Ducati Motor S.p.A., Italië

benutten om haar straatmotoren te innoveren.

De M900 Monster, die in 1993 door Taglioni werd ontworpen, luidde een nieuw tijdperk van uitzonderlijke Ducati-motorfietsen in. Door het opvallende minimalistische koetswerk komen de krachtige motor en het lichtgewicht buizenframe bij dit model prachtig tot hun recht.

Porsche 356

PERIODE: 1948

ONTWERPERS: Ferdinand Porsche (1875–1951), Ferry Porsche (1909–'98) en Erwin Komenda (1904–'66)

FABRIKANT: Porsche, Gmund/Stuttgart, Duitsland

Ferdinand Porsche was een van de grootste pioniers op het gebied van techniek en vormgeving van de automobiel. Zijn eerste auto, die hij in 1900 ontwierp voor de Oostenrijkse fabrikant Lohner, was een elektrisch voertuig dat werd aangedreven door centraal geplaatste motoren. Tot de belangrijkste van de ontelbare innovaties die hij op z'n naam heeft staan, behoren de torsievering en de achterin geplaatste luchtgekoelde motor.

Voordat hij in 1930 zijn eigen adviesbureau voor automobiel-ontwerpen in Stuttgart zou oprichten, werkte Porsche als hoofdingenieur voor Austro-Daimler, Mercedes-Benz en Steyr, waarvoor hij een aantal beroemde auto's zou ontwerpen. In de jaren dertig ontwikkelde hij de Volkswagen Kever en revolutionaire grand-prix-racewagens voor Auto Union.

Tijdens de Tweede Wereldoorlog ontwierp Porsche samen met zijn zoon Ferry militaire voertuigen, zoals een amfibieversie van de VW Kever en tanks als de Tiger en de Maus.

Het model 356 zou de eerste auto zijn die de Porsche-familie onder haar eigen naam ontwikkelde. Voor Porsche ging met het bouwen van deze sportieve versie van de Kever een droom in vervulling. De 356, die voor een groot deel uit dezelfde onderdelen bestond als de Kever – waaronder de door Franz Xavier Reimspiess ontwikkelde luchtgekoelde motor achterin –, vestigde de reputatie van excellente techniek en elegante vormgeving die de Porsche tot op de dag van vandaag weet hoog te houden.

Toen de 356 in 1951 winnaar van z'n klasse in de vierentwintiguursrace van Le Mans werd, was de aanzet gegeven tot een serie spectaculaire raceoverwinningen. Nadat in 1963 de door Porsches kleinzoon Butzi ontworpen Porsche 911 was geïntroduceerd, werd in 1965 de productie van de 356 stopgezet.

Cadillac

From Great Achievements... An Inspiring Tradition!

Cadillac's many and varied contributions to the cause of automotive progress have, over the years, represented one of the most important and inspiring traditions in all motordom. And certainly, that list of Cadillac's achievements has become all the more meaningful in the light of the current year. For its styling, in design and in engineering, this latest "out of ears" has added dramatic emphasis to the fact of Cadillac leadership. If you have not yet inspected its magnificent new Fleetwood coachcrafting—or experienced its brilliant new performance—you should do so soon. Your dealer will be happy to introduce you to all the new models, including the distinguished Eldorado Brougham. CADILLAC MOTOR CAR DIVISION • GENERAL MOTORS CORPORATION

Every Window at every Cadillac is Safety Plate Glass

Standard of the World for more than half a century

PERIODE: 1959

ONTWERPER: Harley Earl (1893–1969)

FABRIKANT: General Motors, VS

Slechts weinig producten hebben zó de dromen en idealen van een volk vertegenwoordigd als de Cadillacs uit de jaren vijftig, en slechts weinig ontwerpers wilden ooit zó toegeven aan het verlangen van een hele generatie naar oppervlakkige extravagantie als Harley Earl.

Earl is afkomstig uit een familie van carrosseriebouwers die zich had toegelegd op het aanpassen van auto's aan de wensen van Hollywoods eerste generatie rijke filmsterren. Aan het begin van zijn carrière verrichtte Earl baanbrekend werk door een auto eerst in klei te modelleren, wat een groot aantal vormgevingsexperimenten mogelijk maakte.

Aan het eind van de jaren twintig, toen Henry Fords Model T een meerderheid van de Amerikaanse bevolking tot autobezitter had weten te maken, zouden stilistische verschillen tussen automodellen een belangrijke factor worden voor het aantrekken van nieuwe kopers. In 1928 werd Earl gevraagd om de vormgeving van de auto's van General Motors voor zijn rekening te nemen. Door het succes van de door Earl ontworpen Buicks, Cadillacs, Chevrolets, Oldsmobiles en Pontiacs zou hij zijn reputatie als invloedrijkste ontwerper in de Amerikaanse auto-industrie vestigen.

Toen Earl in 1959 met pensioen ging, waren er op basis van zijn ontwerpen meer dan vijftig miljoen auto's geproduceerd. De Cadillac op de foto toont Earls fascinatie voor het vliegtuigontwerp. Deze auto is de ultieme uitdrukking van de zelfbewustheid en macht van Amerika in de jaren vijftig.

Land Rover

PERIODE: 1955

ONTWERPER: David Bache (geb. 1926)

FABRIKANT: Rover, Coventry, Engeland

De Land Rover werd ontwikkeld als antwoord op de Jeep van Willys-Overland, die vanaf z'n introductie in 1940 een enorm succes bleek te zijn als agrarisch en militair voertuig.

In 1948 werd de Land Rover voor het eerst aan het publiek getoond op de autotentoonstelling in Amsterdam. Aanvankelijk werd de auto alleen gezien als een robuust voertuig met vierwielaandrijving dat de rol van een paard en wagen zou kunnen overnemen, maar al snel zou de Land Rover worden aangepast voor gebruik in de woestijn en het oerwoud, voor safari's en voor bergachtige omgevingen.

De auto is voorzien van een chassis van stalen buizen, waarop een heel assortiment aluminium carrosserieonderdelen met bouten kan worden bevestigd. Het koetswerk is eenvoudig van vorm en ontworpen om met een schroevendraaier en moersleutel te kunnen worden gestript.

Al snel na zijn komst in 1954 bij Rover begon David Bache met het herontwerp van de carrosserie van de Land Rover. Het uiteindelijke resultaat, de Range Rover uit 1970, markeerde een nieuwe fase in de ontwikkeling van grote auto's met vierwielaandrijving door de toevoeging van kenmerken als luxe en stijl aan de ongepolijste betrouwbaarheid.

David Bache was een van de weinige Britse automobielontwerpers – samen met Alec Issigonis – die erin slaagde om een internationale reputatie op te bouwen. Zijn Rover P10 uit 1975 wordt wel beschouwd als het uitgangspunt waarop Uwe Bahnsen zijn vooruitstrevende ontwerp uit 1982 voor de Ford Sierra baseerde.

Mini

Net als de rok die dezelfde naam draagt, wordt de Mini inmiddels beschouwd als een cultureel icoon uit de jaren zestig: een decennium dat – onder invloed van de sterke impulsen die uitgingen van de groei van een nieuwe klasse financieel onafhankelijke jonge mensen – een radicaal democratiseringsproces van de maatschappelijke structuur in Engeland te zien gaf. Een van de gevolgen was een enorme toename van het autobezit, waardoor er behoefte ontstond aan een kleine, betrouwbare en moderne auto met een vriendelijke en jeugdige uitstraling.

Alec Issigonis had met de Morris Minor uit 1948 al enige ervaring opgedaan met drastische veranderingen binnen de Britse auto-industrie, maar toch bezat deze wagen nog steeds veel van de stilistische kenmerken uit de jaren dertig en vertoonde hij op veel punten gelijkenis met de Volkswagen Kever en de Renault 4CV.

De Mini vertegenwoordigde een radicale breuk met alle eerdere automobielontwerpen en was in geen enkel opzicht gebaseerd op de heersende ideeën omtrent techniek en vormgeving in Amerika en Europa. Issigonis produceerde een extreem kleine auto die plaats kon bieden aan vier volwassen personen en uitermate geschikt was voor verkeer in drukke straten. De verhoudingsgewijs grote hoeveelheid ruimte in het minimale interieur van de auto was te danken aan het feit dat Issigonis de motor dwars had geplaatst – een uitgangspunt dat grote invloed zou hebben op veel automobielontwerpen uit de jaren zestig en zeventig.

De Mini zou met verschillende aanpassingen en nieuwe typen – zoals bijvoorbeeld de hier afgebeelde Mini Coopers (op het dak van de Fiat-fabriek) die een hoofdrol speelden in de film *The Italian Job* – gedurende meer dan vijfendertig jaar in productie blijven. Het is de succesvolste en geliefdste auto die ooit in Engeland werd gefabriceerd.

PERIODE: 1959

ONTWERPER: Alec Issigonis (1906–'88)

FABRIKANT: Morris (British Motor Corporation), Engeland

Douglas DC-3

PERIODE: 1935

ONTWERPER: Donald Wills Douglas (1892–1981)

De DC-3 luidde het tijdperk in van het moderne massale luchtverkeer en is tot op de dag van vandaag het succesvolste commerciële toestel aller tijden. Een van de eerste luchtvaartmaatschappijen die dit toestel in gebruik nam, was American Airlines en nog geen vijf jaar na de introductie van de DC-3 in 1935 zouden er meer dan vierhonderd van deze toestellen worden gebruikt door meer dan honderd maatschappijen in alle delen van de wereld. In 1939 zou negentig procent van alle luchtverkeer voor rekening van dit vliegtuig komen. Gedurende de Tweede Wereldoorlog werden de toestellen door de Amerikaanse luchtmacht ingezet. Van het totale aantal van 10.929 vliegtuigen dat werd gebouwd, zouden er maar liefst 10.123 worden omgebouwd tot militaire toestellen, die bekend stonden als de C 47 en de Dakota. Na de oorlog werden veel van deze militaire toestellen weer geschikt gemaakt voor de burgerluchtvaart. De productie van de DC-3 zou worden gestaakt in 1946, maar het vliegtuig bleef tot in de jaren zeventig bij sommige kleinere maatschappijen in de roulatie.

De ontwerper van de DC-3, Donald Douglas, ontving zijn technische opleiding aan de US Naval Academy en was civiel-hoofdingenieur bij het US Signal Corps alvorens hij in 1920 de Douglas Company oprichtte. Zijn baanbrekende ontwerpen legden de basis voor alle toekomstige ontwerpen voor commerciële toestellen.

Concorde

De Concorde, die door British Airways en Air France gezamenlijk werd ontwikkeld, was – en is nog steeds – het enige supersonische toestel in de burgerluchtvaart voor commerciële vluchten. Het ontwerpen van een vliegtuig dat passagiers kon vervoeren met snelheden die hoger waren dan die van het geluid, bracht duizenden technologische en fysieke problemen met zich mee en mondde uit in een machine die meer weg had van een militair vliegtuig dan van een burgertoestel.

De Concorde heeft een innovatieve vormgeving, bestaande uit een naaldvormige neus en een 'deltavleugel', die beide een antwoord zijn op de aërodynamische problemen van het vliegen met zulke hoge snelheden. De opvallend gevormde vleugel combineert een grote lengte met een in verhouding minimale dikte en is goed opgewassen tegen zowel supersonische vluchten als de lagere snelheden tijdens het stijgen en dalen. De vleugel draagt ook in hoge mate bij aan de stijfheid van de slanke romp, waardoor de Concorde het enige commerciële toestel is dat het zonder stabiliserende roeren kan stellen. Door de lange, puntige neus is het vliegtuig verzekerd van maximale luchtpenetratie. Tijdens het opstijgen en het landen is de hoek tussen het toestel en de grond aanzienlijk groter dan bij andere vliegtuigen. Om het zicht van de piloot te verbeteren, kan de neus onafhankelijk van het toestel in neerwaartse richting worden bewogen.

De eerste testvluchten van de Britse en Franse prototypen waren in 1969, maar pas in 1976 werd het mo-

PERIODE: 1967

ONTWERPERS: Sir Archibald Russell (1904–'95), Dr William J. Strang (geb. 1921), Pierre Satre (geb. 1909) en Lucien Servanty (geb. 1909)

gelijk een commerciële vlucht te boeken. Een Amerikaans onderzoek uit 1972 wees uit dat de Concorde, als gevolg van de druk op de romp door de grote temperatuurwisselingen, een potentiële levensduur van zeven jaar zou hebben. De Concorde heeft inmiddels haar duurzaamheid wel bewezen, maar zal waarschijnlijk na 2005 niet meer de lucht ingaan. Er bestaan al plannen voor een opvolger, de Alliance.

Apollo-ruimteschip

PERIODE: 1961

ONTWERPER: NASA/Werner
von Braun (1912–'77)

In 1961 verklaarde de toenmalige president van de Verenigde Staten, John Fitzgerald Kennedy, dat de Verenigde Staten tegen het einde van het decennium de doelstelling om 'een man op de maan te laten landen en hem weer veilig terug te brengen naar de aarde' zouden hebben verwezenlijkt. Op 20 juli 1969 slaagde de bemanning van de Apollo 11 er inderdaad in om dit doel te bereiken. De Apollo 11 markeerde het hoogtepunt van de ruimtewedloop, een technologische strijd die een afspiegeling vormde van de koude oorlog tussen de Verenigde Staten en de Sovjet-Unie.

Het Apollo-ruimteschip werd gelanceerd door de gigantische Saturnus v-raket, die 111 meter lang was en in die tijd de krachtigste raket die ooit was gebouwd. Het eigenlijke Apollo-ruimtevaartuig bestond uit een kleine commando- en servicemodule, waarin de instrumenten van het ruimtevaartuig en de apparatuur waarmee de astronauten de schacht konden bedienen, waren ondergebracht. De servicemodule bood ook plaats aan de maanmodule, die de vorm van een insect had en uitsluitend was ontworpen om op de maan te worden gebruikt.

Bij het ontwerpen van de maanmodule, die er in tegenstelling tot de rest van het ruimtevaartuig ongelooflijk fragiel uitzag, was het niet nodig om aandacht te besteden aan de aërodynamische aspecten. Hieruit kan dan ook de eigenaardige vormgeving worden verklaard.

Bij latere Apollo-vluchten zou de lunar rover worden ingezet. Dit voertuigje met vierwielaandrijving klapte zichzelf uit vanuit de maanmodule en kon een topsnelheid van elf kilometer per uur bereiken.

Spaceshuttle

PERIODE: 1981

ONTWERPER: NASA

De spaceshuttle is opgebouwd uit
drie hoofdcomponenten: de satelliet,
de verbonden startraketten en de externe brandstoftank. Op dit moment
is de spaceshuttle het enige ruimtevaartuig dat geschikt is voor hergebruik. Het toestel wordt gelanceerd
door middel van een horizontale druk
van 2,7 miljoen kIlugram, waarna
twee minuten later de twee verbonden
startraketten zijn opgebrand en van
de satelliet wegvallen, zes minuten
daarna gevolgd door de enorme
externe tank, die eveneens wegvalt.
Wanneer de spaceshuttle in een baan
om de aarde is aanbeland, wordt het
toestel bediend via het *orbital
manoeuvring system*. De shuttle kan
onderdak bieden aan maximaal tien
personen en wordt gebruikt voor
het uitvoeren van wetenschappelijke
experimenten en de lancering van
satellieten.

Wanneer de missie is voltooid,
keert de shuttle terug in de atmosfeer. De onderkant van het ruimtevaartuig, waar de hitte het hevigst is,
is bekleed met ongeveer 23.000
hittebestendige keramische tegels
om het toestel te beschermen tijdens
de terugkeer. Met uitgeschakelde
motoren glijdt de shuttle ten slotte
als een vliegtuig terug naar het aard-
oppervlak.

Specialized Stumpjumper

PERIODE: 1981

ONTWERPER: Mike Sinyard (geb. 1949)

FABRIKANT: Specialized, Morgan Hill, Californië, vs

Sinds het midden van de jaren zeventig heeft de introductie van de mountainbikes en ATB's het grootste aantal innovaties op het gebied van technologie en ontwerp in de historie van de fiets te zien gegeven. Uit de onderzoeken naar fietsen waarop hogere snelheden kunnen worden behaald, in combinatie met een enorme duurzaamheid en een extreem laag gewicht, is een bloeiende branche ontstaan met bedrijven die zich hebben toegelegd op de productie van speciale versnellingsapparaten, pedalen, banden en vooral uiterst geavanceerde frames. In het bijzonder op het gebied van de frameontwerpen heeft de materiaaltechnologie – door de ontwerpexperimenten met koolstofvezels, ultralichte legeringen en metalen als aluminium en titanium – verbazingwekkende vorderingen geboekt.

De firma Specialized werd in 1974 opgericht door Mike Sinyard en had tegen het eind van de jaren zeventig een reputatie opgebouwd als een van de innovatiefste fabrikanten van mountainbikes. In 1981 bracht Specialized, naar aanleiding van een aantal indrukwekkende ontwikkelingen die zich met name op het gebied van de bandentechnologie hadden voorgedaan, de Stumpjumper op de markt, 's werelds eerste in massa geproduceerde mountainbike.

In 1983 richtte Specialized het eerste professionele raceteam voor mountainbikes op, dat veel successen zou boeken. De ervaringen die Specialized opdeed door deel te nemen aan wedstrijden, hebben bijgedragen aan een schier oneindig aantal innovaties in de productie van fietsen en accessoires, zoals bijvoorbeeld helmen en bidons.

Nieuwe Kever

De oorspronkelijke vw Kever werd in de jaren dertig door Ferdinand Porsche in opdracht van Adolf Hitler ontworpen. In 1981 waren er wereldwijd twintig miljoen exemplaren van deze auto geproduceerd – en alleen al in de Verenigde Staten vijf miljoen –, waarmee de Kever voor altijd legendarisch was geworden. De opvolger van de oude Kever maakte z'n debuut als *concept car* op de Detroit Motor Show van 1994 en werd gepresenteerd als prototype van een vw Polo. Volkswagen was van plan zich duidelijker te profileren in de Verenigde Staten en onderzoek had uitgewezen dat de oorspronkelijke Kever, die in Amerika *Beetle* wordt genoemd, nog steeds een positieve identiteit en herkenningsfactor bezat voor Amerikaanse autogebruikers. Ten langen leste werd dan ook de beslissing genomen om van de nieuwe Volkswagen een nieuwe Kever te maken – met dezelfde lijnen en compacte vorm, maar ook met uiterst moderne technische specificaties. Toen de wagen in 1998 uiteindelijk werd gepresenteerd, werd de nieuwe Kever de lieveling van het publiek en binnen een paar weken zou er zoveel vraag naar de auto's zijn dat ze voor abnormaal hoge prijzen van eigenaar wisselden. Een nieuw tijdperk van *Beetlemania* was begonnen.

Net als z'n voorganger is de nieuwe Kever uiterst herkenbaar en heeft hij de voorpagina's gehaald en lyrische kritieken ontvangen. De nieuwe Kever, als vervoermiddel nu al klassiek geworden, is met zekerheid een auto voor het nieuwe millennium.

PERIODE: 1998

FABRIKANT: Volkswagen

DEEL 9

letters

SPORT 90 AFFICHE

MUSEUMAFFICHE

DANKZIJ DE DIGITALE desktoptechnologie is typografie een essentieel facet van het design en zijn toekomst geworden. Het was de eerste richting binnen de vormgeving die een revolutie onderging als gevolg van de computer. Ooit bestond er voor typografie maar weinig belangstelling, maar tegenwoordig stelt deze discipline enkele belangrijke aspecten van vormgeving ter discussie: de aard van creativiteit, het voortbestaan van ambachtelijke vaardigheden en de netelige kwestie van originaliteit. Tegenwoordig zijn grafische vormgevers niet langer anonieme techneuten, maar bekende kunstenaars. En het zijn niet alleen de ontwerpers die de typografie opnieuw hebben ontdekt; ook anderen onderzoeken de mogelijkheden van dit vakgebied via hun computers. Na tien jaar technologische revolutie heeft de Macintoshcomputer van Apple het terrein van de onbegrensde typografische mogelijkheden voor ons allemaal toegankelijk gemaakt.

In de twintigste eeuw heeft de typografie veel stijlwisselingen ondergaan, van de helderheid van de internationale Zwitserse stijl tot het hallucinerende expressionisme van de psychedelica. De zoektocht naar uitdrukkingsmogelijkheden voor nieuwe ideeën is altijd de gemeenschappelijke noemer geweest, terwijl ieder lettertype toch ook een eigen karakter en expressief vermogen heeft gehad. In de eerste jaren van de twintigste eeuw probeerde de typografie, net als de architectuur en de meubilering, de negentiende eeuw met zijn decoratieve vormen van zich af te schudden. In de beeldende kunst werd typografie vaak gebruikt in kubistische schilderijen en in dadaïstische experimenten met poëzie. In de jaren twintig introduceerden Bauhausontwerpers zoals Herbert Bayer eenvoudige schreefloze

lettervormen die een uitdrukking waren van de nieuwe tijd. Deze experimenten waren een internationale trend: Edward Johnston werkte in Engeland, Paul Rand in de Verenigde Staten en Adrian Frutiger in Zwitserland.

In de jaren na de Tweede Wereldoorlog kwam de enige belangrijke Europese typografische stroming uit Basel, de zogeheten Zwitserse school. De ontwerpers uit deze richting keken terug naar Bauhaus en benaderden het probleem om een typografie voor de nieuwe tijd te ontwikkelen op een rationalistische manier. Deze aanpak kan worden gezien als een zoektocht naar orde, rede en vrede. Na de chaos van de oorlog was het niet zo verwonderlijk dat Europese grafische ontwerpers de weg naar de toekomst wilden uitstippelen langs lijnen van orde en eenheid. Zij dachten werkelijk dat ze universele en onveranderlijke standaarden voor de typografie hadden opgesteld. Ook in andere landen ging men op zoek naar het nieuwe. De Verenigde Staten gingen een tijdperk tegemoet waarin een krachtige en nieuwe creatieve identiteit werd opgebouwd, die in typografisch opzicht werd weerspiegeld in het werk van Herb Lubalin en Saul Bass.

De belangrijkste technologische verschuivingen die de naoorlogse culturele revolutie mede hebben bepaald, vonden hun weerslag in de typografische vormgeving. In deze context onderging de typografische wereld een fundamentele verandering in de jaren zestig met de komst van popdesign en zijn uitdagende reactie op de tradities van het modernisme. Popdesign moest kant-en-klaar en vervangbaar, gevat en ironisch zijn, en deze uitgangspunten kwamen tot uitdrukking in de typografische experimenten in de vroege jaren zestig. In Californië in de Verenigde Staten ontwier-

EMIGRÉ MAGAZINE

pen diverse mensen, die vaak niet eens een erkende opleiding als ontwerper hadden doorlopen, popaffiches die een bewuste reactie vormden op de 'saaie', op Zwitserse leest geschoeide ontwerpen om hen heen. Ontwerpers als Stanley Mouse, Rick Griffin, Victor Moscoso en Alton Kelley werkten in de wijk Haight Ashbury in San Francisco en waren actief in de opkomende tegencultuur. Geïnspireerd door psychedelische drugs en Indiase mystiek maakten zij affiches met heldere, vloeiende kleuren. Ze bekommerden zich niet om regels van leesbaarheid, helderheid en communicatie. Onder invloed van de decoratieve lettervormen van de Weense Sezession ontwierpen zij een ingewikkelde en organische typografie waarin de leesbaarheid ondergeschikt was aan de algehele vorm van het woord.

De hoofdstroom in de Amerikaanse typografie werd gedomineerd door ontwerpers als Aaron Burns en Herb Lubalin van International Type Company (ITC). Zij pionierden met kleine letterspatiëring, drukke layouts en smalle lettertypen met grote schreven. Hiermee bepaalden zij de algehele Amerikaanse en internationale stijl in het midden van de jaren zeventig. Aan het einde van dat decennium kwam een onvermijdelijke reactie van ontwerpers uit Engeland, het westen van de Verenigde Staten en Nederland. In het klimaat van het postmodernisme lapten zij de traditionele regels aan hun laars door verschillende lettertypen naast en over elkaar heen te gebruiken en hun beeldmateriaal uit willekeurige bronnen te betrekken. De allerbelangrijkste ommekeer in de typografie deed zich echter voor als gevolg van technologische veranderingen.

Halverwege de jaren tachtig onderging de typografische wereld een revolutie door de introductie van de onafhankelijke typografische software PostScript. Door deze uitvinding van het Californische bedrijf Adobe Systems was het nu mogelijk typografische pagina's af te drukken of weer te geven via ieder uitvoerapparaat dat die taal kon lezen. De invloed van de software van PostScript werd steeds groter nu de traditionele rol van de grafische ontwerper voor altijd was veranderd. In het laatste decennium van de eeuw stond de typografie op het punt haar grootste aardverschuiving te ondergaan sinds de komst van de drukpers. De nieuwe technologie had niet alleen gezorgd voor een nieuwe manier van produceren, maar veranderde ook de wijze waarop culturele boodschappen werden verzonden en ontvangen. De computer heeft drastische wijzigingen aangebracht in de manier waarop we de visuele weergave van taal ontwerpen, gebruiken en beschouwen. Het lag voor de hand dat grafische ontwerpers zouden reageren op de ontwikkelingen die hun traditionele manier van werken bedreigden. Ze presenteerden andere, soms ook traditionele, oplossingen voor de nieuwe weg naar de toekomst. In dit opzicht deelden zij de dikwijls ervaren twintigste-eeuwse zorg dat mechanisatie tot een verdwijning van standaarden en gevestigde typografische regels leidt. Veel belangrijke grafische ontwerpers integreren tegenwoordig typografie, belettering en beeldproductie, waardoor ze meer opschuiven in de richting van de beeldende kunst dan in die van de vormgeving. Hun werk herinnert ons aan het belang van traditionele vaardigheden naast de nieuwe vaardigheden; niemand kan echter het elan van de nieuwe digitale revolutie tegenhouden.

THE FACE

LETTERTYPE DRONEA

The Deer Cry

PERIODE: 1916

ONTWERPER: Archibald
Knox (1864–1933)

De helder gekleurde, uit de hand getekende letters van Knox doen onmiddellijk denken aan de experimenten
met vrije vormen en de uit de hand
getekende lettertypen die met de
psychedelica in de jaren zestig worden
geassocieerd. Een ander aspect dat
dit werk zo uitzonderlijk maakt, is de
tendens van Knox om lettervormen
abstract te maken, terwijl er in de jaren
twintig juist een neiging tot vereenvoudiging bestond.

Archibald Knox was architect-ont-
werper uit de Arts and Craftsbeweging.
Hij is vooral bekend om zijn werk
voor het Londense warenhuis Liberty's,
waarvoor hij een opvallende verzameling metaalwaren heeft gemaakt.
Zijn activiteiten als illustrator en kal-
ligraaf genieten minder bekendheid.
De beste collectie van zijn grafische
werk is te bezichtigen in het museum
van zijn woonplaats Douglas op het
Britse eiland Man. Alle ontwerpen van
Knox waren geïnspireerd door Keltische kunst en door de natuur, zoals
te zien is in zijn illustratie voor *The
Deer Cry* uit 1916. Deze invloed wordt
in zijn kalligrafische werk zichtbaar in
de lineaire, met elkaar verweven motieven en versieringen. In de jaren
twintig produceerde Knox een hele
reeks grafische werken, waaronder
geïllustreerde boeken en kaartjes.
Aan de basis van al deze werken lag
zijn aanzienlijke kennis van en ervaring met Keltische ornamentiek. Bij
een van de technieken die hij hanteerde, tekende hij de omtrekken van
de letters met potlood, waarna hij ze
met waterverf inkleurde.

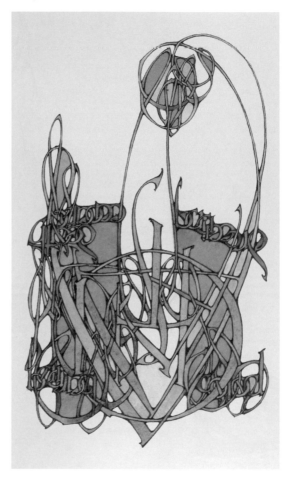

Tijdschrift Merz

De nieuwe ideeën uit de kunstwereld en architectuur begonnen rond 1910 onvermijdelijk invloed uit te oefenen op de grafische vormgeving. Net zoals de architectuur zich verzette tegen het idee dat gebouwen moesten verwijzen naar historische bronnen, begonnen ook grafische ontwerpers te experimenteren met nieuwe vormen. De Italiaanse futuristen speelden hierin een belangrijke rol.

Zij beschouwden de nieuwe typografische designrichting als een manier om 'de kracht van expressieve woorden te verdubbelen'. Kurt Schwitters was een stuwende kracht achter een andere kunstbeweging: het dadaisme. Hij gebruikte typografie om een serie beroemde collages te maken die volgens het principe van het toeval tot stand waren gekomen. Daardoor plaatste Schwitters grafische

PERIODE: 1920

ONTWERPER: Kurt Schwitters (1887–1948)

vormgeving in een kunstzinnige context en opende hij de mogelijkheid dat typografie niet uitsluitend gericht hoefde te zijn op functionaliteit en leesbaarheid.

41

Bankbiljet van miljoen mark

PERIODE: 1923

ONTWERPER: Herbert Bayer (1900–'85)

Het Bauhaus is de beroemdste design-opleiding van de twintigste eeuw geworden. Het is altijd een kleine school geweest en gedurende de veertien jaar van zijn bestaan zijn er aan deze school maar 1250 studenten opgeleid. Het Bauhaus is echter de belichaming geworden van de nieuwe modernistische benadering van design en industriële vormgeving in de twintigste eeuw. Een van de successen uit 1923 was de opdracht van de staatsbank van Thüringen om een serie bankbiljetten te ontwerpen. Vanwege de alsmaar stijgende inflatie was de productie van bankbiljetten in de Duitse Weimarrepubliek in deze tijd een expansieve bedrijfstak geworden.

Herbert Bayer was nog een jonge student toen hem werd gevraagd bankbiljetten van één miljoen, twee miljoen en twee biljoen mark te ontwerpen. Toen de biljetten op 1 september 1923 uitkwamen, was de Duitse economie volledig ingestort en waren er nog grotere coupures nodig. Bayers ontwerpen weerspiegelen de ideologie van een strikt modernistische grafische vormgeving: een directe en eenvoudige typografie, geen decoratieve elementen en krachtige horizontale en verticale lijnen. De bankbiljetten hebben een zeer individueel karakter. De experimentele benadering waarmee ze zijn ontworpen, werd mogelijk gemaakt door de unieke economische omstandigheden van dat tijdperk.

Bewegwijzering Londense metro

Edward Johnston is verantwoordelijk voor een van de bekendste huisstijlen ter wereld: de bewegwijzering voor de Londense metro. Het lettertype was gebaseerd op een ontwerp dat hij in 1916 had gemaakt voor Frank Pick, de designmanager van de openbaarvervoermaatschappij London Transport. Johnstons lettertype was bovendien het eerste Britse modernistische lettertype, dat met zijn zuivere geometrische vormen gemakkelijk leesbaar bleek en enorm populair

werd bij het grote publiek. Het was het eerste schreefloze lettertype van de twintigste eeuw en heeft grote invloed uitgeoefend op de Britse grafische vormgeving in het algemeen en op Johnstons leerling, de befaamde beeldhouwer en lettertypeontwerper Eric Gill (1882-1940) in het bijzonder. Na de Eerste Wereldoorlog breidde het Londense metronet zich in snel tempo uit en bood daardoor het Britse publiek zijn eerste, en soms enige, mogelijkheid om in contact te komen

PERIODE: 1916

ONTWERPER: Edward Johnston (1872–1944)

met moderne architectuur en vormgeving. In de jaren tachtig werd het lettertype aangepast door Banks en Miles om tegemoet te komen aan de ingewikkelder toepassingen in de jaren negentig.

Boekomslagen Penguin Books

PERIODE: 1946–'49

ONTWERPERS: Edward Young / Jan Tschichold (1902–'74)

Jan Tschichold was geboren in Leipzig in Duitsland, maar emigreerde in 1933 naar Zwitserland en verkreeg in 1942 het Zwitserse staatsburgerschap. Hij werd een van de bekendste typografen uit de vorige eeuw, en zijn grootste verdienste lag in het feit dat hij leiding gaf aan de nieuwe naoorlogse ontwikkelingen in de typografie,

maar tegelijkertijd stevig vasthield aan de traditionele modernistische principes.

De boekomslagen en het logo van Penguin Books waren oorspronkelijk in de jaren dertig ontworpen door Edward Young, de productiemanager van Penguin. In 1946 werd Tschichold in dienst genomen door Sir Allen Lane, voorzitter van Penguin Books. Hoewel hij slechts drie jaar voor de uitgever werkte, introduceerde Tschichold nieuwe normen voor de layout en vormgeving van tekst. Alles wat er in Engeland op het gebied van grafische vormgeving na de oorlog gebeurde,

is door die nieuwe standaarden beïnvloed. Tschichold slaagde erin de theorieën van het modernisme toe te passen op de praktijk van de boekproductie door de 'Penguin Composition Rules' in te voeren.

Tschichold was ook een toegewijd historicus en hij heeft meer dan twintig boeken op zijn naam staan over onderwerpen die variëren van Chinese kalligrafie en polemieken over vormgeving. In de jaren zestig werkte hij als freelance adviseur voor Zwitserse en Duitse uitgevers. In 1968 ging hij met pensioen en vestigde zich in Locarno, waar hij zes jaar later stierf.

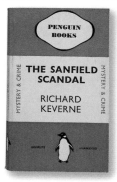

Univers

Univers Medium

ABCDEFGHIJKLMNOPQRSTUV
WXYZ 1234567890
abcdefghijklmnopqrstuvwxyz
(&:;!?"%£)

Univers Medium Italic

ABCDEFGHIJKLMNOPQRSTUV
WXYZ 1234567890
abcdefghijklmnopqrstuvwxyz
(&:;!?"%£)

Univers Bold

ABCDEFGHIJKLMNOPQRSTU
VWXYZ 1234567890
abcdefghijklmnopqrstuvwxyz
[&:;!?"%£]

Univers Bold Italic

ABCDEFGHIJKLMNOPQRSTU
VWXYZ 1234567890
abcdefghijklmnopqrstuvwxyz
(&:;!?"%£)

PERIODE: 1954-'55

ONTWERPER: Adrian
Frutiger (geb. 1928)

Het is niet verwonderlijk dat veel
Europese lettertypeontwerpers na de
chaos van de Tweede Wereldoorlog
op zoek waren naar orde en eenheid
als basis voor de toekomstige richting. Ze keken terug naar het Bauhaus
en kozen voor een rationele benadering om de typografie voor het nieuwe
tijdperk vorm te geven. Nergens kwam
deze drang beter tot uitdrukking dan
in de ontwikkeling van de internationale oftewel Zwitserse stijl, die in de
steigers werd gezet door de Kunstgewerbeschule in Zürich. De ontwerpers daar waren ervan overtuigd dat
ze bezig waren universele en onveranderlijke typografische standaarden
vast te stellen.

Ze wilden de typografie zo objec-
tief mogelijk maken. De opmaak en
het lettertype moesten 'neutraal' zijn,
zodat de informatie in de tekst niet
versluierd zou worden door de vorm
waarin de tekst was gegoten. Toen
de Zwitserse stijl, met zijn voorge-
schreven gebruik van schreefloze lettertypen, aan invloed won, werden er
hele series nieuwe lettertypen ontworpen die deze invloed weerspiegelden. Een van de belangrijkste hiervan
was Univers, een ontwerp van Adrian
Frutiger, die op jonge leeftijd was benoemd tot artistiek directeur van een
van Europa's beroemdste grafische
bedrijven, Deberny. Univers was ontworpen als een 'universeel' lettertype,
met 21 varianten – combinaties van
cursieve, smalle en vette versies in
allerlei dikte- en breedtegraden –
zodat dit ene lettertype kon worden
gebruikt voor iedere toepassing.

Mother and Child

PERIODE: 1966

ONTWERPER: Herb Lubalin
(1918–'81)

Na de Tweede Wereldoorlog werd New York de culturele hoofdstad van de wereld, wat onder meer leidde tot het ontstaan van een specifiek Amerikaanse richting in de typografie. Pas in de jaren vijftig wist een nieuwe generatie grafische ontwerpers, onder wie Milton Glaser en Saul Bass, een oorspronkelijke Amerikaanse benadering in de grafische vormgeving te ontwikkelen. De getalenteerdste ontwerper van zijn generatie was ongetwijfeld Herb Lubalin.

In vergelijking met de theoretische en gestructureerde typografie uit Europa was de Amerikaanse typografie vooral intuïtief en informeel van aard, met een vrijere, directe presentatie. Herb Lubalins decoratieve en uit de hand getekende belettering stond in schril contrast tot de formele en mechanische producten van de typografische scholen uit Zwitserland en Duitsland. Ze weerspiegelde de unieke economische welvaart en het culturele zelfvertrouwen van het Amerika uit de jaren vijftig.

Lubalin werd in New York geboren als zoon van uit Rusland en Duitsland geëmigreerde ouders. Hij studeerde typografie aan de Cooper Union School of Architecture. Als eerste onderzocht hij de mogelijkheden om typografie te gebruiken voor het uitdrukken van ideeën. Lettervormen werden objecten en beelden, en visuele eigenschappen kregen door Lubalins figuratieve typografie een nieuwe vrijheid en een ander belang.

Een van zijn beroemdste uitvindingen was het 'typogram', een soort visueel gedicht. Het bekendste voorbeeld van dit nieuwe genre is misschien nog wel het impressum dat hij in 1966 voor het tijdschrift *Mother & Child* ontwierp. Het en-teken roept het beeld op van een foetus in een baarmoeder. Deze experimenten, die gebruikmaakten van wat Lubalin 'het typografische beeld' noemde, werden grif nagevolgd in de reclame. Ontwerpers beseften welke mogelijkheden zich voordeden wanneer ze typografie gingen gebruiken om een 'woord-beeld' te creëren; hier lag een onontgonnen creatief gebied op hen te wachten. Lubalin was erin geslaagd een idee in één enkel, overtuigend stukje typografie te vatten.

Anatomy of a Murder

Saul Bass is een uit New York afkomstige ontwerper die vooral bekend is geworden om zijn vernieuwende werk voor de filmregisseurs Otto Preminger en Alfred Hitchcock. Hij studeerde tussen 1944 en 1945 grafische vormgeving op de avondschool aan het Brooklyn College, terwijl hij tegelijkertijd als freelance grafisch vormgever werkte. In 1946 verhuisde hij naar Los Angeles en richtte daar Saul Bass and Associates op. Bass ontwierp meer dan zestig logo's voor films en nog eens meer dan veertig titelsequenties. Hij staat met name bekend om zijn werk voor twee beroemde regisseurs. Voor Otto

Preminger ontwierp hij logo's en begintitels van films als *The Man with the Golden Arm* (1955), *Bonjour Tristesse* (1956) en *Anatomy of a Murder* (1959); voor Alfred Hitchcock ontwierp hij de begintitels van *Psycho* (1960), en volgens sommigen heeft hij zelfs de befaamde douchescène uit deze film geregisseerd.

Tot halverwege de jaren vijftig werden de begintitels van de Amerikaanse Hollywoodfilm altijd in vrijwel uniforme sjablonen gepresenteerd; deze werden over een statisch beeld of over de beginscène van de film getoond. Bass maakte gebruik van animatie en later van lifeaction om

PERIODE: 1959

ONTWERPER: Saul Bass (1920–'96)

grafisch weldoordachte titelsequenties te maken die de aandacht van publiek en recensenten trokken en al spoedig veelvuldig werden geïmiteerd.

Na het begin van de jaren zeventig heeft Bass weinig titelsequenties meer ontworpen, hoewel hij op verzoek van regisseur Martin Scorsese de begintitels heeft gemaakt voor diens remake van *Cape Fear* in 1991.

IBM Logo

PERIODE: 1956

ONTWERPER: Paul Rand
(1914–'96)

Paul Rand was in zijn tijd Amerika's
meest gerespecteerde grafische ontwerper Hij was geboren in New York,
begon zijn carrière als assistent-ontwerper in de studio van George Switzer
en was van 1937 tot 1941 vormgever
van de tijdschriften *Esquire* en
Apparel Arts. In de jaren veertig en
het begin van de jaren vijftig was hij
creatief directeur bij het reclamebureau William H. Weintraub en vanaf
1955 werkte hij als freelance adviseur
voor bedrijven als Cummins Engine
Company, Westinghouse Electric Corporation en IBM.

Een van Rands grootste prestaties
is dat hij de invloed van modernistische kunststromingen als het kubisme, het constructivisme, De Stijl en
het Bauhaus veiligstelde naast de
traditionele Amerikaanse grafische
vormgeving met haar symmetrische,
geïsoleerde elementen en haar narratieve illustraties. Hij begon ook te
werken met de visuele ruimte als één
geheel, waarbinnen hij tekst, kunst
en typografie integreerde. Rand
onderkende de uitdrukkingskracht
van kleur, compositie en collage en
gebruikte deze elementen om zijn
stijl te ontwikkelen. Zijn werk voor
IBM wordt beschouwd als een baanbrekende bijdrage aan de ontwikkeling van huisstijlen. Dat geldt met
name voor zijn gebruik van abstracte
en pictografische symbolen die hij
beschouwde als een gewone taal die
als schakel fungeerde tussen artistieke expressie en haar publiek.

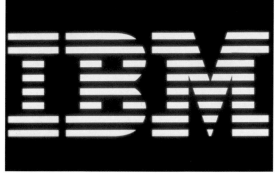

Catalogus van Galt Toys

Toen het gerenommeerde Britse meubelbedrijf Galt zich in 1961 ging toeleggen op de productie van kinderspeelgoed, nodigde het Ken Garland uit om een huisstijl te ontwerpen. Het resultaat was een van de succesvolste en opmerkelijkste huisstijlen uit de jaren zestig.

Garland behoorde tot een generatie ontwerpers die zich aansloten bij het modernisme. Deze generatie vormgevers zag in de Internationale Stijl, met zijn nadruk op minimalistische heldere lijnen en rationele systemen,

een veel adequater middel om het Engeland van de toekomst in kaart te brengen dan in de milde humor, grilligheid en nostalgie die in de jaren vijftig zo'n grote invloed op het grafische werk hadden uitgeoefend. Garland paarde technische en praktische kennis aan een vermogen om ideeën vorm te geven en informatie over te brengen. Een vroege publicatie, *The 1966 Graphics Handbook*, was typerend voor Garland en de Britse school. In het boek werden vooral de praktische kanten van de professio-

PERIODE: 1963–'64

ONTWERPER: Ken Garland (geb. 1929)

nele grafische vormgeving belicht. In bondige taal kwamen praktische onderwerpen als typografie, spatiëring en druktechnieken aan bod. Daarnaast was er aandacht voor minder voor de hand liggende communicatieve vaardigheden; zo werd benadrukt hoe belangrijk het was de telefoon aan te nemen én aantekeningen te maken!

Logo voor het Festival of Britain

PERIODE: 1948

ONTWERPER: Abram
Games (1914–'97)

Abram Games behoorde tot een generatie Britse grafische ontwerpers
die hun vakgebied nieuw leven in-
bliezen. Ze ontwikkelden een eigen
Engelse visuele identiteit die onder
meer werd gekarakteriseerd door een
milde humor en een illustratieve, decoratieve stijl die in de strenge jaren
na de Tweede Wereldoorlog erg populair was. Het bekendste voorbeeld
hiervan was het logo voor het Festival
of Britain in 1951: het logo bevatte een
gestileerd hoofd van Britannia, een
halve cirkel met wapperende vlagge-
tjes in rood, wit en blauw en cijfers in
Victoriaanse stijl als reminiscentie
aan de grote tentoonstelling uit 1851.

Abram Games werd in Whitechapel
in Londen geboren als de zoon van
een geïmmigreerde Letse fotograaf,
van wie hij een aantal grafische technieken leerde. Toen hij in 1936 een
affichewedstrijd won, trok hij de aandacht van de legendarische vormgever Ashley Havinden en begon hij
een klantenbestand op te bouwen dat
onder meer Shell en Londen Transport bevatte. In 1940 ging Games in
militaire dienst en tijdens de Tweede
Wereldoorlog ontwikkelde hij zich tot
een van de belangrijkste Britse afficheontwerpers. In 1942 werd hij aangesteld als de officiële ontwerper voor
oorlogsaffiches. In dat werk gebruikte
hij vaak surrealistische beeldtaal om
krachtige propagandabeelden te
maken, zoals in zijn beroemde serie
'Careless Talk Costs Lives'. Games'
bereidheid om de grafische taal van
de twintigste-eeuwse avant-garde te
gebruiken maakt zijn werk van blijvend belang.

Mistral

De typografie van Roger Excoffon is een integraal onderdeel van de naoorlogse Franse cultuur geworden. In heel Frankrijk zijn nog steeds voorbeelden te zien van zijn werk, en tijdens de jaren vijftig hebben Excoffon en een groep generatiegenoten, onder wie Raymond Savignac, de Franse grafische wereld nieuw leven ingeblazen. Excoffon was in 1910 in de Provençaalse stad Marseille geboren. Tijdens zijn carrière heeft hij negen lettertypen ontwikkeld en ontworpen, hoofdzakelijk voor gebruik in de reclame, maar daarnaast ook voor affiches, huisstijlen en advertentiecampagnes. Oorspronkelijk was Excoffon rechtenstudent, maar na enig aandringen mocht hij van zijn ouders een kunstopleiding in Parijs gaan volgen. Na de Tweede Wereldoorlog vestigde hij zich als grafisch ontwerper, opende zijn eigen studio in 1947 en werkte als vormgever voor het Parijse reclamebureau Urbi et Orbi. In datzelfde jaar ging Excoffon bij een familiebedrijf in Marseille werken om vormgever te worden van een kleine lettergieterij, die Fonderie Olive heette. Dankzij het commerciële succes van de letterontwerpen van Excoffon werd dit bedrijf snel een van de belangrijkste lettergieterijen van Frankrijk.

In de jaren vijftig ontwierp en produceerde Excoffon bij Fonderie Olive enkele decoratieve lettertypen, die alle een kalligrafische grondslag hadden. Ze belichaamden een elegante en zelfverzekerde benadering van de Franse typografie en drukten een verfrissend naoorlogs optimisme uit. Deze lettertypen waren Banco (1951), Mistral (1953), Diane (1956) en Calypso (1958). Ze waren niet alleen attractief, maar ook technisch gezien van uitstekende kwaliteit. Al spoedig waren ze erg populair binnen de drukkerijwereld en om die reden overal verkrijgbaar.

Excoffon baseerde het bekendste van deze lettertypen, Mistral, op zijn

PERIODE: 1953

ONTWERPER: Roger
Excoffon (1910–'83)

eigen handschrift. Het werd onmiddellijk een wereldwijd succes. Hij werkte een aantal jaren aan Mistral om de spontaniteit van het handschrift te vertalen naar een bruikbare drukletter. Excoffon zelf gebruikte deze lettertypen in een oeuvre dat de Franse grafische wereld in de jaren vijftig nieuw leven, nieuw elan en intelligentie gaf.

In de jaren zeventig had Excoffons reputatie haar glans verloren. Om allerlei redenen kwam hij alleen te staan in zijn werk en leek hij verouderd. In de laatste jaren van zijn leven liet hij het ontwerpen voor wat het was en richtte zich op schrijven en het geven van lezingen. Tot aan zijn dood in 1983 bleef hij een belangrijke figuur in de wereld van de internationale typografie.

iba

PERIODE: de jaren zestig

ONTWERPER: John McConnell (geb. 1939)

John McConnell was verantwoordelijk voor het befaamde logo van Biba. Als concept betekende Biba een koerswijziging voor de fleurige geometrie van het popdesign. Met zijn teruggrijpen op art nouveau en in het bijzonder op Keltische beeldtaal legde

McConnell een hernieuwde belangstelling voor de rijke, decoratieve traditie van het typografische design aan de dag. Biba bracht naast zijn beroemde kleding ook een reeks andere producten op de markt. Barbara Hulanicki, oprichtster van Biba, ontwikkelde hiermee in feite voor het eerst het idee van de 'lifestyle'. Zij zag dat het mogelijk was een manier van leven uit te dragen aan de hand van de producten die men kocht.

Voor het eerst verscheen een duidelijk ontwerplogo op allerlei artikelen, van make-up en parfum tot bonen in tomatensaus en zeeppoeder. Als concept voor styling was Biba zijn tijd ver vooruit en het hele idee van persoonlijke levensstijl werd pas in de jaren tachtig gemeengoed. McConnell ging in 1979 voor Pentagram werken, waar hij zijn talent voor effectieve ontwerpoplossingen kon inzetten voor uitgeverij Faber and Faber.

Bewegwijzeringsysteem voor het wegverkeer

PERIODE: 1964

ONTWERPERS: Jock Kinneir (1917–'74) en Margaret Calvert (geb. ca. 1935)

Het project waarmee de Britse typografie misschien het meest in de buurt van de Internationale Stijl kwam, was het bewegwijzeringsysteem van Jock Kinneir en Margaret Calvert. De regering wilde de bewegwijzering in Groot-Brittannië op één lijn brengen met het continentale systeem uit de jaren dertig. Nu het gebruik van snelwegen alsmaar toenam, was het zaak voor alle wegen eenzelfde systeem in te voeren. Het Ministerie van Transport stelde daartoe een commissie in, waarin onder anderen Jock Kinneir plaatsnam, die in de jaren vijftig al had gewerkt aan de bewegwijzering op vliegveld Gatwick. Kinneir en Calvert pasten een standaardlettertype van gieterij Bertold aan, maar voegden er enkele eigenzinnige en typisch Britse elementen aan toe. Zo namen ze het streepje onderaan de kleine letter 'l' over uit het font dat Johnston in 1916 voor de Londense metro had ontworpen, en ontleenden ze het ontwerp van de kleine letter 'a' aan een lettertype van Eric Gill. Toen de ontwerpen werden gepresenteerd, hadden veel mensen in plaats van de schreefloze letters liever wat conventionelere Romeinse letters voor de kapitalen gezien. Het gebruik van een schreefloos lettertype, de hiërarchische structuur ter ordening van de informatie en de kleurcodering zijn duidelijk modernistische elementen. Aan de andere kant missen de borden de haast uitdrukkingsloze helderheid van de Zwitserse stijl en hebben ze zo'n typisch Britse uitstraling dat ze wel eens de nationale Britse huisstijl worden genoemd.

Museumaffiche

PERIODE: 1982

ONTWERPER: Wolfgang
Weingart (geb. 1941)

De eerste serieuze typografische
experimenten met de nieuwe postmodernistische esthetica komen uit
verrassende hoeken. Een van die ver-
rassingen is het werk van Wolfgang
Weingart in Basel, dat indertijd het
centrum van de formele Zwitserse stijl
was. In zijn werk probeerde Weingart
het formalisme van de Internationale
Stijl te ondermijnen, en door zijn activiteiten wist hij de moderne grafische
vormgeving nieuw leven in te blazen.
Weingarts benadering was expressief,
intuïtief en experimenteel. Het affiche
voor het Gewerbe Museum in Basel
typeert zijn werk. Hij speelt hier met
de spatiëring tussen woorden en letters, met verschillende diktegraden
en gelaagde beelden. Deze middelen
werden alom geïmiteerd en zouden
in de jaren tachtig tot de clichés van
de postmodernistische vormgeving
behoren.

Weingart geeft nog steeds les
aan de Kunstgewerbeschule in Basel,
waar hij ook zelf zijn opleiding heeft
genoten. Hij heeft vooral invloed uitgeoefend door zijn werk als docent,
en minder via zijn oeuvre. Met name
in de periode dat hij als gastdocent
werkzaam was aan de Cranbrook
Academy bij Detroit in de Verenigde
Staten, heeft hij een hele generatie
grafische ontwerpers geïnspireerd om
te experimenteren met een nieuwe
benadering van de typografie. Een van
Weingarts bekendste leerlingen is
April Greiman, en via haar is de invloed van Weingart doorgedrongen
tot de Amerikaanse westkust, waar een
new wave van Californisch design is
ontstaan.

Kaleidoscope

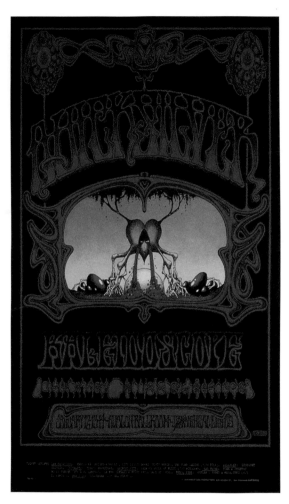

PERIODE: de jaren zestig

ONTWERPER: Rick Griffin (1944-'91)

Als puber groeide Rick Griffin in de jaren vijftig op in de Californische surfcultuur, met haar eigen unieke muziek en kleding. Griffin studeerde daarna een korte tijd aan de opleiding CalArts in Los Angeles, maar van het begin af aan had hij een hekel aan eenvoudige, moderne typografie en goede smaak. In 1965 vertrok hij dan ook naar San Francisco, waar hij bij het beroemde Fillmore Auditorium en de Avalon Ballroom affiches ontwierp voor rockbands.

Griffin nam enthousiast deel aan de nieuwe drugcultuur en de experimentele tegencultuurmeetings van schrijver Ken Kesey. De invloed van deze ervaringen is terug te vinden in zijn opmerkelijke stijl: bizarre beelden, slangen, schedels, insecten, excentrieke sciencefictionfiguren en Hell's Angelsmotieven. Het effect van LSD op Griffins werk bleek uit zijn gebruik van heldere en intense kleuren die met elkaar vloekten, maar toch goed in balans waren. In de jaren zestig herintroduceerde Griffin kleur als een geldig medium voor grafische expressie. Het nieuwe popaffiche werd de volmaakte uitdrukking van de nieuwe drugcultuur.

Griffins werk belichaamt ook de psychedelische afkeer voor leesbare typografie. De teksten op zijn affiches zijn nauwelijks te lezen. Griffin ging ervan uit dat de mensen, als het beeld maar opwindend genoeg was, niet alleen de moeite zouden nemen de tekst te ontcijferen maar ook plezier zouden beleven aan dit proces.

Bewegwijzering Berlijnse metro

PERIODE: 1990

ONTWERPER: Erik Spiekermann (geb. 1947) MetaDesign

De modernistische traditie in de grafische vormgeving verdween niet in de jaren tachtig, maar hield stand naast de nieuwe experimenten met technologie. Het rationale werk dat Erik Spiekermann uitvoerde voor het bewegwijzeringsysteem van de Berlijnse metro, is een goed voorbeeld hiervan. Na de val van de Berlijnse Muur moest het openbaar vervoer in de stad een nieuw systeem voor reizigersinformatie krijgen, en MetaDesign kreeg de opdracht om de bewegwijzering en plattegronden van een nieuwe huisstijl en een nieuw logo te voorzien. Het werk was zo'n succes dat het openbaarvervoerbedrijf

aan MetaDesign vroeg een huisstijl te ontwerpen voor alle aspecten van zijn systeem. Op dit moment werkt Metadesign aan het ontwerp van volledig interactieve informatiekiosken ten behoeve van de reiziger.

Erik Spiekermann heeft aan het einde van de jaren zestig een opleiding als kunsthistoricus gevolgd aan de Freie Universität van het toenmalige West-Berlijn, waar hij een kleine drukkerij oprichtte. In de jaren zeventig werkte hij in Engeland, maar in 1983 keerde hij terug naar Berlijn en begon een eigen studio, MetaDesign. MetaDesign trok enkele van de getalenteerdste jonge Europese ontwerpers aan, zoals Jan van Toorn en Max Kisman, en ontpopte zich als een soort katalysator voor nieuwe ideeën. Spiekermann heeft ook een goede naam gekregen als schrijver over grafische vormgeving en typografie; zijn

bekendste boek *Rhyme & Reason: A Typographical Novel* is een handboek voor typografische ontwerpers. Meta-Design ontwerpt huisstijlen voor bedrijven als H. Berthold AG, de Deutsche Bundespost, Apple en heeft in 1991 de dienstregeling voor het Berlijnse vervoerbedrijf ontworpen. In zijn benadering van typografisch design koppelt Spiekermann respect voor geschiedenis en traditie aan een engagement met nieuwe technologie.

In 1988 heeft Spiekermann met zijn vrouw Joan FontShop International opgericht, een bedrijf dat lettertypen op de markt brengt. Het bedrijf geeft zowel radicaal werk uit als meer commerciële lettertypen; daartoe behoort ook MetaDesigns eigen font Meta, dat momenteel een van de populairste elektronische lettertypen is en alom wordt gebruikt voor bewegwijzeringsystemen en tijdschriften.

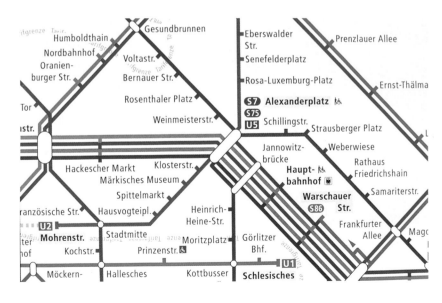

Affiche Cranbrook School of Art

PERIODE: 1985

ONTWERPER: Katherine McCoy (geb. 1945)

CLIENT: Cranbrook School of Art, Michigan, vs

Katherine McCoy is niet alleen ontwerpster, maar ze vertegenwoordigt ook een nieuwe houding ten opzichte van typografie en grafische vormgeving, die tot uitdrukking komt in het werk van de docenten en studenten van een kleine Amerikaanse ontwerpopleiding, de Cranbrook Academy of Art in Michigan. Het is een van de invloedrijkste designopleidingen ter wereld. De school staat een intellectuele benadering van het vakgebied voor en probeert een sfeer te creëren waarin er ruimte is voor experiment.

In 1971 nam het echtpaar Katherine en Michael McCoy het beheer van de grafische opleiding over. Zij zetten een onderwijsprogramma op waarbij de nadruk lag op theorie en analyse. Het curriculum concentreerde zich op 'het zuiver syntactische aspect van de typografie van structuur en vorm, inclusief semantisch onderzoek en semantische analyse'. In de jaren zeventig kwam er een interactie op gang tussen de theorie van het postmodernisme en de grafische vormgeving. De onderzoeksideeën van Cranbrook en de kritische literatuur binnen het postmodernisme vormden samen de basis voor een nieuwe vormentaal voor het grafische design. Semiotiek en het werk van Claude Levi-Strauss leverden bijvoorbeeld een theoretische grondslag voor de grafische vormgeving. In Cranbrook werden studenten door deze theorieën aangemoedigd om met lagen tekst en beeld te werken. De belangrijkste studenten, onder wie April Greiman en Jeffrey Keedy, hebben na hun afstuderen gezorgd voor een verspreiding van deze benadering.

Punkblad Sniffin' Glue

PERIODE: 1977

ONTWERPER: Mark Perry

Een van de belangrijkste kenmerken van de Britse punkbeweging in de jaren zeventig was de doe-het-zelf-houding. Het idee dat vormgeving uitsluitend het terrein was van ontwerpers en ontwerpbureaus kwam onder vuur te liggen door een nieuwe benadering van muziek, mode en vormgeving, die de methoden van de gevestigde praktijk ter discussie stelde. Een van de uitingsvormen van deze nieuwe attitude was een reeks fanbladen die gemaakt waren met behulp van eenvoudige technieken als knippen-en-plakken, uit de hand getekende belettering, primitieve logo's, afgeknipte foto's en fotokopiëren. Honderden van dergelijke fanbladen verschenen, waarvan *Sniffin' Glue* het bekendst was. De oplagen van deze tijdschriften waren klein en hun levensduur kort, maar de invloed ervan bleef niet beperkt tot de ondergrondse tegencultuur. Eén klein fanblad, *i-D*, gemaakt door vormgever Terry Jones, maakte de overstap naar de reguliere markt en werd in de jaren tachtig een groot succes. Hierdoor kwamen deze technieken internationaal in de belangstelling te staan en werden ze door vormgevers in de hele wereld overgenomen en gebruikt.

Platenhoes voor de Sex Pistols

Het meest in het oog springende product van de Britse punkbeweging in de jaren zeventig was misschien wel het chaotische knip-en-plakwerk van de ontwerpen die Jamie Reid maakte voor de platenhoezen en affiches van de Sex Pistols. Al zijn werk had – en heeft – een politieke ondertoon.

In 1970 zette Reid in Croydon een wijkblad op, genaamd *Suburban Press*. Bij de vormgeving van dit blad gebruikte hij ideeën die hij had opgepikt van de Franse situationistische beweging die in de jaren zestig met behulp van politieke slogans en kunst het establishment had ontwricht. Deze experimenten lagen aan de basis van zijn werk als vormgever voor de Sex Pistols vanaf 1975. Reids grafische vormgeving was gebaseerd op willekeurig bij elkaar geplakte krantenletters, vloekende kleuren en politieke slogans, en vormde de volmaakte visuele expressie voor de Britse punk. Zijn stijl was bedoeld voor platenhoezen, maar werd hoe

PERIODE: 1977

ONTWERPER: Jamie Reid (geb. 1940)

langer hoe meer opgenomen in de hoofdstroom van de grafische vormgeving. Reids benadering leverde visuele iconen op voor de culturele revolutie die de punkbeweging aan het einde van de jaren zeventig teweegbracht.

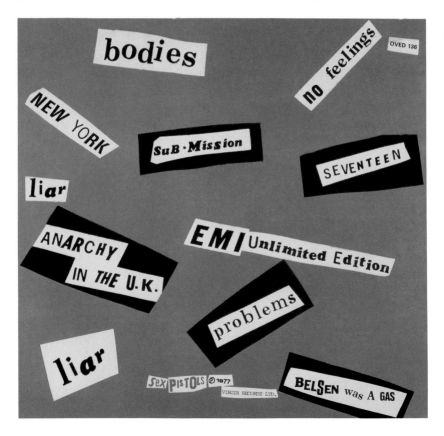

Emigré Magazine

PERIODE: 1986

ONTWERPERS: Zuzana
Licko (geb. 1961) en Rudy
VanderLans (geb. 1955)

Zuzana Licko heeft zich als een van
de eerste typografische vormgevers
beziggehouden met het gebruik van
lettertypen die op en voor de Apple
Macintosh zijn ontworpen. Ze is in
Bratislava in het huidige Slowakije
geboren, en haar familie emigreerde
in 1968 naar de Verenigde Staten.
Toen ze nog op de universiteit zat,
ontmoette ze de Nederlandse ontwerper Rudy VanderLans, met wie ze in
1983 trouwde. Samen met VanderLans
zette ze in 1986 het designadviesbu-
reau Emigré op, en met zijn tweeën
ontwierpen en produceerden ze het
cultmagazine met dezelfde naam,
een tijdschrift voor experimentele
grafische vormgeving. Ze kochten
hun eerste Apple Mac om hun kunst-
tijdschrift te maken, maar beseften al
spoedig dat ze met behulp van de
Mac ook lettertypen konden ontwerpen. Ze begonnen hiermee omdat ze
zich stoorden aan het lelijke bitmap-
effect dat optrad wanneer traditionele lettertypen werden weergegeven
via de toenmalige lageresolutie-
printers en -beeldschermen. Naarmate
computers geavanceerder werden,
wisten Licko en VanderLans ook hun
lettertypeontwerpen te verbeteren.
Toen ze zich eenmaal realiseerden dat
ze hun ontwerpen gemakkelijk konden kopiëren en verkopen, begonnen
ze naast hun tijdschrift *Emigré* ook
hun lettertypen uit te geven. In 1986
richtten Licko en VanderLans Emigré
Fonts op om digitale lettertypen voor
lageresolutiesystemen, zoals Emigré,
Emperor en Universal, op de markt te
brengen.

The Face

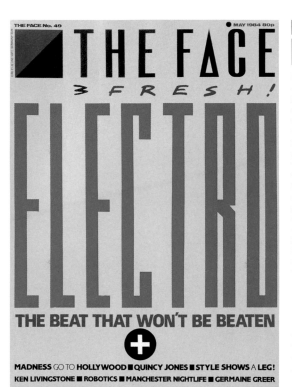

PERIODE: 1986

ONTWERPER: Neville Brody
(geb. 1957)

Neville Brody is de bekendste Britse
ontwerper, en zijn werk – in het bijzonder zijn lettertype Brody – bepaalde de grafische stijl van de jaren
tachtig, niet alleen in zijn eigen land,
maar ook daarbuiten. Brody was in
Southgate in het noorden van Londen
geboren en ging in 1976 grafische
vormgeving studeren aan het London
College of Printing (LCP). Het LCP stond
toentertijd bekend om zijn gediscipli-
neerde, vakgerichte aanpak die was
gebaseerd op de allesoverheersende
modernistische Zwitserse orthodoxie
uit de jaren zeventig. Brody voelde
zich niet echt thuis in deze onderwijs-
kundige cultuur. Hij typeerde de di-
dactiek als 'traditioneel stampwerk
van regeltjes uit een boek'. In 1979,
het jaar waarin hij afstudeerde, was
de punkrevolutie in volle gang en
Brody begaf zich in de Londense wereld van clubs en tijdschriften.

Wie toen wilde weten wat de nieuwe stijltrends waren, hoefde maar
twee tijdschriften bij te houden: *i-D*
van Terry Jones en vanaf 1981 *The
Face*, oorspronkelijk ontworpen door
Brody. Deze tijdschriften werden van
New York tot Tokio met groot enthousiasme gelezen. Vanaf zijn allereerste
ontwerpen voor *The Face* had Brody
een cultstatus verworven. Zijn ideeën
over paginaopmaak en typografisch
ontwerp hadden een frisse, radicale
en vernieuwende uitstraling. Zo gebruikte hij bijvoorbeeld symbolen en
logo's als een soort wegwijzers om
de lezer door de pagina's heen te
loodsen. Brody creëerde een vocabu-
larium voor het toenmalige tijdschrift-
design door onder meer handgeschreven tekens en zijdelings geplaatste
tekst te gebruiken. Dit omslag van
The Face is het enige omslag dat uitsluitend tekst en geen foto bevat.

Lettertype Uck N Pretty

PERIODE: 1992

ONTWERPER: Rick Valicenti
(geb. 1958)

Uck N Pretty is een decoratief lettertype dat de als deconstructionist ge-
typeerde Rick Valicenti in 1992 heeft
ontworpen voor het vierde nummer
van het tijdschrift *Fuse*. Hij studeerde
in 1973 aan de Bowling Green State
University af op het vak tekenen en
ging vervolgens naar de University of
Iowa om daar in 1975 zijn Masters-
titel in de fotografie te halen. In 1988
startte hij in Chicago zijn bedrijf
Thirst, oftewel 3st. Uitgangspunt van
deze groep was het creëren van 'Art
With Function', zoals hij het zelf
noemde. In de jaren negentig heeft
Thirst zich binnen de Amerikaanse
grafische wereld ontwikkeld tot een
zeer gerespecteerd bedrijf.

Valicenti werkt samen met Ark
Rattin, die in 1988 aan de Northern
Illinois University afstudeerde in visuele communicatie, en in 1990 als
fotograaf. Ze maken geestige compo-
sities met woorden en werken met
lagen tekst en beeld; in hun benadering tonen ze meer humor en ironie
dan de meeste van hun tijdgenoten.
Tot hun klanten behoren onder andere het Japanse cosmeticaconcern
Shiseido, het Museum of Science and
Industry in Chicago en de Lyric Opera,
eveneens in Chicago.

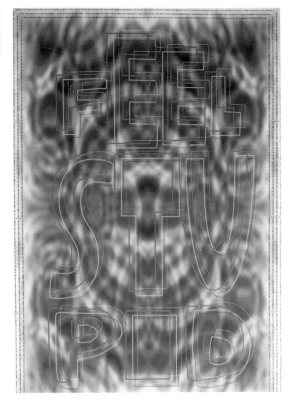

Tentoonstellingsaffiche

PERIODE: 1995

ONTWERPER: Designers
Republic, Sheffield,
Engeland

Designers Republic is een Brits grafisch bedrijf uit Sheffield, dat in 1986
door Ian Anderson (geboren 1961) is
opgericht en zich heeft gespecialiseerd in werk voor de muziekindustrie. Anderson was in 1982 als filosoof
aan de Sheffield University afgestudeerd en had geen enkele formele
grafische opleiding genoten. Hij was
echter in de muziekwereld werkzaam
geweest, dus de overstap naar het
ontwerpen van platenhoezen was
niet geheel onlogisch. De oorspronkelijke leden van Designers Republic
waren Nick Philips, Helen Betnay,
Dave Smith, Nick Bax, John Crossland
en Bette Anderson; tegenwoordig bestaat het team uit Michael Place (geb.
1967), Roger Coe (geb. 1969) en
Vanessa Swetman (geb. 1965). Al het
werk van de studio wordt overigens
gewoon gepubliceerd onder de naam
Designers Republic. Tot de klantenkring behoren onder andere Pop Will
Eat Itself, Age Of Chance, Cabaret
Voltaire, Guerrilla Records en Chakk.
De anarchistische benadering van
Designers Republic, waarvan de hier
afgebeelde litho een voorbeeld is,
komt ook naar voren in de persberichten: 'Automartelaren op de wielen
van Staalstad laten van zich horen' of
'Sanyo – Vooruit! Onvermoeibare
Designers Republic – De strijd der kogelvrije icoongiganten. Designers
Republic: een nieuw en gebruikt
stukje paradijs'.

Hun werk is tentoongesteld in het
Museum Boijmans Van Beuningen in
Rotterdam en in het Victoria and
Albert Museum in Londen. In het
voorjaar van 1993 heeft de Mappin
Art Gallery in Sheffield een overzichtstentoonstelling van hun werk georganiseerd onder de titel 'Designers
Republic: New and Used'.

Affiche tentoonstelling Sport 90

PERIODE: 1990

ONTWERPER: Malcolm Garrett (geb. 1956)

In de jaren tachtig werd de naam van Malcolm Garret in één adem genoemd met die van Peter Saville en Neville Brody. Zij werden beschouwd als de drie meest vernieuwende grafische vormgevers in Engeland. Garret was al heel vroeg in zijn carrière in de ban van de computer geraakt en hij werd steeds enthousiaster over de mogelijkheden van interactieve media en desktoppublishing. Sport 90 betekende een ommekeer in zijn loopbaan. Voor deze tentoonstelling moest hij een catalogus, affiches, bijschriften en een interactieve gids ontwerpen. Omwille van dit project verdiepte hij zich in nieuwe softwareprogramma's: QuarkXpress voor de paginaopmaak, Adobe Illustrator voor de belettering en HyperCard van Apple om de interactieve tentoonstellingsgids te ontwerpen. De vorm van de cijfers op het affiche doen denken aan atletiekbanen. Het doel van de tentoonstelling was het recreatieve aspect van sport te combineren met het meer competitieve en technologische aspect.

Garret is geboren in Northwich in Cheshire in Engeland. Hij studeerde typografie en psychologie aan de Reading University en grafische vormgeving aan de Manchester Polytechnic. Na zijn opleiding richtte hij het designbureau Assorted Images op en kreeg in 1983 gezelschap van zijn partner Kasper de Graaf. In 1977 werkte hij aan platenhoezen en promotiemateriaal voor Buzzcocks, een punkband uit Manchester. Daarnaast heeft hij huisstijlen ontworpen, de vormgeving voor tentoonstellingen en tv-programma's verzorgd en opdrachten voor de literatuur- en muziekbranche uitgevoerd. In 1997 is hij benoemd tot hoogleraar aan het London Institute.

AN EXHIBITION ABOUT DESIGN AND SPORT

SPORT 90

DESIGN MUSEUM · 6 APRIL – 27 MAY
BUTLERS WHARF SHAD THAMES LONDON SE1 2YD · 071-407 6261
11.30 - 6.30   CLOSED MONDAY   £2, £1   TOWER HILL ◆   LONDON BRIDGE ◆ FERRY FROM TOWER PIER

Ray Gun

De Amerikaan David Carson heeft met zijn specifieke gebruik van typografie en beeld in de jaren negentig een enorme invloed uitgeoefend op de grafische vormgeving. Hij vestigde zijn reputatie met zijn werk voor het tijdschrift *Ray Gun*. Carson heeft oorspronkelijk sociologie gestudeerd en is een autodidact op het gebied van grafische vormgeving; hij maakt deel uit van de Californische *new wave*. Hij is begonnen als tijdschriftdesigner, en heeft met zijn eerste project, *Beach Culture*, wereldwijd meer dan honderd prijzen in de wacht gesleept voor zijn vernieuwende ontwerp. Het Amerikaanse blad *i-D* heeft Carson uitgeroepen tot een van de meest innovatieve ontwerpers in de Verenigde Staten, een status die Carson met zijn recentere werk voor *Ray Gun* heeft waargemaakt. Dit tijdschrift voor visuele kunst verwierf in snel tempo een cultstatus onder jonge grafische vormgevers over de hele wereld.

Carsons bemoeienis met dit tijdschrift is gestopt. Hij heeft tegenwoordig een eigen studio met klanten als Nike, MTV, David Byrne, Kentucky Fried Chicken, Sony en Pepsi, dat in 1994 een door Carson ontworpen reclamecampagne heeft gevoerd. Carson werkt ook voor Tony Kaye Films als regisseur voor reclame- en videofilms. Hij geeft in de hele wereld lezingen over typografie.

PERIODE: de jaren negentig

ONTWERPER: David Carson (geb. 1958)

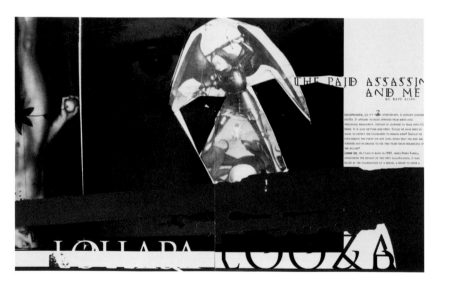

FloMotion en Niwida

PERIODE: FloMotion 1990

ONTWERPER: Peter Saville (geb. 1955)

PERIODE: Niwida 1991

ONTWERPER: Erik van Blokland (geb. 1967)

In de zomer van 1990 ontwikkelden Neville Brody en schrijver Jon Wozencroft een concept voor een nieuw digitaal tijdschrift, *Fuse*. In ieder nummer werd de actuele situatie van de digitale taal en communicatie ter discussie gesteld en kregen vier vormgevers een uitnodiging om een nieuw lettertype te ontwerpen. *Fuse* heeft de discussie geopend over de richting en de functie van het lettertypeontwerp in het postdigitale tijdperk. De revolutionaire benadering van het tijdschrift was een stimulans voor de jonge honden van de typografie om lettertypen voor de volgende generatie te ontwerpen.

Fuse bood een forum en een dialoog voor de nieuwe typografische revolutie. Wat misschien nog belangrijker was, *Fuse* verscheen in de vorm van een diskette met copyrightvrije lettertypen, die door de gebruiker met een minimum aan apparatuur konden worden bewerkt; een gewone Apple Macintosh was al voldoende om naar hartelust aan de aangeboden fonts te kunnen sleutelen. De enige beperking vormde het schijfgeheugen. *Fuse* bood ontwerpers en designstudenten mogelijkheden tot experimenteren om producenten te laten nadenken over de toepassingen van hun producten. Het tijdschrift bracht de veranderingen aan taal in het postelektronische tijdperk in kaart en onderzocht de mogelijkheden van de computer.

FloMotion

ABCDEFGHIJKLMN
OPQRSTUVWXYZ
abcdefghijklmnopqrst-
uvwxyz (:;!'')

Niwida

Lettertype Drone

THIS IS
DRONE

NO 666

FOR TEXT
WITHOUT
CONTENT

NO 90210

TYPEFACES BASED ON PRIMITIVE
HISPANIC CATHOLIC LETTERING

PERIODE: 1995

ONTWERPER: Jonathan Barnbrook (geb. 1966)

Jonathan Barnbrook ontwerpt lettertypen voor het computertijdperk in de traditie van de eenzame kunstenaar: als een van de weinige bekende ontwerpers werkt hij niet via bedrijven als *Fuse* of *Emigré*. Tot zijn lettertypen behoren Bastard en Manson, een klassiek geproportioneerd font dat op zijn tekeningen van kerken is gebaseerd. Het is in een wat afgezwakte vorm gebruikt in de reclamecampagne voor het condoommerk Femidom. Vanaf die tijd zijn Barnbrooks opvallende lettertypen in een aantal reclameadvertenties gebruikt en hebben ze een unieke bijdrage geleverd aan de hedendaagse reclamevormgeving. Barnbrook studeerde tussen 1985 en 1988 aan de St Martin's School of Art in Londen voordat hij zijn mastersopleiding aan de Royal College of Art voltooide. Nog tijdens zijn studieperiode werkte Barnbrooks met Why Not Associates samen aan de postordercatalogus Next, en ook toen gaf hij al blijk van zijn experimentele aanpak.

Barnbrooks decoratieve lettertypen worden momenteel zeer veel gebruikt in de grafische vormgeving. In de toekomst zullen ze net zozeer de jaren negentig van de twintigste eeuw vertegenwoordigen als de lettervormen van Charles Rennie Mackintosh dat doen voor de jaren negentig van de negentiende eeuw.

Televisiespot voor Radio Scotland

PERIODE: 1993

**ONTWERPER: Tomato,
Engeland**

Het in februari 1991 opgerichte Tomato wordt beschouwd als de grote vernieuwer op zijn terrein. De tien ontwerpers van de groep vormen een los maar zeer coöperatief samenwerkingsverband, dat zich ten doel heeft gesteld de grenzen van onderlinge samenwerking en gebruikte methode te doen vervagen en te overstijgen. Tot de leden behoorden onder anderen John Warwicker (geb. 1955), Simon Taylor (geb. 1965), Dylan Kendle (geb. 1971), Dirk van Dooren (geb. 1959), Graham Wood (geb. 1965), Jason Kedgley (geb. 1969), Greg Rood, Karl Hyde, Steve Baker en Richard Smith. De meningen over de iconoclastische aanpak van Tomato zijn erg verdeeld, maar het bedrijf heeft over erkenning en commerciële belangstelling niet te klagen: grote ondernemingen als Pepsi, MTV en Nike behoren tot hun klanten. De leden van Tomato refereren aan gebieden die buiten de grenzen van de traditionele typografische vormgeving liggen. Het gevolg hiervan is dat hun conceptuele taal niet gemakkelijk door concurrenten kan worden overgenomen.

Via een tv-commercial moest Tomato proberen luisteraars te winnen voor Radio Scotland. Op ingenieuze wijze werd gesproken taal – clips uit de programma's – met bewegende ondertitels gecombineerd.

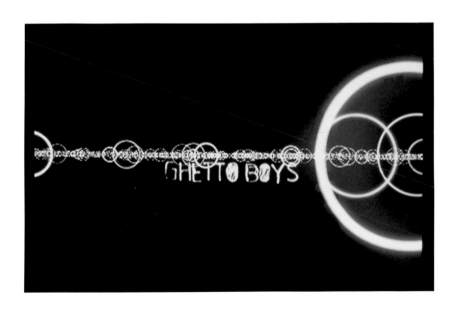

Web Site

De website voor de Saatchi and Saatchi Award for Innovation in Communication ging in het najaar van 1997 van start. Er was een team samengesteld uit leden van het nieuwe adviesbureau voor mediadesign AMX, geleid door Malcolm Garrett, en de artistieke directeuren van Saatchi and Saatchi in Londen. Het team moest een site ontwerpen die in technisch opzicht vernieuwend en in creatief opzicht stimulerend was, maar toch voor alle bezoekers gemakkelijk toegankelijk. De kern van het navigatiesysteem van de site is de afbeelding van een brein, dat symbool staat voor de oorsprong van alle menselijke creativiteit. Door het brein te 'scannen' krijgen bezoekers toegang tot informatie over de prijsvraag en hoe ze eraan kunnen deelnemen, of kunnen ze meer lezen over de juryleden, onder wie schrijver William

Gibson, performancekunstenares Laurie Anderson, wetenschapper James Burke en astronaut Buzz Aldrin.

Het meest inspirerende deel van de site wordt misschien wel gevormd door de webpagina's waarop on-line-demonstraties van enkele recente uitvindingen worden getoond. Het gaat hier om ontwerpen die zelf de prijs hadden kunnen winnen als de prijsvraag eerder zou zijn ingesteld. Via een afgewogen gebruik van technologieën als Real Video, Real Audio en Shockwave Flash worden uitvindingen als de Micromap en de opwindbare radio op visueel treffende wijze tot leven gebracht. Bezoekers kunnen ook interviews met de uitvinders lezen of beluisteren; ze leggen uit hoe ze hun prototypen hebben ontwikkeld en gaan nader in op de filosofie achter hun uitvinding.

PERIODE: jaren negentig

ONTWERP EN PRODUCTIE: AMX Studios

KLANT: Saatchi and Saatchi

DEEL 10

verpakkingen

SUN MAID RAISINS

TETRA-PAK TROPICANA

VERPAKKINGEN SPELEN IN ieders leven een belangrijke rol. In de twintigste eeuw kreeg de westerse consument door de moderne verpakkingstechnieken de beschikking over voedingsmiddelen en andere artikelen die in een nagenoeg perfecte staat verkeerden. In dit verband is het vermeldenswaardig dat in West-Europa en de Verenigde Staten minder dan drie procent van het voedsel verloren gaat, terwijl in de minder ontwikkelde landen soms wel de helft van al het voedsel bedorven is voordat het de consument bereikt. Goede verpakkingen kunnen er ook toe bijdragen dat de prijs van producten laag gehouden kan worden, doordat ze een verlaging van de kosten voor transport, distributie, opslag en bederf met zich meebrengen. Naast de functionaliteit, hebben verpakkingen in de twintigste eeuw ook een aantal bijzonder creatieve ontwerpen te zien gegeven die niet alleen de producten beschermden, maar ook een positieve uitwerking op de verkoopcijfers hadden. De verpakking is méér dan alleen de buitenkant waarin we onze voedingsmiddelen en alledaagse levensbehoeften naar huis dragen. Het is ook het krat en de pallet waarop de producten tijdens de distributie worden gegroepeerd, en de container waarin de groepen in grotere vrachten bijeen worden gebracht om te kunnen worden vervoerd. Ten slotte speelt de verpakking ook nog een belangrijke rol in het sociale verkeer: de verpakking van cadeautjes maakt deel uit van de wijze waarop relaties totstandkomen en we onze liefde en genegenheid voor iemand uitdrukken. In sommige landen, zoals bijvoorbeeld Japan, vormt de verpakking ook een belangrijke indicatie van iemands status en maatschappelijke positie, die een vastomlijnde gedragscode verlangen en wezenlijke elementen van de Japanse cultuur zijn.

De geschiedenis van de moderne verpakking kan worden herleid tot de uitvindingen uit de negentiende eeuw. In Frankrijk werd voor het eerst geëxperimenteerd met het conserveren van vlees, groenten en fruit in luchtdichte glazen potten. Omstreeks 1850 werd een manier ontdekt om langs machinale weg conservenblikken te fabriceren en meteen werd duidelijk dat hiervoor ook een markt was: voedsel voor het leger. Hierna zouden voedingsmiddelen in blik uitgroeien tot vlugklaargerechten die door de mensen thuis konden worden gegeten. In de Verenigde Staten nam de visindustrie het voortouw en bouwde haar eigen conservenfabrieken, en ook daar zouden na 1850 allerlei soorten fruit en groenten in blik op de markt komen. De producenten kregen al snel door dat een aantrekkelijk etiket of een opvallende verpakking de omzet ten goede kwam en uit deze periode stammen dan ook vele voorbeelden van klassieke etiketten en dozen, zoals Lea and Perrins, Colman's mosterd, Campbell's soepen, Quaker havermout en Kellogg's cornflakes.

Een nieuw materiaal dat in de twintigste eeuw werd geïntroduceerd, was kunststof, dat een enorme invloed op de geschiedenis van de verpakking zou uitoefenen en dat vaker dan enige andere soort wordt toegepast. Het voordeel van kunststoffen is dat ze licht van gewicht zijn, eenvoudig in allerlei complexe vormen gegoten kunnen worden en daarbij het gebruik van heldere kleuren mogelijk maken. Recentelijk werden er verschillende hoogwaardige afwerkingstechnieken ontwikkeld, waardoor de heersende voorkeur voor glas als verpakkingsmateriaal onder vuur is komen te liggen. Een ander groot voordeel van kunststofverpakkingen is dat ze kunnen worden uitgeknepen – tandpasta in een plastic tube is hiervan het traditionele voorbeeld. Iets

EIERDOOS

MATES-CONDOOMVERPAKKING

korter geleden werd deze markt verder uitgebreid met onder meer ketchup, kaas en andere hartige producten. Andere kunststofinnovaties hadden betrekking op de nieuwe PET-fles van kunststofpolymeer, die vanaf 1970 een revolutie teweegbracht op de markt voor frisdranken. Onlangs is men ook het kunststofpolymeer PEN gaan testen, dat geschikt zou zijn om hete substanties in te bewaren. Ook aluminiumfolie is een betrekkelijk nieuw verpakkingsmateriaal, dat toegepast wordt voor zoutjes en voor de nieuwe technologie van verpakkingen met afwijkende atmosferische omstandigheden. Hierbij wordt bijvoorbeeld een vleesproduct in plasticfolie verpakt, waarna er aan de lucht binnenin de verpakking stikstof wordt toegevoegd en zuurstof wordt onttrokken. Door deze bewerking wordt de houdbaarheidsperiode van het product verlengd van een aantal dagen naar soms wel twee weken.

In de tweede helft van de twintigste eeuw hebben de verpakkingen voortdurend aan veranderingen blootgestaan onder invloed van nieuwe technologie, computer-aided design, demografische veranderingen en wisselende consumentenbehoeften. Steeds meer mensen kozen ervoor alleen te wonen, waardoor de ontwikkeling van eenpersoonsmaaltijden werd gestimuleerd, terwijl de traditionele maaltijd in gezinsverband werd verdrongen door de kant-en-klaargerechten. Deze wegwerpcultuur werd weliswaar hevig bekritiseerd door de milieulobby, maar niettemin zouden de veranderende eetgewoonten en de voedingsrevolutie in de jaren tachtig van grote invloed zijn op de verpakkingswijze van veel luxevoedingsmiddelen, zoals olijfolie, pasta en sauzen.

Een van de grootste uitdagingen waarvoor de ontwerpers van verpakkingen zich vandaag de dag zien geplaatst, zijn de bezwaren van de milieubewegingen, die wijzen op de ontoelaatbare mate van verspilling van natuurlijke hulpbronnen die de verpakkingsindustrie met zich meebrengt. Een van de recente veranderingen is de introductie van systemen voor hergebruik, een concept dat voor bijvoorbeeld Groot-Brittannië en Frankrijk niet nieuw is, omdat in Engeland de melk nog vaak in flessen door de melkboer huis-aan-huis wordt bezorgd en in Frankrijk sommige wijnen in navulflessen worden verkocht. Daarnaast waren er bedrijven als de Body Shop, die navulbare flessen voor shampoo en cosmetica op de markt brachten. Een geheel nieuw idee is echter de mogelijkheid van hergebruik in huishoudelijk verband. Door een intensiever gebruik kan het aantal verpakkingen voor wasmiddelen en wasverzachters worden gereduceerd. De toonaangevende wasmiddelenfabrikanten produceren tegenwoordig twee verschillende versies van hun producten: de ene in een stevige verpakking, de andere in een dunne zak die een besparing van zeventig procent op de grondstoffen mogelijk maakt. De klant koopt nu nog maar één keer de duurzame verpakking en vult deze verder thuis aan met vloeibaar wasmiddel of waspoeder uit een zak. Ook voor de verpakking van babyluiers wordt dit systeem toegepast. In dat geval levert de navulverpakking zelfs een afname van tachtig procent op ten opzichte van de grondstoffen die voor de initiële verpakking worden gebruikt. De reductie van de verpakkingen is ook van invloed op de hoeveelheid grondstoffen die voor andere producten benodigd is. Zo bestonden tandpastatubes vroeger uit metaal, terwijl de moderne exemplaren geheel van kunststof worden vervaardigd, waardoor een besparing op de verpakking van zo'n dertig procent wordt bereikt.

ARTLANTIC-WIJNETIKETTEN

DAZ WASMIDDELZAK

Sun Maid-rozijnen

PERIODE: voorbeeld uit de jaren negentig

Sun Maid, een producent van Californische rozijnen, gebruikt als productnaam een voor de hand liggende, maar wel leuke woordspeling: de aantrekkingskracht van een natuurlijk, zongerijpt product ('sun-made') wordt gekoppeld aan een van gezondheid blakend zongebruind meisje ('sun maid'). De traditionele illustratiestijl van de verpakking bleef de hele twintigste eeuw populair en zou voor de consument onlosmakelijk verbonden blijven met waarden als traditie en kwaliteit. Het aaneengesloten succes van dit merk kan ook worden toegeschreven aan de aanpassingen van de verpakking aan de steeds veranderende levensstijl van de consument. Voorbeelden hiervan zijn de introductie van de miniverpakking, speciaal voor het boterhamtrommeltje van kinderen, en de bewerking van Marvin Gayes hit 'I Heard it Through the Grapevine', inclusief dansende rozijntjes als stripfiguurtjes, waarmee Sun Maid zich richtte op de markt voor kinderen.

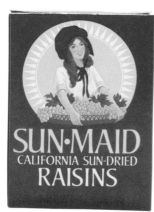

Colman's-mosterd

Sommige verpakkingen zijn zo onlosmakelijk verbonden met een bepaald artikel dat ze zelfs symbool gaan staan voor het product. De mosterdverpakking van het in 1823 te Norwich opgerichte bedrijf J. and J. Colman is hier een goed voorbeeld van. Door het gebruik van mosterdgeel in combinatie met het karakteristieke stierenkop-handelsmerk op de mosterdverpakking werd Colman's onmiddellijk een groot succes.

Colman's toonde inzicht te hebben in een van de essentiële uitgangspunten voor de vormgeving van verpakkingen: de vitale rol van de kleur voor de identificatie met het product door de klant. Door de levendige gele

PERIODE: voorbeeld uit ca. 1905

kleur herkenden Colman's klanten het product al voordat ze de stierenkop hadden gezien. Het consequente gebruik van deze kop betekende dat Colman's haar marktpositie in de loop der jaren heeft weten te continueren.

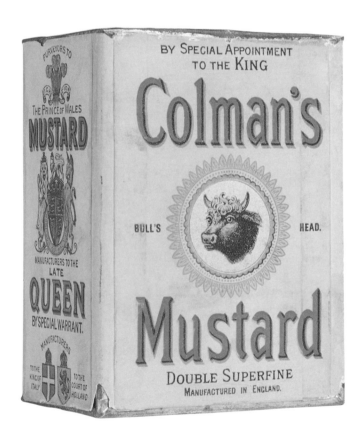

Quaker-havermout

De Quaker Mill Company uit het Amerikaanse Ohio produceerde in 1877 voor het eerst de inmiddels beroemde Quaker-havermout, compleet met het direct herkenbare Quaker-embleem. Voor Amerikanen verbeeldde het tegenwoordig zo vertrouwde plaatje van de patriarchale quaker een belangrijke boodschap. In een land dat zich erop beroemde een toevluchtsoord te zijn voor non-conformistische religieuze groeperingen, werden de quakers beschouwd als een groepering die oude waarden als oprechtheid en eerlijke handel hooghield. Met zo'n krachtig image is het dan ook niet verrassend dat Quaker Oats, toen het in 1890 verkocht werd aan de American Cereal Company, uitgroeide tot hun bestverkopende merk en in 1900 zelfs verantwoordelijk zou zijn voor het wijzigen van de firmanaam in Quaker Oats Company. Een van de interessantste vernieuwingen op marketinggebied die het bedrijf introduceerde, is het traditioneel geworden gratis geschenk bij een pak havermout. In de eerste jaren van de eeuw wist de firma veelbelovende klanten aan zich te binden met aanbiedingen, zoals bijvoorbeeld havermoutkommen die na overleg van het vereiste aantal verpakkingscoupons gratis ter beschikking werden gesteld. Deze strategie bleek zo'n succes te hebben dat vele anderen ertoe over gingen deze aanpak te kopiëren. In 1904 zou Quaker Oats inmiddels een heel assortiment speciale aanbiedingen van huishoudelijke of persoonlijke items in petto hebben voor de klant die het vereiste aantal Quaker-logo's instuurde.

Kellogg's-cornflakes

De cornflakes luidden het begin in van een voedingsgigant die de twintigste-eeuwse uitvinding van het instant-ontbijt zou domineren. In 1894 introduceerde Dr. John Kellogg zijn gedroogde maïsvlokken voor zieken, een licht, droog ontbijt waarvan werd aangenomen dat het gemakkelijk verteerbaar zou zijn. Hij had ook al snel door dat dit product ook mogelijkheden bood voor een bredere markt. In gezelschap van zijn jongere broer Will, met wie hij in 1898 was gaan samenwerken, nam hij in 1906 de verkoop van Kellogg's Toasted Corn Flakes ter hand, compleet met de legendarische slogan: None genuine without this signature. De opvallende handtekening van W.K. Kellogg werd gepresenteerd als een garantiebewijs en dit gevoel van vertrouwen werd nog versterkt door de eenvoudige verpakking die de consument informatie over de kwaliteit van de inhoud bood.

Kellogg's verkocht z'n ontbijt-product in kartonnen dozen. De gekozen ontwerpoplossing was eenvoudig en efficiënt: door een vouwkarton te gebruiken was het mogelijk om een doos te maken uit één stuk karton, dat in model werd gesneden en gevouwen en plat kon worden bewaard, zodat het weinig opslagruimte in beslag nam. Toen de verpakking en het ontwerp van het logo eenmaal in orde waren, begon Kellogg's uit te zien naar mogelijkheden om hun imperium en productgamma uit te breiden. In 1924 verlegde het bedrijf haar activiteiten naar Engeland en werd daar zo'n groot succes, dat de populariteit van de cornflakes een kentering in de Britse ontbijtgewoonten teweeg zouden brengen. Er zouden nog meer Kellogg's-producten op de mark komen, waaronder in 1928 de Rice Krispies en in 1952 de Sugar Frosted Flakes, het eerste graanproduct met een suikerlaagje.

Ajax-schuurpoeder

PERIODE: voorbeeld uit 1970

Het ontwerp van de Ajax-bus dateert uit de negentiende eeuw, toen verschillende voedingsproducenten begonnen te experimenteren met het concept van de luchtdichte blikken, die vooral voor beperkt houdbare producten als koekjes en tabak nodig waren. Toen dit technische probleem eenmaal was opgelost, konden producenten niet alleen hun omzet op de binnenlandse markt verhogen, maar ook hun zaken uitbreiden naar het buitenland. Sommige van de vroege blikken waren cilindrisch van vorm en werden geopend door het deksel te draaien, waarin een mesje was ingebouwd dat was ontworpen om de luchtdichte binnenfolie open te snijden. In de naoorlogse periode zou de Ajax-bus – waarin de inhoud goed droog bleef – voor de consument de belichaming vormen van de moderne verpakkingstechniek en efficiëntie.

Hoewel schuurpoeder inmiddels in het huishouden is vervangen door emulsies en schoonmaaksprays leeft de spiraalvormig omwonden kartonnen bus nog altijd voort. Door z'n stijfheid, lage gewicht en het feit dat hij maar weinig kastruimte in beslag neemt, is hij bijzonder geschikt om zoutjes in te verpakken.

Brillo-schuursponsjes

No effort, no waste, no rags, no powder. Met deze energieke slogan introduceerde de Brillo Manufacturing Company uit New York in 1913 haar nieuwe schuursponsje. De Brillo's waren ontwikkeld als schoonmaakmiddel voor een scala van moeilijke schoonmaakkarweitjes zoals vuile pannen en fornuizen. Het product

bestond uit een sponsje van staalwol waarin zeep was verwerkt die tijdens het gebruik ging schuimen, waardoor een krachtig schurend effect ontstond. Aanvankelijk werden de Brillo's op de markt gebracht in een groengekleurde doos, maar in de jaren vijftig werd deze vervangen door een rood exemplaar. In de jaren zestig zou de Brillo-

PERIODE: voorbeeld uit de jaren vijftig

verpakking – samen met het Campbell's-soepblik – door Andy Warhol worden gereproduceerd en uitgroeien tot een befaamd popartkunstwerk.

Campbell's-soepblik

In 1869 begon Joseph Campbell in zijn fabriek in New Jersey met het inblikken van soep en in 1898 zou hij de blikken met het karakteristieke roodwitte etiket op de markt brengen. Campbell's was niet de eerste firma die gekleurde etiketten gebruikte voor conservenproducten; tegen het eind van de negentiende eeuw werden ze al op groot schaal in de Verenigde Staten toegepast. Het ontwerp van het Campbell's-blik heeft echter wel stand weten te houden. De soepen waren direct een succes en zijn vandaag de dag nog steeds toonaangevend op de Amerikaanse markt voor soep in blik. Campbell's-soep bleek zelfs zo'n begrip te zijn geworden, dat Andy Warhol de etiketten in de jaren zestig gebruikte als thema voor een serie beroemde popart-afbeeldingen. Het gebruik dat Warhol van dit product maakte, leidde ertoe dat de verpakking een belangrijke positie zou gaan innemen in de geschiedenis van de kunst in de twintigste eeuw.

KitKat

De KitKat-chocoladewafel uit 1935, genoemd naar een berucht achttiende-eeuws dranklokaal voor heren, is een product van het quaker-familiebedrijf Rowntree en werd aanvankelijk verkocht onder de naam Chocolate Crisp. Rowntree werd opgericht in de jaren tachtig van de negentiende eeuw en bracht gekonfijte snoepjes en doosjes chocolade op de markt.

De naam KitKat had weliswaar een historische lading, maar riep ook associaties op met het jazztijdperk. Vanaf 1935 zou de KitKat uitgroeien tot de populairste chocoladereep in Engeland en naar alle delen van de wereld worden geëxporteerd.

Het succes van de KitKat is onlosmakelijk verbonden met de vernieuwende verpakking – de foliewikkel

PERIODE: voorbeeld uit 1937

om de chocolade met daaromheen de papieren buitenverpakking – en het feit dat deze kenmerkende verpakking nu al meer dan zestig jaar ongewijzigd zou blijven.

Eierdoos

De geperste kartonnen eierdoos is een van de vertrouwdste algemeen voorkomende verpakkingsvormen van de twintigste eeuw. De verpakking bood een eenvoudige maar effectieve oplossing voor het op de markt bren gen van een van oudsher kwetsbaar voedingsproduct, dat voortaan zon der veel plaats in beslag te nemen in de provisiekast of de kuelkast kon worden bewaard. Hoewel er tegenwoordig op grote schaal kunststofversies van de doos in omloop zijn, bieden deze niet dezelfde mate van bescherming voor de eieren, die in dat geval extra moeten worden beschermd met noppenfolie. Het succes van de kartonnen variant wordt wel bewezen door het feit dat niemand er ooit in is geslaagd om met een geschikte opvolger voor dit 'lowtech' product op de proppen te komen.

Melkfles

PERIODE: voorbeeld uit de jaren vijftig

Veel Britse huishoudens maken nog steeds deel uit van een van 's werelds succesvolste systemen voor verpakkingsrecycling: de huis-aan-huis-bezorging door de melkman die zijn ronde doet. Vroeg in de ochtend wordt de melk al aangeleverd in de traditionele glazen flessen en worden de lege flessen weer gewoon meegenomen om te worden schoongespoeld en opnieuw te worden gebruikt. Aanvankelijk werden de flessen nog afgesloten met karton doppen, maar in de jaren dertig zouden deze worden vervangen door exemplaren van aluminium. De fles zelf evolueerde van een hoog model met brede hals, zoals op deze foto, naar de huidige compactere en wat gedrongener fles. Door de jaren heen heeft men het gewicht van de fles steeds verder omlaag weten te brengen zonder dat dit ten koste ging van de betrouwbaarheid, waardoor het mogelijk werd flink te besparen op de materialen en benodigde energie.

Omdat de flessen gerecycled en opnieuw gebruikt worden, moet het glas vanzelfsprekend bestand zijn tegen hergebruik. De glazen melkfles is meer dan alleen een verpakking: hij is onlosmakelijk verbonden met een waardevolle vorm van dienstverlening aan de consument. Het is dan ook ronduit spijtig dat de toekomst van de traditionele melkfles wordt bedreigd door het toenemende gebruik van kunststofflessen uit de supermarkt en Tetra-verpakkingen.

wc-eend

PERIODE: voorbeeld uit 1985

Steeds vaker proberen producenten hun merk een eigen gezicht te geven door een unieke vormgeving voor de buitenverpakking te gebruiken, die net als een handelsmerk of logo wettelijk kan worden gedeponeerd. Vooral kunststoffen zijn bijzonder geschikt voor dit onderdeel van de industriële vormgeving. Kunststofverpakkingen zijn uiterst licht van gewicht en kunnen in iedere willekeurige vorm, grootte of kleur worden gegoten. Deze veelzijdigheid heeft geleid tot een groot aantal vernieuwende verpakkingsvormen. Een beroemd voorbeeld vormt de gebogen wc-spuit die bekend werd onder de naam wc-eend. Deze fles, die wordt geproduceerd door Johnson Wax, heeft een vorm die prettig in de hand ligt en een gebogen 'eendennek' die het gebruik heel eenvoudig maakt. Om het verwijt van de glasfabrikanten te weerleggen dat kunststofverpakkingen nooit echt kwaliteit zullen uitstralen, zijn de ontwerpers zich in de afgelopen tijd gaan buigen over een aantal verschillende afwerkingsmogelijkheden voor kunststoffen.

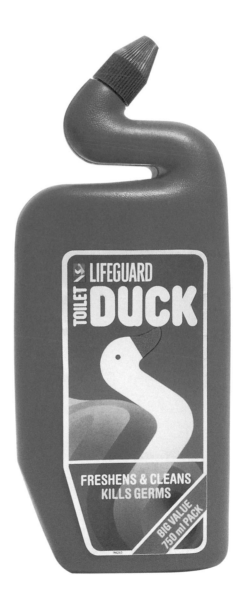

Jif Lemon

PERIODE: voorbeeld uit 1954

ONTWERPER: W.A.G. Pugh

Voor veel mensen is de Jif Lemon het ultieme verpakkingsontwerp: functioneel, makkelijk in het gebruik en uiterst herkenbaar. In Engeland was de Vastenavond niet compleet als de karakteristieke citroen van Jif niet op tafel stond om het jaarlijkse pannen-koeken-met-stroop-festijn luister bij te zetten. De citroen werd ontworpen door W.A.G. Pugh en in 1956 door Colman's op de markt gebracht. Door de duidelijk herkenbare vorm en de 'knijpbaarheid' zou de Jif Lemon een gigantisch succes worden. De citroen was een van de eerste voedingstoe-passingen voor gegoten polytheen en verving de glazen fles als verpakkingsmiddel voor citroensap.

In de jaren vijftig zouden kunst-stofverpakkingen nieuwe mogelijkheden op het gebied van vormgeving en innovatie gaan bieden, zoals bijvoorbeeld de tandpastatube. Een ander voorbeeld dat opvallend geliefd is bij de consument, is de knijp-fles van kunststof die voor een breed assortiment producten wordt gebruikt. Aan de vormgeving van de Jif Lemon zou gedurende meer dan veertig jaar nauwelijks iets veranderen.

Coca-Colafles

PERIODE: voorbeeld uit
1915

Veel producenten zijn van mening dat
de vormgeving vaak het meest concurrerende aspect van een product is.
In de supermarkt kan een product
aan de vorm worden herkend en het
is gemakkelijk om te kunnen adverte-
ren met een opvallende vormgeving.
De beroemdste verpakkingsvorm aller
tijden is misschien wel de Coca-Colafles. Hoewel de meeste Coca-Cola tegenwoordig in blikjes en kunststofflessen over de toonbank gaat, is er
in de advertenties voor Coca-Cola
nog altijd een hoofdrol weggelegd
voor de fles. De golvende contouren
daarvan zijn nog steeds bepalend
voor het product.

Het was Dr. John Pemberton, een
drogist uit Atlanta, die in 1886 de
samenstelling van Coca-Cola bedacht
en een jaar later zou Willis Venables,
barman in een drugstore in Atlanta,
de eerste zijn die voor vijf dollarcent
per glas Coca-Colasiroop mixte met
koolzuurhoudend water. Drie jaar later
zouden alle rechten op het product
worden verkocht aan Asa Chandler,
die eigenaar was van een farma-
ceutisch bedrijf. Aanvankelijk werd
Coca-Cola getapt, maar in 1894 werd
het product ook in de fles verkrijgbaar. Het verhaal gaat dat Pemberton
toen aan zijn boekhouder vroeg om
het beroemd geworden geschreven
handelsmerk te creëren.

De vormgeving van de klassieke
Coca-Colafles ontstond vanaf 1915,
toen de Zweedse ingenieur Alex
Samuelson die voor de Root Glass
Company uit Terre Haute in Indiana
werkte, de gewelfde vorm van de
cacaoboon overnam uit een tekening
in de *Encyclopedia Britannica*. In
1920 zou de uiteindelijke versie van
dit ontwerp, vervaardigd uit groen
glas uit Duitsland, en in afgeslankte
vorm om bestaande bottelmachines
te kunnen gebruiken, gepatenteerd
en in productie genomen worden.

7up-kunststoffles

PERIODE: voorbeeld uit
1985

In de jaren zestig werd polyethyleen voor het eerst gebruikt voor de fabricage van kunststofflessen. In het volgende decennium zou dit gebruik toenemen door de ingebruikname van de goedkopere flessen uit polyethyleen-terephtalate (PET) voor koolzuurhoudende dranken.

Vóór de opkomst van de kunststof PET-flessen waren frisdranken alleen te koop in relatief dure glazen flessen en kleine blikjes. Een van de directe gevolgen van de introductie van de PET-flessen was dat de verkoopcijfers voor het thuisgebruik van frisdranken als 7up stegen, doordat de consument nu grotere hoeveelheden voor een lagere prijs kon inkopen.

Daarnaast zijn bedrijven recentelijk ook overgestapt op de productie van kleine PET-flessen, die een imitatie zijn van hun grotere en duurdere concurrenten. Zo heeft bijvoorbeeld de PET-fles van Coca-Cola dezelfde vormgeving als de klassieke glazen colafles.

Budweiser-bierfles

Het grootste biermerk ter wereld had
haar succes in Amerika te danken aan
de vroege overstap op koelingsappa-
ratuur. Hierdoor werd het mogelijk
om het Budweiser-bier ook te verkopen in plaatsen die op grote afstand
van de brouwerij lagen, waardoor
Budweiser haar faam als het nationale Amerikaanse biermerk kon vestigen. Budweiser werd voor het eerst
op de markt gebracht in 1876 en was
genoemd naar de plaats Budweis in
Bohemen, waar de grondleggers van
de brouwerij, de families Anheuser
en Busch, oorspronkelijk vandaan
kwamen. Het rood-wit-blauwe etiket
zou in de loop van de twintigste
eeuw weliswaar verschillende wijzigingen ondergaan, maar de gedetailleerde Victoriaanse stijl zou steeds
worden gehandhaafd.

De fles met lange hals die hier is
afgebeeld, werd oorspronkelijk alleen
gebruikt voor de lokale Texaanse
markt, maar door het succes van een
aantal Mexicaanse importmerken die
ook deze vorm hadden, zou de long-
neck steeds vaker ook voor andere
markten worden gebruikt.

Lucky Strike-sigarettenpakje

PERIODE: voorbeeld uit 1942

ONTWERPER: Raymond Loewy (1893–1986)

De meeste verpakkingsontwerpen kunnen niet aan één persoon worden toegeschreven. De Lucky Strike-pakjes vormen hierop echter een uitzondering. Vormgever Raymond Loewy was niet alleen een vermaard ontwerper, maar hield zich ook bezig met de vormgeving van verpakkingen. Het merk Lucky Strike werd in 1917 op de markt gebracht door de American Tobacco Company, die was opgericht door James Buchanan Duke. Vanaf het moment van introductie werd het motief van de rode schietschijfroos op de pakjes afgebeeld en Lucky Strike was al een gevestigde naam toen het in 1942 aan Loewy vroeg – met de bedoeling om de verkoopcijfers op te schroeven – om de verpakking opnieuw vorm te geven. Hij zou hier ook in slagen, onder andere door de groene achtergrond te vervangen door een witte. Hierdoor werd het kenmerkende logo op de verpakking versterkt en kwam het beter tot haar recht. Het woord *cigarettes* werd voortaan onderaan de verpakking geplaatst in een art deco-letter.

Planters-pindaverpakking

Uiterst licht en flexibel, dat zijn de redenen waarom folie tot zo'n belangrijk materiaal is uitgegroeid voor de moderne verpakkingen voor voedingsmiddelen. Sinds de jaren zestig, toen er voor het eerst zakjes gedroogde soep en koffie werden geproduceerd, wordt aluminiumfolie als verpakkingsmateriaal gebruikt. In de jaren tachtig zou de ontwikkeling van kwalitatief hoogstaande printtechnieken voor aluminiumfolie tal van nieuwe ontwerpen in de schappen van de supermarkten tot gevolg hebben. Deze ontwerpen zorgden voor een toegevoegde waarde bij verschillende luxe zoutjes die in het kader van de steeds groter wordende verscheidenheid aan verkrijgbare voedingsmiddelen op de markt verschenen. De pinda's van Planter werden niet als dertien-in-een-dozijn-pinda's aangeprezen: Planter maakte gebruik van een speciaal roosterprocédé en diverse kruiden om te smaak te verbeteren, en bijgevolg ook om de prijs op te schroeven. Hoewel de folieverpakkingen aanvankelijk alleen uit aluminium werden vervaardigd, kan tegenwoordig met allerlei soorten gewalst metaal een folie-effect worden bereikt.

Tetra-pak Tropicana

PERIODE: voorbeeld uit de jaren negentig

Het tetra-pak werd in de jaren vijftig ontwikkeld door een Zweeds bedrijf. Dit revolutionaire pak, dat oorspronkelijk alleen voor melk werd gebruikt, werd vervaardigd uit een papieren koker die met regelmatige tussenruimten tot een piramidevormige verpakking werd samengeknepen. De gebruiker hoefde vervolgens alleen nog maar een hoekje van de verpakking af te snijden om de vloeistof te kunnen uitschenken.

Doordat het tetra-pak in de jaren vijftig en zestig steeds vaker zou worden gebruikt, kreeg de verpakking uiteindelijk toch een meer traditionele rechthoekige vorm. In de jaren na 1970 zou het tetra-pak uitgroeien tot een bijzonder populaire verpakking voor melk – het ging zelfs een serieuze bedreiging vormen voor de traditionele glazen melkfles – en andere vloeistoffen, zoals bijvoorbeeld het hier afgebeelde vruchtensap. Tetra-pakken worden ook gebruikt voor vloeibare voedingsmiddelen, zoals sausen en soepen, en als navulbare verpakkingen voor bijvoorbeeld wasverzachters.

Vanzelfsprekend gebruikt Tropicana het tetra-pak ook om de inhoud aan te prijzen: door de natuurlijke ingrediënten als prachtige vruchten in levendige kleuren af te beelden, wordt op de verpakking een vers, gezond en kleurig beeld van een verfrissende drank gecreëerd.

FedEx-postpakketten

PERIODE: voorbeeld uit 1995

ONTWERPER: Lindon Gray Leader (geb. 1949)

Federal Express, het bekendste koeriersbedrijf van Amerika, expedieert postorderbestellingen en belangrijke documenten over de gehele wereld. In Europa en de Verenigde Staten, waar het postordersysteem goed is ingeburgerd in alle handelssectoren, bestaan de verpakkingen van Federal Express voornamelijk uit beschermende dozen, enveloppen en hersluitbare plastic zakken. Hun verpakkingen moeten het beeld van efficiëntie, veiligheid en snelheid bij de klant oproepen, waarbij het gebruik van een duidelijk logo de sleutel tot succes vormt.

In 1994 nam Federal Express het adviesbureau Landor Associates uit San Francisco in de arm om een nieuw ontwerp voor hun verpakkingen te ontwikkelen. Het nieuwe jasje dat Lindon Grey Leader voor het imago van Federal Express zou ontwerpen, was gebaseerd op het alledaagse taalgebruik: hij speelde in op het wijdverbreide internationale jargon dat de eigenlijke bedrijfsnaam was gaan vervangen en kortte de naam af tot FedEx. In tegenstelling tot het opvallende cursieve lettertype dat Federal Express vanaf de jaren zeventig gebruikte, bestond het nieuwe logo uit een rechtopstaande romeinletter.

McDonald's fastfoodverpakkingen

McDonald's, in 1955 opgericht in de Verenigde Staten, is een internationale keten van hamburgerrestaurants. De McDonald's-producten zijn te koop in de meeste moderne steden en worden elke dag gegeten door 26 miljoen mensen. McDonald's produceert voedsel als een industrieel product. Hun doelstelling is standaardisatie en kwaliteit, waarbij de verpakking als

een wezenlijk onderdeel van hun succes wordt beschouwd. Een goed voorbeeld van de McDonald's-visie vormt de verpakking voor de Franse frietjes. Het kartonnen schepdoosje is ontworpen om overvol te lijken, maar kan slechts een exact bepaalde hoeveelheid frites bevatten. Hierdoor verspilt het bedienend personeel geen frietjes, wat de kwantiteitscon-

trole en de winsten bevordert. De helderrode en -gele McDonald's-kleuren van het doosje hebben een positief effect op de naamsbekendheid en voegen een meerwaarde toe aan een product dat anders alleen maar een verbruiksartikel zou zijn.

Anticonceptiepil

In de jaren zestig verschenen de eerste anticonceptiepillen – aanvankelijk voornamelijk op recept en niet in de vrije verkoop – op de markt. 'De pil' was de eerste betrouwbare methode voor vrouwen om hun eigen vruchtbaarheid te kunnen regelen. In dat opzicht betekende de anticonceptiepil veel meer dan alleen een farmaceutische stap vooruit: de pil zou een ware sociale en economische revolutie teweegbrengen. De fabrikanten maakten gebruik van de nieuwe technologie van de doordrukstrips om binnenverpakkingen te ontwerpen die nauwkeurige doseerunits waren voor pillen die opeenvolgend dienden te worden ingenomen. In een poging het technologische aspect wat te verdoezelen, werden dagboekachtige, haast persoonlijke afkortingen gebruikt om de dagen aan te duiden. Ook de roze kartonnen buitenverpakking was afgestemd op de markt voor vrouwen: men ging ervan uit dat deze kleur bij hen in de smaak zou vallen en de pil gebruiksvriendelijker zou maken.

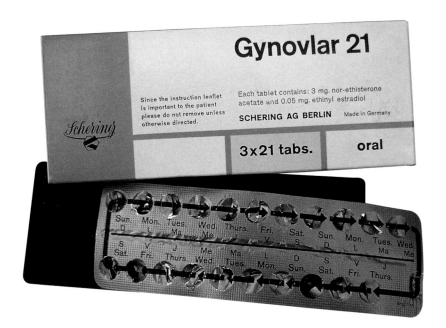

Mates-condoomverpakking

Tot in de jaren tachtig waren condooms een voorbehoedsmiddel dat je bij de apotheker of de kapper kocht of uit een automaat in een heren-wc. Door de aard van deze verkooppunten vormde het kopen van condooms vaak een probleem en was deze aanschaf per definitie aan beperkingen gebonden.

De introductie van de Mates-condooms van Ansell was het gevolg van de algemene tendens in het kader van de internationale bezorgdheid over het aids-virus om het gebruik van condooms geaccepteerder te maken. Door middel van de naam en het lettertype, die afwijken van de algemene stijl voor serieuze medische producten, werd geprobeerd om het product een eigen uitstraling te geven en de Mates tot een soort accessoire voor jonge discogangers te maken. Dit product kwam voort uit de Virgin-groep van Richard Branson, maar werd – om begrijpelijke redenen – niet onder de naam Virgin verkocht.

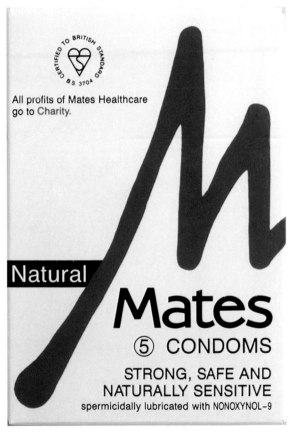

Chanel No 5 parfumfles

PERIODE: voorbeeld uit 1921

Coco Chanel was al een gevestigde naam in de Parijse modewereld toen zij in 1921 haar exclusieve parfum Chanel No 5 introduceerde. Weliswaar hadden ook andere couturiers een eigen geur op de markt gebracht, maar hun parfums bestonden hoofdzakelijk uit gemakkelijk herkenbare bloemenluchtjes. Chanel was de eerste modeontwerpster die een volledig kunstmatig parfum componeerde, met een complexe en volkomen unieke geur. Zij wilde een onafhankelijke geur voor de moderne vrouw presenteren; een tijdloos, klassiek parfum dat bij haar kleding zou passen.

Chanel kwam op dit idee nadat ze had gehoord dat er onlangs een zeldzaam zestiende-eeuws manuscript was opgegraven, waarvan werd beweerd dat het geschreven zou zijn door René de Florentijn, de persoonlijke parfumeur van koningin Catherina de Medici. Chanel No 5 werd het product van de samenwerking tussen Coco Chanel en een parfumeur genaamd Ernest Baux, met wie ze een paar jaar eerder had kennis gemaakt. De inmiddels legendarische geurcompositie van Baux was opgebouwd uit zo'n tachtig verschillende organische chemische elementen. Net als de kleding van Chanel, moest de aankleding van het parfum er elegant, eenvoudig en kostbaar uitzien – dé kenmerken van klassieke chic. Het ontwerp van de doorzichtige glazen flacon is haast streng te noemen: er werden geen decoraties op aangebracht en de productinformatie werd beperkt tot de woorden: No 5, Chanel en Paris. Chanel No 5 zou uitgroeien tot het bestverkochte parfum ter wereld. Hoewel de geur – in tegenstelling tot de Chanel-kleding – voor de meeste mensen nog wel betaalbaar is, heeft het parfum altijd een aura van exclusiviteit weten te bewaren.

L'Eau d'Issey-parfumfles

PERIODE: voorbeeld uit 1997

De parfumindustrie biedt modeontwerpers een goede gelegenheid om hun naam te gelde te maken en ook in een ander marktsegment actief te kunnen zijn. Deze industrie is een luxe en exclusieve, maar uiterst versplinterde branche, waar de verpakking – in dit geval de flacon – van essentieel belang is voor het image en het eigen gezicht van de geur. Nog steeds wordt hiervoor op grote schaal glas gebruikt, omdat dit materiaal kwaliteit uitstraalt, kristalhelder is en associaties met edelstenen oproept. Het karakter van de krachtige, plastische parfumfles van Issey Miyake wordt benadrukt door de toepassing van gegraveerd glas in een opvallende piramidevorm, die enigszins gebogen is om prettig in de hand te liggen. De massieve, zware dop is bekleed met een brede zilveren kraag en afgetopt met een klein bolletje, dat werd aangebracht om associaties met een dauwdruppeltje op te roepen. Het individuele en minimalistische uiterlijk van de flacon onderstreept de unieke Japanse benadering van mode en styling door de firma Miyake.

Ty Nant-waterfles

PERIODE: voorbeeld uit 1989

In 1988 werd, onder licentie van een Australisch onderzoeksinstituut, door een afdeling van het Engelse bedrijf UK Foods een nieuwe techniek voor het kleuren van glas geïntroduceerd, en in 1989 verscheen de stijlvolle Ty Nant-fles op de markt. Ty Nant was het eerste eigentijds verpakte merk dat een opvallende kleur glas gebruikte om een meerwaarde aan haar producten te verlenen en zich op de uiterst concurrerende markt voor tafelwater te onderscheiden. Het bedrijf is ook een van de weinige producenten ter wereld dat erin geslaagd is om een kleur-vormcombinatie als handelsmerk te deponeren. De volle blauwe kleur lijkt sterk op het blauwe glas dat vanaf de zeventiende eeuw in Bristol werd vervaardigd. De Ty Nant-fles, met de bijzonder sensuele, op de bourgogne- en champagneflessen geënte vormgeving, was oorspronkelijk bedoeld om als designaccessoire thuis op de eettafel of in een restaurant naast de fles wijn te worden geplaatst, en bezit een dure en exclusieve uitstraling.

Door de duidelijke stijl en opvallende kleur wordt de consument in staat gesteld om in één oogopslag een product te herkennen dat zonder deze kenmerken als twee druppels water op z'n concurrenten zou lijken. In 1989 werd het ontwerp van deze glazen fles onderscheiden met de British Glass Award for Design Excellence. Het tafelwater zou wereldwijd op de markt worden gebracht en bleek vooral een succes te zijn in de Arabische landen, in Italië en in Japan.

Sapporo-bierblikje

PERIODE: voorbeeld uit 1988

Sapporo werd opgericht in 1876 en is het oudste nog bestaande biermerk van Japan. Het Sapporo-bierblikje kwam in 1988 in Groot-Brittannië op de markt en zou al snel in de smaak vallen bij de designbewuste consument. Het blikje had drie opvallende kenmerken: in de eerste plaats vormde het een afspiegeling van de minimalistische esthetiek van de Japanse cultuur door het gebruik van de zwarte letters en het kleine rode sterretje, die direct op het naturelkleurige, zilveren metaal van het blikje waren gedrukt. Een tweede kenmerk dat opviel, was de getailleerde vorm van het blikje, waardoor het afweek van de doorsnee bierblikjes en eerder deed denken aan een wat eleganter bierglas. Ten slotte was het blikje, om het bierglaseffect verder te benadrukken, ook voorzien van een speciaal geconstrueerde bovenkant die in z'n geheel kon worden verwijderd, waardoor het ook als bierglas kon worden gebruikt.

Harvey Nichols-olijfoliefles

PERIODE: voorbeeld uit 1992

ONTWERPER: Michael Nash Associates, Londen, Engeland

Harvey Nichols, een van de bekendste warenhuizen in Londen, is terecht trots op haar reputatie een aantal van de beste designproducten ter wereld in huis te hebben. In het begin van de jaren negentig startte het bedrijf haar eigen restaurant en supermarkt om een bijdrage te leveren aan de nieuwe voedingscultuur die zo bepalend is geworden voor onze moderne eetgewoonten. Harvey Nichol haakte in op de groeiende vraag naar 'designer-food', ontwikkelde verpakkingen voor een aantal kenmerkende elementen van de nieuwe lifestyle, zoals koudgeperste olijfolie, zongedroogde tomaatjes en handgemaakte pasta, en presenteerde deze met net zoveel aandacht en zorg als de cosmetica-industrie besteedt aan crèmes en parfums. Bij de hier afgebeelde fles werd gebruikgemaakt van abstracte 3D-effecten om de koudgeperste olijfolie op dezelfde wijze als een goede wijn te verpakken. Deze aandacht voor details komt ook tot uiting in de kwaliteit van de grafische vormgeving en het ontwerp van het etiket.

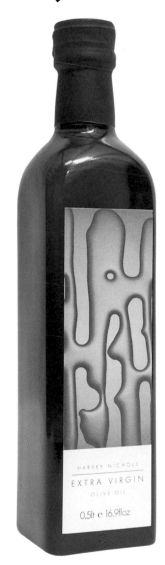

Artlantic-wijnetiket

PERIODE: voorbeeld uit 1995

Fabrikanten hebben altijd al de mogelijkheden van etiketten onderkend om de bijbehorende producten te doen opvallen in de winkelschappen. In de jaren tachtig werd een tendens zichtbaar waarin het etiket tot kunst werd verheven, toen beroemde kunstenaars en illustrators werden aangezocht om hun werk op deze manier te presenteren. Een bekend voorbeeld hiervan was de serie bieretiketten in een beperkte oplage van de Duitse brouwer Becks, met onder andere een aantal foto's van het duo Gilbert en George. Ook supermarkten droegen hun steentje bij aan deze trend: zo liet Waitrose bijvoorbeeld werk van de illustrator Christopher Wormell afdrukken op een serie soepblikken. Aan dit idee zou nog een extra dimensie worden toegevoegd door een project dat Artlantic werd gedoopt.

Restaurateur Oliver Peyton was een exponent van de nieuwe aanpak in de bars en restaurants die in de jaren negentig hun deuren openden in Londen. In zijn stijlvolle Atlantic-bar annex grillroom voerde hij een aantal wijnen die van bijzondere etiketten waren voorzien, met werken van bekende kunstenaars als Damien Hirst, de Japanse beeldhouwer Tatsuo Mijajima en Sarah Lucas. Deze wijnen waren niet alleen in het restaurant verkrijgbaar, maar werden ook verkocht om mee te nemen. Atlantic omschreef dit project als 'een nieuw concept in draagbare, consumabele kunst'. Deze aanpak vormt echter eerder een afspiegeling van de meer algemene tendens om eigentijdse kunst een plek te geven in de populaire cafés en restaurants, waardoor de consument een gezellig avondje uit kan gaan en tegelijkertijd kennis kan maken met recent werk van toonaangevende kunstenaars.

Body Shop-cosmetica

'Geen glossy advertenties, geen loze beloften, geen producten die op dieren zijn getest, alleen minimale verpakkingen en producten die het milieu minimaal aantasten.' Deze vertaling van een citaat dat afkomstig is van de officiële bedrijfswebsite, geeft precies aan waar de Body Shop voor staat. Opgericht door Anita Roddick in 1976, is het van oorsprong kleine winkeltje in Brighton inmiddels uitgegroeid tot een internationaal succesvol bedrijf.

Nu de zorg om het milieu zo'n belangrijke rol is gaan spelen in de publieke opinie, is de nadruk komen te liggen op de overconsumptie, die in een direct verband staat met verpakkingen en de mogelijke verspilling van natuurlijke rijkdommen. Met haar 'groene' image heeft de Body Shop, via minimale verpakkingen – overbodige verpakkingen worden niet gebruikt – en een beleid van recycling en hergebruik, weten in te spelen op het milieubewustzijn van de consument. De opvallende etiketten zijn meestal in groen en wit uitgevoerd – kleuren die op zich al de Body Shop-filosofie op het gebied van ecologie en milieu onderstrepen.

Reuse, Refill, Recycle to save the Earth's resources

Daz-wasmiddelzak

PERIODE: voorbeeld uit de jaren negentig

Tot de belangrijke veranderingen op verpakkingsgebied behoort ook het recentelijk geïntroduceerde systeem van navulverpakkingen. Met de zorg om de verspilling van natuurlijke hulpbronnen hoog op de politieke en maatschappelijke agenda's, hebben deze ontwikkelingen als belangrijk effect dat de benodigde hoeveelheid grondstoffen kan worden gereduceerd. Hergebruik is echter geen nieuw fenomeen. In Groot-Brittannië wordt de melk nog steeds vaak huis-aan-huis bezorgd door de melkman die zijn ronde doet, en in Frankrijk worden sommige wijnen in navulflessen verkocht. Hergebruik in het huishouden is echter een nieuw idee. Een voorbeeld hiervan is de reductie van het aantal wasmiddelenverpakkingen door deze intensiever te gaan gebruiken, zoals bij Daz het geval is. Daarnaast zijn deze producten nu in twee verschillende verpakkingen in de winkel te koop: in een stevige blikken of kartonnen doos en in dunne zakken met een laag gewicht, die een besparing van zeventig procent op de grondstoffen mogelijk maken. De eerste keer koopt de klant het wasmiddel in de duurzame doos, de keren daarop neemt hij de navulzakken. Tegenwoordig zijn deze dunne, gemakkelijk te vervoeren zakken met vloeibaar wasmiddel een populaire trend. Hoewel wasmiddelen het beste voorbeeld zijn, werden deze verpakkingen ook geïntroduceerd voor shampoos en werd er in Duitsland geëxperimenteerd met het in zakken verpakken van voedingsproducten als jam.

reclame

PTT

VOLKSWAGEN

DE MODERNE WORTELS VAN de reclame-industrie liggen in de ontwikkeling van de industriële revolutie en het concept van de moderne consumptiecultuur. Als verschijnsel kunnen we reclame echter al traceren in de Romeinse tijd: in Pompeii zijn de advertenties voor allerlei goederen en diensten nog steeds op de muren te lezen. Aan het einde van de achttiende eeuw kwamen de eerste fabrikanten, zoals Josiah Wedgwood, tot een belangrijk inzicht: om commercieel succes te behalen moesten ze hun producten op de markt zetten en aanprijzen. Vanaf de jaren zestig van de achttiende eeuw deed Wedgwood dit door advertenties in kranten te plaatsen en zijn eerste productcatalogus te publiceren, waardoor de mensen vanuit hun luie stoel een selectie konden maken uit zijn keramische producten.

In de negentiende eeuw beseften fabrikanten al snel welk effect één enkel treffend beeld op de verkoop kon hebben, en via muurschilderingen prezen ze hun artikelen aan. Deze schilderingen werden vervangen door tijdelijke papieren affiches en vervolgens door speciaal vervaardigde reclameborden die langs grote uitvalswegen en verkeersknooppunten kwamen te staan. Tegen het einde van de negentiende eeuw was het gebruik van advertenties in kranten en tijdschriften een belangrijk element van reclamecampagnes geworden: de wereld van het commerciële reclamedesign was geschapen. In de beginjaren van de twintigste eeuw schreven veel critici afkeurend over de commerciële afbeeldingen die in grote hoeveelheden de moderne stad overspoelden. Fabrikanten hadden altijd al

de kracht van het visuele beeld geëxploiteerd en bekende kunstenaars en commerciële tekenaars aangetrokken om deze beelden te vervaardigen. Tegen het einde van de negentiende eeuw had de reclame-wereld enkele van de invloedrijkste Europese schilders gerekruteerd, onder wie John Everett Millais, Aubrey Beardsley en Toulouse Lautrec. Sommige kunstenaars, zoals Alphonse Mucha, zouden uiteindelijk meer bekendheid genieten vanwege hun reclamewerk dan vanwege hun kunst. In feite bleef de reclame-industrie het terrein van getalenteerde individuen, die het medium gebruikten om hun stijl te ontwikkelen en producten te promoten. In deze categorie mensen valt de belangrijkste affichekunstenaar van de eeuw: Cassandre. Zijn gestroomlijnde modernistische beelden behoren tot de gedenkwaardigste advertenties van de laatste honderd jaar.

In de twintigste eeuw werden de mogelijkheden steeds groter: de reclamewereld ging gebruikmaken van neonverlichting, elektronische reclameborden, radio, film en tv en is inmiddels een op zichzelf staande entertainmentindustrie geworden.

De reclame-industrie, met gespecialiseerde marketingbureaus en -teams, kwam onder leiding van de Verenigde Staten langzaam tot ontwikkeling. In de jaren twintig van de twintigste eeuw ontstonden rond Madison Avenue in New York de eerste professionele reclamebureaus, die al spoedig navolging kregen in de rest van de wereld.

De nieuwe stromingen van het kubisme en surrealisme vonden in diezelfde jaren hun weg naar veel advertenties. De surre-

SALON DES CENT-AFFICHE

Be a good sport

'OLYMPISCHE' ANTI-AIDS CAMPAGNE

alisten probeerden de burgerlijke moraal te ondermijnen door de gevaarlijke, erotische en verontrustende wereld van het onderbewustzijn in hun kunst te integreren. Hoewel de beweging oorspronkelijk in 1924 door André Breton met zijn *Manifeste du Surréalisme* als een literaire groep werd gestart, kreeg ze al snel bijval van beeldende kunstenaars als Salvador Dalí, Marcel Duchamp, Max Ernst en Man Ray. Al deze kunstenaars hebben de reclame beïnvloed of zijn erin werkzaam geweest.

De surrealisten waren op zoek naar manieren om door te dringen tot hun verborgen verlangens en onderdrukte herinneringen. Ze lieten zich bij hun werk leiden door het toeval, huldigden het automatisch schrijven en maakten gezamenlijke tekeningen. Ze geloofden ook dat ze door objecten uit hun context te halen en objecten die geen relatie met elkaar hadden bij elkaar te plaatsen, bij de kijker een kortstondige shock teweeg konden brengen die het vrijkomen van onbewuste gedachten zou stimuleren. Hun benadering was vruchtbaar voor menig reclamecampagne, en zo drong hun invloed langzaam door tot de gevestigde reclamepraktijk. Veel mensen kwamen via reclame zelfs voor het eerst direct in contact met de avant-garde; de taal en beelden ervan worden nog steeds in campagnes gebruikt.

Reclame belooft de mensen veel meer dan uitsluitend het artikel dat wordt verkocht. Reclame roept een gefantaseerde levensstijl op en biedt een ontsnapping aan de realiteit. Advertenties spelen een spel met onze dromen en onzekerheden, maar vooral met onze seksuele verlangens. Wie niet genoeg seks krijgt, drinkt het verkeerde frisdrankje, gebruikt niet het juiste parfum of rijdt in een foute auto. Aan het begin van de twintigste eeuw voegden Alphonse Mucha en Jules Cheret een erotische lading aan hun affiches toe zonder daarbij over de schreef te gaan.

De houding tegenover seks is in de loop der jaren losser geworden, en de verbeelding ervan in advertenties daardoor steeds schaamtelozer. Suggestie en koketterie hebben plaatsgemaakt voor regelrechte aanslagen op het libido. Uiteenlopende artikelen als parfum, chocolade, shampoo, afwasmiddel en kauwgum verhogen volgens reclameontwerpers onze sex-appeal. In de jaren zeventig kwam de openlijke seksuele manipulatie in de reclamewereld tot een hoogtepunt. De banaliteit en grofheid van de seksuele stereotypen uit die jaren worden tegenwoordig niet meer op prijs gesteld omdat het publiek een fijnzinniger houding tegenover seks en sekse heeft ontwikkeld. De recente aandacht voor het mannelijke lichaam heeft bijvoorbeeld een nieuwe dimensie aan de reclame toegevoegd, zoals zichtbaar is in campagnes voor modeontwerper Calvin Klein. De man in de huidige advertenties is niet langer de eenvoudige macho uit de jaren zeventig, hij is een complex wezen dat het midden houdt tussen Michelangelo's David, de Nieuwe Man en de Nieuwe Knul. Op deze manier weerspiegelt reclame nog steeds de belangrijke sociale trends en geeft er tegelijkertijd richting aan. Reclame is een belangrijke graadmeter voor onze cultuur.

GEBOORTEBEPERKING

HOW MUCH CAN HEROIN COST YOU?

ANTI DRUGS

Affiche voor 'Salon des Cent'

PERIODE: 1896

ONTWERPER: Alphonse Mucha (1860–1939)

Rond de eeuwwisseling was Europa getuige van de geboorte van art nouveau, en de eerste meester van de erotiserende reclame, Alphonse Mucha, was werkzaam binnen deze stroming. Zijn vaardigheden als kunstenaar trokken de aandacht van veel belangrijke bedrijven die hem rijkelijk beloonden voor zijn reclameaffiches voor uiteenlopende producten als champagne en fietsen. Op de meeste affiches van zijn hand boden in schaarse sluiers geklede, mysterieuze en mooie vrouwen de geadverteerde waren aan. Art nouveau was een onvermijdelijke reactie op de repressieve houding ten opzichte van seksualiteit, die zo kenmerkend was geweest voor de negentiende eeuw. In de wereld van kunst en vormgeving kwam deze nieuwe houding niet alleen tot uitdrukking op de affiches van Alphonse Mucha, maar ook op die van Toulouse Lautrec en Aubrey Beardsley. Zij maakten unieke kunstzinnige vormen die zonder uitzondering op een overdreven en naturalistische manier het vrouwelijke lichaam tot onderwerp hadden en die de vrouw in de rol van femme fatale presenteerden.

AEG-affiche

PERIODE: 1910

ONTWERPER: Peter Behrens (1868–1941)

Hoewel Peter Behrens zijn carrière begon onder invloed van de Jugendstil, een ingetogener variant van de art nouveau, is hij voor de geschiedenis van de reclame belangrijk geworden omdat hij als een van de eerste afficheontwerpers een visuele taal voor de nieuwe geest van de twintigste eeuw creëerde. Toen hij in 1907 door Emil Rathennau, directeur van de Allgemeine Elektricitäts-Gesellschaft (AEG), was uitgenodigd om artistiek directeur van het bedrijf te worden, ontwikkelde hij het eerste concept voor een huisstijl. AEG speelde een belangrijke rol binnen de Duitse industrie en produceerde onder andere generatoren, elektriciteitskabels, gloeilampen en elektrische apparaten voor zowel de Duitse als de internationale markt. Van 1907 tot 1914 was Behrens verantwoordelijk voor de vormgeving van alles wat de AEG voortbracht, van architectuur tot affiches en artikelen. Hij gebruikte zijn positie om van AEG een toonbeeld voor het nieuwe Duitse design te maken. Zijn invloed strekte zich uit op veel verschillende terreinen. In 1907 was hij een van de oprichters van de Deutsche Werkbund; daarnaast ontwierp hij lettertypen en was hij verantwoordelijk voor een de vroegste Duitse modernistische gebouwen: de uit staal, glas en beton geconstrueerde turbinefabriek van AEG uit 1909. In zijn positie als artistiek directeur nam hij enkele van Europa's meest getalenteerde jonge kunstenaars in dienst, onder wie Le Corbusier, Mies van der Rohe en Walter Gropius.

Nord Express

PERIODE: 1927

ONTWERPER:
A.M. Cassandre (1901–'68)

A.M. Cassandre is een van de bekendste afficheontwerpers en grafische vormgevers van de twintigste
eeuw. Aan het einde van de jaren
twintig en het begin van de jaren dertig produceerde hij een serie gedenkwaardige reclameaffiches die tot op
de dag van vandaag invloed uitoefenen. Cassandre's grootste prestatie
was dat hij de creatieve experimenten
van avant-gardistische stromingen
als het kubisme in de hoofdstroom
van de reclamevormgeving wist in te
voegen. Kenmerkend voor zijn techniek waren een briljant kleurgebruik,
krachtige geometrische vormen en
een geniale integratie van de bedrijfsnaam met het beeld. Affiches
met reclame voor treindiensten zoals
de klassieke Etoile du Nord en veer-
diensten zoals de Normandie behoren
tegenwoordig tot de bekendste advertenties ter wereld. Het reclamebureau dat dit werk produceerde en
waarvan Cassandre medeoprichter
was, was de Alliance Graphique in
Parijs. Dit bedrijf ontwierp enkele van
de gedenkwaardigste affiches van de
eeuw en vestigde een Franse stijl die
beelden van het modieuze, stadse
Parijs wakker riep. Tegelijkertijd ontwierp Cassandre ook lettertypen voor
oude, in Parijs gevestigde lettertype-
producenten als Deberny en Peignot.
In zijn lettertypen combineerde
Cassandre het modernisme met een
frisse benadering van lettervormen,
wat een zeer invloedrijke traditie zou
worden. Op zijn affiches beperkte
Cassandre zich tot het gebruik van
hoofdletters omdat hij geloofde dat
het affiche daardoor meer effect zou
hebben; bovendien zou het lettertype
op grote schaal kunnen worden gebruikt zonder dat de leesbaarheid
werd aangetast.

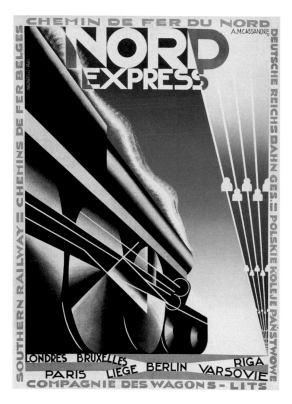

Affiche voor London Transport

LONDON TRANSPORT -

PERIODE: 1932

ONTWERPER: Man Ray (1870–1976)

KLANT: London Transport, Londen, Engeland

Man Ray studeerde kunst in New York en nam deel aan de befaamde Armoury Show van 1913, die de vs liet kennismaken met het Europese modernisme. Kort daarna raakte hij bevriend met de kunstenaar Marcel Duchamp en ging met hem samenwerken. Man Ray heeft met veel verschillende media gewerkt, maar zijn origineelste bijdrage was misschien zijn fotografische uitvinding om beelden direct op film vast te leggen; 'rayographs' noemde hij deze foto's. Door zijn werk als fotograaf voor modebladen raakte zijn unieke stijl in de jaren dertig alom bekend, en in 1939 werd hij gevraagd een affiche voor London Transport te ontwerpen. Man Ray maakte eigenlijk twee affiches die bij elkaar hoorden: één affiche bevatte de tekst 'London Transport', en de andere de reclameslogan 'Keeps London Going'. Het beroemde logo van London Transport is omgezet in een driedimensionale planeet die om Saturnus cirkelt. London Transport wordt hier opgenomen onder de sterren waardoor een associatie ontstaat met snelheid, afstand en toekomst. Op deze manier liet Man Ray het Britse publiek kennismaken met de ideeën van het surrealisme. De surrealisten waren op zoek naar manieren om door te dringen tot hun verborgen verlangens en onderdrukte herinneringen; ze lieten zich bij hun werk leiden door het toeval en huldigden het automatisch schrijven. Het affiche van Man Ray is een voorbeeld van de wijze waarop de beeldende kunst van het surrealisme in de jaren dertig binnendrong in de wereld van de reclamevormgeving en het grafische design.

Affiche voor London Transport

PERIODE: 1949

ONTWERPER: Edward McKnight Kauffer (1890–1954)

KLANT: London Transport, Londen, Engeland

McKnight Kauffer was geboren in de Verenigde Staten en heeft daar ook zijn opleiding als schilder genoten. Na zijn verhuizing naar Londen op 25-jarige leeftijd werd hij een van de leidende figuren in de Britse reclamewereld, hoewel hij de rest van zijn leven ook is blijven schilderen. Vanaf 1913 had hij als jongeman van dichtbij de ontwikkeling van avant-gardestromingen als het vorticisme, futurisme en kubisme meegemaakt. Hij vereenvoudigde de elementen die hij in deze nieuwe kunstvormen onderscheidde, om zodoende een originele reclamestijl te ontwikkelen die effectief, populair en succesvol was. Zijn eerste baan was als afficheontwerper voor London Transport. Frank Pick, de legendarische pr-manager van dat bedrijf, was op zoek naar jong talent om een modern imago te creëren voor het stadsvervoerssysteem dat het grootste ter wereld zou worden. Bij het uitbreken van de Tweede Wereldoorlog emigreerde McKnight Kauffer met zijn vrouw, de bekende modernistische tapijt- en textielontwerpster Marion Dorn, naar de Verenigde Staten. Tot die tijd werd hij twintig jaar lang beschouwd als de beste afficheontwerper voor London Transport. Hij heeft in die periode meer dan honderd advertenties ontworpen.

Everywhere You Go

Shell Mex Limited was de naam waaronder de internationale Shellgroep zijn Britse marketingcampagne voerde. In 1932 nam Shell Mex een nieuwe pr-manager in dienst, J.L. Beddington. Met zijn inzicht maakte hij de reclamecampagne voor de Britse Shell tot een van de klassieke campagnes van de twintigste eeuw. Shell plaatste de advertenties op hun vrachtwagens en in kranten en tijdschriften. Het was de bedoeling dat ze als een serie zouden verschijnen en om de paar weken zouden worden vervangen. Shell Mex wilde hiermee een alternatief bieden voor de lelijke reclameborden die volgens veel mensen een ware plaag voor het platteland vorm-

den. Beddington besloot een reeks erkende modernistische schilders uit te nodigen om opmerkelijke en originele beelden voor hun opdrachtgever te maken; deze affiches werden zelfstandige kunstwerken. Het idee om bekende kunstenaars te vragen voor het ontwerpen van advertenties was niet nieuw; wat dat betreft bestond er een lange traditie die al terugging tot het befaamde 'bubbeltjesschilderij' dat John Millais voor Pears Soap had gemaakt. Wat de Shellcampagne zo interessant maakte, was dat het een duidelijk geregisseerde serie was die het product aanprees via een associatie met nieuwe, en daardoor gewaagde, kunst van schil-

ders als McKnight Kauffer, Barnett Freedman en Graham Sutherland, die het hier afgebeelde affiche met de Great Globe in Swanage maakte. De originele schilderijen en illustraties hingen overal in het Shell Mex House en werden soms verzameld voor speciale tentoonstellingen, zoals in de National Gallery in Londen.

PERIODE: 1932

ONTWERPER: Graham Sutherland (1903–'80)

KLANT: Shell Mex Limited, Londen, Engeland

Oorlogsaffiche

PERIODE: 1940

KLANT: HMSO, Engeland

DRUKKER: J. Weiner Ltd, Londen, Engeland

Toen in 1939 de Tweede Wereldoorlog uitbrak, betekende dat voor
veel ontwerpers het einde van hun
carrière; de meesten van hen werden
opgeroepen voor militaire dienst.
Tijdens de oorlog was er echter ook
een dringende behoefte aan bepaalde gespecialiseerde ontwerpers,
vooral op het gebied van de oorlogspropaganda. Het Britse ministerie
van informatie had getalenteerde
grafische ontwerpers nodig om openbare informatie te verspreiden, het
moreel op te vijzelen en ieder wapen
in te zetten in de strijd tegen de nazi's.
Daarom stelde het ministerie een
team met de beste ontwerpers samen.
Zij mochten onder strikte censuur de
effectiefste ontwerpoplossingen ontwikkelen voor de oorlogspropaganda.
Voor velen betekende dit een terugkeer naar de invloedrijkste thema's
uit de jaren dertig, waaronder de
kracht van het surrealisme, de introductie van de fotomontage en het
brutale gebruik van typografie. Met
deze technieken maakten zij krachtige
visuele beelden die in het kader van
de oorlogsinspanningen essentiële
boodschappen aan de bevolking
moesten overbrengen.

De boodschap van dit affiche is
eenvoudig: wees zuinig op hulpbronnen en verbouw uw eigen voedsel.
'Dig For Victory' maakte met groot
effect gebruik van avant-gardistische
experimenten: de heldere oranje
kleur, de schaal en het gewaagde
gebruik van de krachtige letters vergroten het dramatische beeld van de
voet op de schop.

PTT

PERIODE: 1934

ONTWERPER: Piet Zwart
(1885–1977)

Op het gebied van vernieuwende grafische en typografische vormgeving heeft Nederland in de twintigste eeuw altijd een rijke traditie gekend. Vanaf de jaren twintig is Piet Zwart mede verantwoordelijk geweest voor de bijzondere creativiteit en frisheid die de Nederlandse modernistische reclamevormgeving eigen is. Na de Eerste Wereldoorlog raakte Zwart door zijn werk voor de vooraanstaande architect Jan Wils nauw betrokken bij de radicale Nederlandse stroming De Stijl. Via hem kwam Zwart in aanraking met een belangrijke klant, N.V. Nederlandsche Kabelfabriek, voor wie hij affiches begon te ontwerpen. Zwart bracht een ommekeer teweeg in de reclameconventies door de technieken van fotomontage en willekeurige belettering toe te passen. In zijn werk is hij sterk beïnvloed door de experimenten van Russische constructivisten van wie in die tijd werk in het tijdschrift De Stijl werd gepubliceerd. De Stijl had een duidelijke voorkeur voor primaire kleuren, en Zwart paste deze veelvuldig in zijn werk toe. Toch was zijn benadering vrijer en uitbundiger dan gebruikelijk was in de formalistische traditie van de Nederlandse grafische vormgeving. Hij introduceerde de ideeën van de dadaïsten en hun gebruik van humor en ironie. De uitstraling en originaliteit van Zwarts werk wekte de belangstelling van de Nederlandse PTT, en vanaf 1929 gingen beide een langdurige samenwerking aan die resulteerde in ontwerpen voor postzegels en ander materiaal.

Air France

PERIODE: ca. 1965

ONTWERPER: Roger Excoffon (1910–'83)

Buiten Frankrijk is Roger Excoffon niet erg bekend, maar meer dan welke andere grafische ontwerper dan ook heeft hij met zijn werk een soort naoorlogse Franse stijl ontwikkeld, waarvan dit affiche voor Air France een krachtig voorbeeld is. In de jaren vijftig genoot hij grote faam als ontwerper van decoratieve lettertypen, maar in de jaren zestig nam hij afstand van zijn vroegere flamboyante werk met het ontwerp van het lettertype Antique Olive, tegenwoordig Nord genaamd. Zelf heeft hij deze koerswijziging gekwalificeerd als een commerciële beslissing. De Franse drukkers eisten in die tijd een heldere stijl die meer in overeenstemming was met succesvolle schreefloze lettertypen als Helvetica en Univers.

Antique Olive werd aan het einde van de jaren vijftig voor het eerst gebruikt als een prototype van een uit hoofdletters bestaand font voor het logo van Air France. Samen met zijn assistent Gerard Blanchard had Excoffon zowel de leesbaarheid van allerlei lettertypen als de psychologie en invloed van het lezen onderzocht. Ze kwamen tot de conclusie dat het bovenste deel van de letters het belangrijkst is bij woordherkenning, en Excoffon benadrukte daarom dat aspect in zijn nieuwe lettertype.

Antique Olive is medeverantwoordelijk voor de wederopstanding van de schreefloze letter. Tot zijn belangrijke reclameprojecten behoorden Bally, de Franse spoorwegen en Christian Dior. Kenmerkend voor de stijl van Excoffon waren een opzettelijk onnauwkeurige registering en een interessant kleurgebruik.

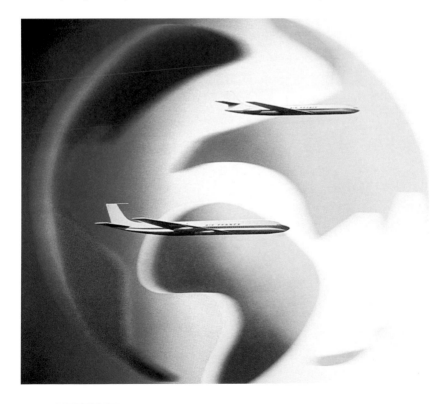

Olivetti

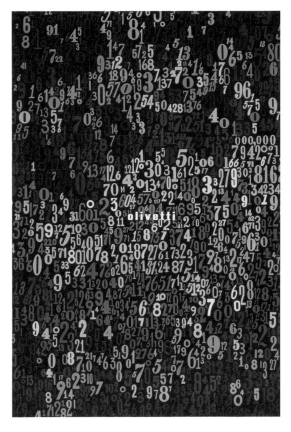

PERIODE: 1949

ONTWERPER: Giovanni Pintori (geb. 1912)

Olivetti heeft een sleutelrol gespeeld in de ontwikkeling van het twintigste-eeuwse Italiaanse design. Dit familie-bedrijf heeft goed naar de Verenigde Staten gekeken en de voornaamste lessen over productiemethoden, mar-ketingtechnieken en de noodzaak van een goede vormgeving overgeno-men en toegepast. Adriano Olivetti, de zoon van de oprichter van het be-drijf, nam twee vooraanstaande Itali-aanse ontwerpers in dienst: Giovanni Pintori kreeg de verantwoordelijkheid voor de publiciteit en grafische vorm-geving, en Marcello Nizzoli voor de industriële vormgeving. Na de oorlog probeerde Olivetti een leidende posi-tie te veroveren op het gebied van de nieuwste technologie, en Pintori kreeg als opdracht deze ambitie via zijn advertenties uit te dragen. In 1947 ontwierp hij het nieuwe bedrijfslogo en ontwikkelde vervolgens een serie grote reclamecampagnes, waarvan het affiche op deze pagina een van de opvallendste resultaten is. In de jaren veertig was Olivetti terecht trots op zijn technologische prestaties op het gebied van rekenmachines, met name de Divisumma 14 van Nizzoli. Pintori's typografische ontwerp met zijn chaotisch geplaatste en helder gekleurde getallen van willekeurige afmetingen riep precies de juiste associaties met dergelijke apparatuur op. Dit beeld is schatplichtig aan de Italiaanse traditie van de futuristische grafische vormgeving, maar krijgt een eigentijdse, moderne flair, mede door de prominente aanwezigheid van Pintori's Olivetti-logo in het midden.

Family Dog

PERIODE: 1967

ONTWERPER: Rick Griffin
(1944-'91)

In de jaren zestig stelde het popdesign
de tradities van het modernisme ter
discussie. Popdesign was kant-en-
klaar, vervangbaar, geestig en ironisch.
In Californië werden affiches voor
popbands ontworpen door mensen
die vaak geen formele opleiding als
vormgever hadden genoten. Deze
posters waren een doelbewuste reactie op de 'saaie', op Zwitserse leest
geschoeide ontwerpen die in die tijd
overal te zien waren. Ontwerpers als
Stanley Mouse, Rick Griffin, Victor
Moscoso en Alton Kelley werkten
vanuit de wijk Haight Ashbury in San
Francisco en namen actief deel aan
de opkomende tegencultuur. Ze ontwierpen affiches met heldere, vloe-
ende kleuren die geïnspireerd waren
op hun ervaringen met psychedelische drugs en Indiase mystiek.
Omdat ze niet werkzaam waren in de
hoofdstroom van de reclamevormgeving, hadden ze de vrijheid alle regels over leesbaarheid, helderheid en
communicatie aan hun laars te lappen. Beïnvloed door de organische
lettervormen van de art nouveau ontwierpen ze complexe belettering en,
waarbij leesbaarheid ondergeschikt
werd gemaakt aan de totale vorm
van het hele woord. Deze affiches
waren ook bedoeld om de ervaring
van een LSD-trip te weerspiegelen en
richtten zich op de leden van de tegencultuur, die de gebruikte symbolen
en codes herkenden. Bepaalde elementen werden later overgenomen
door de gevestigde reclamevormgeving, zoals de uit de hand getekende
lettervormen en het kleurgebruik,
maar de grote invloed en de herople-
ving van deze affiches kwamen pas in
de jaren tachtig en negentig.

Volkswagen

PERIODE: 1960

ONTWERPER: Doyle, Dane
Bernbach, New York, VS

KLANT: Volkswagen,
Duitsland

Lemon.

Na de oorlog heerste er in Europa schaarste aan ruwe grondstoffen en benzine. Om die reden was de kleine energiebesparende auto van grote betekenis voor de Europese automobielindustrie. In de Verenigde Staten speelden deze overwegingen echter geen rol, zodat er een meer verfijnde marketingstrategie aan te pas moest komen om de Volkswagen 'Kever' in dat land aan de man te brengen. Het bedrijf nam daarom Doyle, Dane Bernbach (DDB), een van de bekendste New Yorkse reclamebureaus, in de arm om een campagne te ontwerpen voor dit autotype. Vergeleken met de grote Amerikaanse auto's zag de Kever er op zijn zachtst gezegd wat vreemd uit. In de reclame-industrie was op dat moment een ware ommekeer gaande die vormgevers eenzelfde rol toebedeelde als tekstschrijvers en die alle ruimte gaf aan de creatieve mogelijkheden van beeld, typografie en tekst. DDB stond met beide benen in die revolutie. Het bedrijf gebruikte de nieuwe visie om een bekroonde reclamecampagne voor de Kever te ontwerpen, die een nieuwe norm stelde voor de branche. De campagne sprak een hele nieuwe generatie in de jaren zestig aan: ze was spitsvondig en geestig, koketteerde met het ongebruikelijke uiterlijk van de auto en maakte van de technische specificaties een deugd in plaats van een noodzaak.

Benson and Hedges

PERIODE: 1978

**ONTWERPER: CDP, Londen,
Engeland**

Aan het einde van de jaren zeventig organiseerde de Hayward Gallery in Londen een belangrijke tentoonstelling over het surrealisme. De tentoonstelling zorgde voor een hernieuwde belangstelling voor de taal van deze stroming en voor de manier waarop surrealisten met hun beelden probeerden door te dringen tot verborgen verlangens en onderdrukte herinneringen. Surrealisten lieten zich bij hun werk leiden door het toeval. Zij geloofden ook dat ze door objecten uit hun context te halen en objecten die geen relatie met elkaar hadden bij elkaar te plaatsen, bij de kijker een kortstondige shock teweeg konden brengen die het vrijkomen van onbewuste gedachten zou stimuleren. Al vroeg werden de mogelijkheden hiervan voor de reclamevormgeving en grafische vormgeving erkend, en gedurende de jaren dertig sijpelden deze ideeën ook door in de bredere wereld van film, mode en interieur. Benson and Hedges gebruikte als een van de eerste bedrijven het surrealisme met een ander oogmerk. In de jaren zeventig raakte steeds meer bekend dat roken ernstige gevolgen voor de gezondheid kon opleveren. Regeringen begonnen beperkingen op te leggen aan de gebruikelijke reclame-uitingen van de tabaksindustrie. Roken mocht niet langer worden gepresenteerd als aantrekkelijk voor jongeren, of als lekker en veilig. Het surrealisme bood een uitweg uit dit probleem op een manier die tot op de dag van vandaag nog wordt gebruikt door bedrijven als Silk Cut en Marlboro. Enkele niet-samenhangende objecten zijn in een onverwachte combinatie bij elkaar gebracht. Hierdoor wordt de aandacht van de consument getrokken naar het pakje en de identiteit van het product, maar worden er geen concrete uitspraken gedaan. Er ontstaat alleen een associatie met spitsvondigheid, creativiteit en humor die de consument in verband moet brengen met het sigarettenmerk.

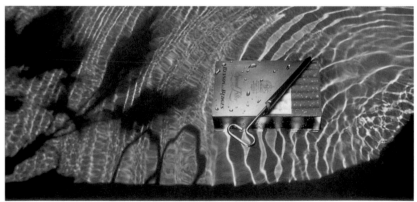

MIDDLE TAR As defined by H.M.Government
H.M. Government Health Departments' WARNING: CIGARETTES CAN SERIOUSLY DAMAGE YOUR HEALTH

Geboortebeperking

PERIODE: 1970

ONTWERPER: Saatchi and Saatchi, Londen, Engeland

KLANT: Health Education Council, Engeland

Would you be more careful if it was you that got pregnant?

Anyone married or single can get advice on contraception from the Family Planning Associatio
Margaret Pyke House, 27-35 Mortimer Street, London W1 N 8BQ. Tel. 01-636 9135.

Deze volksgezondheidscampagne heeft eveneens het karakter van de nieuwe Britse reclame-industrie in de jaren zestig en zeventig gedefinieerd. Britse bureaus kregen nu bekendheid om hun gevoel voor humor, gewaagde beelden en sterke reclameteksten, waarmee ze de concurrentie aangingen met New York als het centrum van het creatieve reclamedesign. De generatie die in de jaren vijftig is geboren, zal dit affiche over het gebruik van anticonceptie als middel tegen ongewenste zwangerschap waarschijnlijk voor altijd bij blijven. Het beeld van een zwangere man maakte op een eenvoudige en directe manier duidelijk dat de verantwoordelijkheid voor een seksuele relatie bij twee mensen ligt. Door te suggereren dat mannen ook zwanger konden worden stelde de campagne het toentertijd wijdverbreide geloof ter discussie dat ongewenste zwangerschappen alleen het probleem en de verantwoordelijkheid van vrouwen waren. De campagne legde de nadruk op deze vanzelfsprekende kwestie en sloot daarmee aan bij de nieuwe ideeën van de vrouwenbeweging. Ze werd overal met sympathie ontvangen door het gebruik van humor en surrealistische beeldtaal.

Launderette

PERIODE: 1985

ONTWERPER: Bartle Bogle Hegarty, Londen, Engeland

KLANT: Levi Strauss, VS

In de jaren tachtig verkeerde de wereldberoemde spijkerbroekenfabrikant Levi's in een financiële crisis. Levi's had zich toegelegd op andere facetten van de kledingmarkt en was onder meer kostuums en accessoires gaan produceren. Hierdoor had het bedrijf zijn unieke oorspronkelijke product uit het oog verloren. In de jaren tachtig wilde Levi's zijn originele denim jeans, de Levi's 501, weer onder de aandacht van het publiek brengen en had daarvoor een krachtige reclamecampagne nodig. John Hegarty van Bartle Bogle Hegarty, een van de bekendste reclamebureaus in Londen, zette zich aan deze taak, en met de ontwikkeling van dit sexy nostalgische thema werd een reclamelegende geboren.

De campagne presenteerde een geniale mix van de aantrekkingskracht van model Nick Kamen, de jeugdcultuur uit de jaren vijftig en een vleugje humor. De advertentie werd onmiddellijk een succes. De verkoopcijfers van de Levi's 501 schoten omhoog, en de spijkerbroek werd een van de belangrijkste modeaccessoires van de jaren tachtig. Na deze eerste campagne ontwikkelde Bartle Bogle en Hegarty nog een reeks pakkende advertenties, die in het algemeen waren gebaseerd op klassieke films en filmgenres. Met deze serie stelde het bureau niet alleen een nieuwe standaard voor Levi's, maar voor de hele reclame-industrie.

Body Texture

Deze advertenties in zwart-wit veroorzaakten een ware sensatie toen ze in 1991 voor het eerst verschenen. De openlijke sensualiteit in deze beelden was niet uniek, maar de combinatie van product en associatie wel. Consumptie-ijs was traditioneel een seizoensgevoelig product dat in Engeland op de markt werd gebracht door bedrijven als Walls en Lyons Maid. Campagnes waren gewoonlijk gericht op huisvrouwen en kinderen of, bij uitzondering, op mensen die hun dineetje wilden opluisteren. In deze campagne richtte het Amerikaanse bedrijf Häagen-Dazs zich op jonge welgestelde paren die ijs als een luxe product zagen. De trend van erotiserende zwartwitfoto's werd oorspronkelijk gezet door New Yorkse fotografen als Herb Ritters en Robert Mapplethorpe. In deze foto van Jean

PERIODE: 1991

ONTWERPER: Bartle Bogle Hegarty, Londen, Engeland

KLANT: Häagen-Dazs, VS

Loup Sieff wordt dezelfde expliciete sensuele uitstraling gebruikt om een product te verkopen dat vroeger als een gewoon gezinsartikel gold.

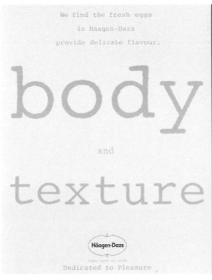

Olympics

PERIODE: 1992

ONTWERPER: TBW, Simons Palmer

KLANT: Terence Higgins Trust, Londen, Engeland

De Terence Higgins Trust is een lief-dadigheidsinstelling uit Londen die internationale faam geniet vanwege haar pionierswerk met aids-patiënten en hun families. Een van eerste doel-stellingen van de stichting was de al-gehele publieke onwetendheid over de ziekte weg te nemen en duidelijk te maken dat aids niet alleen in de homowereld voorkwam. De pr-cam-pagne van Terence Higgins Trust weerspiegelt deze strategische uit-gangspunten. De stichting wilde geen afschrikwekkende boodschap van dood en verdoemenis brengen, maar richtte zich op jonge hetero- en homo-seksuele paren. Ze gebruikte daarbij dezelfde reclametechnieken als een chic en modieus bedrijf als Calvin Klein. De advertenties toonden jonge en gezonde mensen; de beelden joegen geen schrik aan, maar waren vriendelijk, informatief en toeganke-lijk. In dit opzicht vormden ze een interessante tegenstelling met de volksgezondheidscampagne van de Britse overheid en droegen bij aan een brede informatieverspreiding onder jongeren.

Be a good sport

The Terence Higgins Trust ♡

For more information about safer sex call our helpline on 071-242 1010.

How Much Can Heroin Cost You?

PERIODE: 1986

ONTWERPER: TBWA, Londen, Engeland

KLANT: ministerie voor volksgezondheid en sociale zekerheid, Engeland

Deze campagne werd in 1986 opgezet door het Britse ministerie van volksgezondheid en sociale zekerheid. Ze had tot doel de verschrikkelijke sociale consequenties te laten zien van heroïnegebruik onder jonge mensen. De campagne maakte tegelijkertijd gebruik van tv-spots en advertenties in kranten en tijdschriften. De gewaagde, confronterende beelden hadden onmiddellijk effect. De van nabij genomen zwartwitfoto's lieten tot in detail zien welk effect drugsverslaving op huid, haren, gewicht en algehele gezondheid van tieners had. De boodschap was eenvoudig: drugs zijn niet alleen gevaarlijk, maar kunnen uiteindelijk tot de dood leiden. Hoewel de stijl in sterke mate is afgeleid van de fotografische stijl in invloedrijke bladen als *The Face* en *i-D*, wordt er geen enkele poging gedaan drugs te romantiseren. Binnen de reclame-industrie werd deze campagne beschouwd als een belangrijke koerswijziging, en ironisch genoeg werd haar 'stijl' aan het einde van de jaren tachtig in een aangepaste vorm gebruikt om nogal afwijkende producten als ijs en spijkerbroeken aan te prijzen.

Panty's van Wolford

PERIODE: 1994

ONTWERPER: Helmut Newton (geb. 1920)

In de jaren zeventig domineerde Newton de modefotografie met zijn foto's voor het Franse modetijdschrift *Vogue*. De aandacht bij deze foto's leek echter vaak vooral naar naakte vrouwen in plaats van naar kleding uit te gaan. Hij bracht een eerbetoon aan de decennialange trendy obsessie voor onderwerpen als androgynie, chique homoseksualiteit en travestie, die in de popwereld door David Bowie en Roxy Music werden belichaamd. Newtons stijl kreeg enorm veel navolging en bereidde het al even controversiële werk van fotografen als Bruce Weber en Herb Ritts voor.

Newton maakte een serie opzienbarende zwartwitfoto's om de panty's van Wolford te promoten. Hij gebruikte hierbij flagrante sadomasochistische beelden, waarin leren enkelriempjes, zwarte handschoenen, metalen handboeien en leren zwepen een rol speelden. Wolford produceert panty's en kousen van hoge kwaliteit die in de mode-industrie zeer in trek zijn. In de jaren tachtig bracht het bedrijf zware zwarte panty's met lycra op de markt. Het zijn dure, kwalitatief hoogwaardige artikelen voor verfijnde klanten, die volgens Wolford deze controversiële beelden wel op prijs zouden stellen.

Wat deze foto's zo bijzonder maakt, is dat er een schaamteloos spel met lesbische liefde en seksueel geweld wordt gespeeld om vrouwen panty's te laten kopen. Hoewel panty's en kousen allebei een fetisjistische uitstraling hebben, geven deze beelden een fascinerende afspiegeling van de culturele normen in de jaren negentig.

Gary Who?

Tiger Savage staat in de reclamewereld bekend als een succesvolle vrouwelijke vormgever en is daarmee in deze branche bepaald een uitzondering. Haar bijzondere aanpak kwam tot uitdrukking in een serie advertenties en affiches voor Nike, die haar vanwege het verfrissende en treffende gebruik van foto's diverse prijzen opleverde. De markt voor sportschoenen is groot en zeer competitief, en reclame speelt een belangrijke rol bij het creëren van het juiste imago. Savage vond dat de boodschap van advertenties en affiches kort maar krachtig moest

zijn en dat reclametekst deze boodschap te vaak in de weg zat. Als het beeld sterk genoeg is, zo redeneerde zij, waarom dan het beeld niet voor zichzelf laten spreken? De campagne van Nike in Groot-Brittannië bleek een mijlpaal in de reclamegeschiedenis: het was de eerste campagne die geen reclameteksten gebruikte. Ze moest het hebben van de dynamische wisselwerking tussen beeld en opschrift. De eerste advertentie toonde een afbeelding van tenniskampioen Pete Sampras die geen tennisbal maar een handgranaat serveert. Op de volgende afbeelding werd een

PERIODE: 1996

ONTWERPERS: Simons, Palmer Denton, Clemmow en Johnston, Londen, Engeland

KLANT: Nike

verkeersbord met een groep marathonlopers gecombineerd. Door haar vermogen om een krachtige visuele stijl voor haar klant te ontwikkelen heeft Tiger Savage in 1984 de prijs van Creative Circle voor de beste nieuwkomer gewonnen.

communicatie

SONY-WALKMAN

EKCO-RADIO

DE UITVINDINGEN DIE IN de twintigste eeuw op het gebied van communicatie zijn gedaan, hebben de werkplek en het zakenleven een ander aanzien gegeven en het tempo en de kwaliteit van het dagelijks leven in nagenoeg elk huishouden in de westerse wereld ingrijpend veranderd. De belangrijkste uitvindingen op dit gebied waren de radio, de televisie en de computer. In de twintigste eeuw werden ook uitvindingen uit de negentiende eeuw, zoals de telegraaf, de telefoon, het fototoestel en de schrijfmachine op grote schaal in gebruik genomen en verbeterd.

Het fototoestel gaf mensen de gelegenheid om hun eigen leven en wereld vast te leggen, maar vooral de telegraaf, de telefoon en de schrijfmachine hadden veel invloed op de communicatie. Dankzij de telegraaf van Morse, die in 1844 in gebruik werd genomen, kon een telegrafische boodschap binnen enkele minuten over een afstand van duizenden kilometers worden verzonden. De telefoon, die in 1876 door Alexander Graham Bell werd uitgevonden, betekende een nog grotere revolutie; niet alleen op kantoor, maar ook thuis. Het werd over de hele wereld voor mensen thuis en op het werk het belangrijkste communicatiemiddel. De schrijfmachine was nog zo'n uitvinding die het moderne communicatietijdperk inluidde. Dankzij dit apparaat, dat in 1866 door Latham Sholes was uitgevonden en voor het eerst door Remington and Son werd gefabriceerd, was men niet langer afhankelijk van pen en inkt. Schrijfmachines

gaven ook het kantoor een nieuw aanzien. Het Larkin Building (1904) in Buffalo, New York, een ontwerp van Frank Lloyd Wright, was een van de eerste kantoren die was aangepast aan de nieuwe apparatuur en bood plaats aan 1800 medewerkers die de bestellingen van een postorderbedrijf moesten verwerken. De schrijfmachine ontwikkelde zich in de twintigste eeuw naar de eisen van de tijd: sneller en efficiënter. In de jaren dertig zag de draagbare schrijfmachine het levenslicht, in de jaren zestig werd de IBM met schrijfbolletje geïntroduceerd die de onhandige hamers overbodig maakte en in de jaren zeventig verschenen de eerste elektrische machines op de markt. Vandaag de dag is de schrijfmachine nog aanwezig in de vorm van het toetsenbord van de pc, waarvan de indeling – volgens de vaste QWERTY-volgorde – nagenoeg hetzelfde is gebleven. Door de introductie van de scanner, en vooral OCR, en spraakherkenning is de toekomst van het toetsenbord echter onzeker geworden.

Het leven in de twintigste eeuw veranderde ook ingrijpend door uitvindingen als radio, film, televisie en de platenspeler, die het mogelijk maakte om thuis naar muziek te luisteren. In 1896 vroeg Gugliemo Marconi patent aan op een 'draadloos' systeem, en een jaar later richtte hij in Engeland zijn Wireless Telegraph and Signal Company op. Tegen het einde van de Eerste Wereldoorlog werd zijn systeem wereldwijd gebruikt voor de communicatie in de scheepvaart, en in de jaren twintig werden er via dit systeem

STAANDE TELEFOON

COLANI CANON

amusementsprogramma's voor het grote publiek uitgezonden. In 1922 werd de British Broadcasting Company opgericht. De allereerste radiotoestellen waren – onbetrouwbare – kristalontvangers of kostbare, door accu's aangedreven buizenontvangers, maar aan het einde van de jaren twintig zou de vormgeving van de radio ingrijpend veranderen. De elektrische componenten konden nu binnenin worden geplaatst en de fabrikant kon meer aandacht schenken aan de vormgeving van de behuizing. De radio kreeg in het interieur de functie van meubelstuk. Al snel werden er kleinere en persoonlijkere producten geïntroduceerd, en in de jaren vijftig bracht Sony de eerste transistorradio op de markt. Uiteindelijk leidden deze ontwikkelingen tot de stereotoren waarin de radio, de platenspeler en de cd-speler een plaats kregen. De vormgeving van de televisie maakte een soortgelijke ontwikkeling door, van de grote houten kasten uit de jaren dertig tot de handmodellen uit de jaren negentig. In 1925 had de Britse uitvinder John Logie de basis gelegd voor de televisie. Zijn Televisior uit 1930 was een neonlamp die als reactie op het televisiesignaal uit het radiotoestel van de eigenaar opflikkerde. Op 2 november 1935 begon de BBC vanuit Alexandra Palace in Londen met de eerste reguliere televisie-uitzending ter wereld. De televisierevolutie was begonnen.

Er zijn echter maar weinig uitvindingen die zo'n grote invloed op de twintigste eeuw hebben gehad als de computer. De allereer-ste computers kenden uitsluitend analoge toepassingen: ze analyseerden natuurlijke waarden als elektrische spanning en presenteerden de resultaten in de vorm van andere natuurlijke waarden. Deze computers boden bijzonder weinig opties en waren ontworpen om specifieke problemen op te lossen, zoals bijvoorbeeld de vraag op welk punt een brug bij zware storm zou instorten. Analoge computers werden overbodig toen in de jaren veertig de digitale computer werd uitgevonden, die geschikt was voor de invoer van getallen die met behulp van een programma werden verwerkt en vervolgens in de vorm van getallen weer werden uitgevoerd. Het tijdperk van de moderne computer was aangebroken. De eerste machines uit de jaren vijftig waren nog groot en log, maar in de jaren zestig werd de siliconenchip uitgevonden, die het mogelijk maakte om goedkopere en kleinere computers te produceren. De manier van leven in de geïndustrialiseerde wereld veranderde ingrijpend. Vóór de komst van de computer stond industriële vooruitgang in wezen gelijk aan de productie van steeds specialistischere machines. Nu kan de computer letterlijk voor miljoenen toepassingen worden gebruikt en kunnen we ons niet meer voorstellen dat een hedendaags bedrijf zonder de moderne informatietechnologie en telecommunicatie zou kunnen functioneren.

APPLE IMAC

OLYMPUS TRIP

Staande telefoon GPO 150

PERIODE: 1924

MATERIAAL: Bakeliet

FABRIKANT: General Post Office, Londen, Engeland

De staande telefoon – een van de meest gangbare ontwerpen in de eerste decennia van de twintigste eeuw – zou uitgroeien tot de internationale standaardtelefoon. Hoewel het hier afgebeelde model van Britse makelij is, is het vrijwel identiek aan z'n Amerikaanse tegenhanger. Omdat telefoonfabrikanten op zoek waren naar een materiaal waarmee ze eenvoudig en goedkoop telefoononderdelen konden fabriceren, zou ontwikkeling van kunststoffen van groot belang blijken te zijn voor het ontwerp van telefoons. In de jaren twintig leidden nieuwe ontwikkelingen in de chemische industrie en verbetering van de giettechnieken tot de uitvinding van het bakeliet, waaruit ook de GPO 150 is vervaardigd. Het grote nadeel van de staande telefoon was dat het mondstuk op de voet was vastgezet, waardoor de gebruiker werd gedwongen zich tot vlak bij de telefoon te buigen of in iedere hand een deel van de telefoon te nemen. Pas eind jaren twintig kon het ontwerp van de microfoon worden verbeterd, toen ingenieurs in opdracht van de American Bell Company onderzoek gingen doen naar elektronische versterking. In het begin kon er alleen via tussenkomst van een telefonist worden gebeld, maar met de introductie van de kiesschijf, die in de voet werd aangebracht, kon de beller automatisch verbinding maken. De vorm van de staande telefoon bleek uitermate populair te zijn, waardoor dit standaardtafeltoestel nog jaren in gebruik zou blijven. Vandaag de dag zijn er replica's van dit model te koop.

Ericofon

De Ericofon werd ontwikkeld als een lichte en compacte versie van de uit twee delen bestaande standaard-telefoon. De plastische vorm was verrassend origineel en het luister-gedeelte, het spreekgedeelte en de kiesschijf waren samengebracht in één onderdeel. Dit was mogelijk geworden door de nieuwe technolo-gische ontwikkelingen op het gebied van miniaturisatie. Vanaf 1949 kwamen er veertien jaar lang steeds verder doorontwikkelde versies van de Ericofon met een verbeterde techniek en vormgeving op de markt. Aan het hoofd van dit vijftien jaar durende geleidelijke evolutieproces stond het Blomberg-ontwerpteam. In 1954 zou de Ericofon een commercieel succes worden, toen de telefoons in een aantal heldere kleuren verkrijgbaar waren. Ericsson was het eerste bedrijf in Zweden dat telefoons ging produ-ceren, en is nog steeds de grootste.

PERIODE: 1949

ONTWERPERS:
Hugo Blomberg (geb. 1897), Ralph Lysell (geb. 1907) en Gösta Thames (geb. 1916)

MATERIAAL: kunststof en rubber

FABRIKANT: L. M. Ericsson, Zweden

Nokia 9000 Communicator

PERIODE: 1996

ONTWERPER: interne ontwerpafdeling van Nokia

MATERIAAL: kunststof

FABRIKANT: Nokia Corporation, Finland

Het recentste gamma draagbare telefonische communicatiemiddelen werd door het Finse bedrijf Nokia ontwikkeld en betekende een belangrijke stap op weg naar miniaturisatie. Met de Nokia 9000 Communicator heeft de gebruiker een groot aantal mogelijkheden op zak. Het minuscule en gebruiksvriendelijke apparaat combineert een digitale stem, gegevensdiensten en personal organizerfuncties. De Communicator biedt een indrukwekkende lijst van toepassingen: telefonie, fax, e-mail, internetbrowser, personal organizer, boodschappenterminal, agenda en rekenmachine. Het apparaat is uitgerust met een infraroodaansluiting voor pc en printer en heeft een geheugen van acht megabyte.

Proficia internettelefoon

Het bekende Britse ontwerpadvies-bureau Hollington, dat in 1980 werd opgericht, heeft internationaal naam gemaakt met haar vernieuwende producten, die zich via meubels en pennen uitstrekken tot interactief design. Hollington werd benaderd door Camelot, een in Dallas gevestigd bedrijf dat gespecialiseerd is in internetsoftware en met het Digiphone-pakket uitgroeide tot een toonaangevende firma op het gebied van internettelefonie. Camelot wilde, ter aanvulling van de Digiphone, een nieuwe serie telecommunicatie-producten ontwikkelen. De Proficia, in essentie een computertelefoon die het mogelijk maakt om goedkope telefoongesprekken via internet te voeren, wordt op het bureau naast het toetsenbord en de muis opgesteld en heeft het uiterlijk van een klein diertje, waarbij de kabel aan de achterkant als staart fungeert. Vanzelfsprekend voldoet de Proficia ook aan ergonomische eisen: het toestel staat altijd stabiel en is te allen tijde comfortabel in het gebruik.

PERIODE: 1997

ONTWERPERS:
Geoff Hollington,
Richard Arnott en
Liz Ciokajlo

MATERIAAL: spuitgegoten ABS-kunststof

FABRIKANT: Camelot Corporation, VS

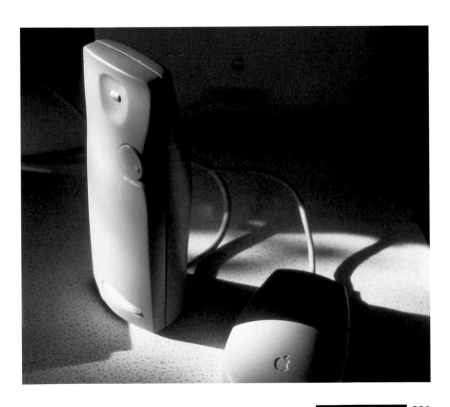

Ekco AD 65 Radio

PERIODE: 1934

ONTWERPER: Wells Coates (1895–1958)

MATERIAAL: gegoten bruin fenol-bakeliet en chroom

FABRIKANT: E.K. Cole Ltd, Engeland

Begin jaren twintig verhuisde Wells Coates, die een architectuuropleiding in Canada had gevolgd, naar Londen, waar hij zou uitgroeien tot een van de pioniers van het Britse modernisme. Wells draadloze ontvangsttoestel AD 65 was het resultaat van een ontwerpwedstrijd die Eric K. Cole in 1932 uitschreef voor het perfecte ontwerp van een kunststofradio. Het winnende ontwerp van Wells Coates en een aantal variaties op deze radio zouden vanaf 1934 tot 1946 worden geproduceerd en vormden een groot verkoopsucces voor de firma E.K. Cole Ltd.

Dit ontwerp brak met de vormgeving en het materiaalgebruik van de traditionele radiobehuizingen. De kast van de AD 65 met de kenmerkende ronde vorm was gemaakt van gespoten bruin bakeliet en bood ruimte aan een eveneens ronde luidspreker. Deze ronding werd herhaald in de knoppen en de boog van de zenderweergave die de radio een volkomen nieuw uiterlijk verleenden en bovendien de productiekosten omlaag brachten. Er zou ook een goedkopere en populairdere 'walnoot-versie' van de AD 65 worden geproduceerd.

Philips 2514 radio en luidspreker

Het Nederlandse bedrijf Philips, dat in 1891 werd opgericht, vervaardigde aanvankelijk alleen gloeilampen, maar begon al snel radio-ontvangsttoestellen en grammofoons en later ook televisietoestellen en huishoudelijke apparaten te ontwerpen en te produceren. Philips was een van de eerste Europese bedrijven die een aparte ontwerpafdeling in het leven riep. Aan het hoofd van deze afdeling stond de architect Louis C. Kalff, die in 1925 bij Philips in dienst kwam en affiches, stands voor tentoonstellingen en showrooms zou ontwerpen. In 1929 werd hij ook belast met de esthetische vormgeving van producten. De designafdeling werd uitgebreid met technisch tekenaars en deskundigen op het gebied van constructies

en ook het management, de verkoopafdeling en het technisch personeel werden betrokken bij de vormgeving van nieuwe producten. Uit bedrijfsgegevens over deze periode kan worden opgemaakt dat het vormgeven van producten bij Philips via de bovengenoemde samenwerking verliep, en niet het werk was van een individu. In het ontwerp van de 2514-radio komt Philips' benadering van vormgeving duidelijk tot uitdrukking. De radio was vervaardigd van nieuwe materialen, zoals de kunststof bakeliet die in diverse kleurencombinaties verkrijgbaar was. Ook maakte een opvallende ronde luidspreker deel uit van het ontwerp, die door het bedrijf vooral om zijn kunstzinnige eigenschappen werd aangeprezen en was

PERIODE: 1926

ONTWERPER: Louis C. Kalff (1897–1976)

MATERIAAL: metaal, kunstleer en bakeliet

FABRIKANT: Philips Eindhoven, Nederland

bedoeld om de moderne woonkamer van een decoratieve noot te voorzien. Kalff zou een blijvende invloed hebben op de opvattingen over vormgeving van Philips en als directeur van de ontwerpafdeling aanblijven tot 1960, toen hij na een aaneengesloten dienstverband van 35 jaar afscheid nam.

Hifi-stereo-installatie RR126

PERIODE: 1965–'66

ONTWERPERS: Achille Castiglioni (geb. 1918) en Pier Castiglioni (1910–'68)

MATERIAAL: chroom, kunststof en hout

FABRIKANT: Brionvega, Milaan, Italië

Brionvega produceerde aanvankelijk alleen radio's, maar stapte over op de fabricage van televisietoestellen en hifi-installaties. Voor deze transformatie van hun producten werd een aantal bekende Italiaanse ontwerpers aangezocht. De stereo-installatie van de gebroeders Castiglioni – die door de opvallende kleuren en vormgeving een dynamisch uiterlijk had gekregen – vormde een vooruitstrevend concept op de hifi-markt, dat paste in de heersende stijl uit het midden van de jaren zestig. De RR126-stereo-installatie bestaat uit een vrijstaande verrijdbare unit, met luidsprekers die kunnen worden ingeklapt op de bovenzijde van het apparaat, zodat een vierkante vorm ontstaat, of naar de zijkanten toe kunnen worden uitgeklapt in een horizontale opstelling.

Volksradio VE 301

PERIODE: 1936

ONTWERPER: Walter Maria
Kersting (1889–1970)

MATERIAAL: Bakeliet

FABRIKANT: Hagenuh,
Kiel, Duitsland

Walter Maria Kersting ontwierp de
volksradio (*Volksempfänger*) en een
aantal varianten van dit model. Deze
radio werd in nazi-Duitsland in enorme hoeveelheden geproduceerd.
In 1939 waren er naar schatting 12,5
miljoen exemplaren van verkocht,
waardoor vrijwel ieder Duits gezin
deze goedkope, door de staat gesub-
sidieerde radio in huis had en daarmee ook het ideale medium voor de
verspreiding van nazi-propaganda.
Het modelnummer verwijst naar
30 januari 1933, de dag dat Hitler
rijkskanselier van Duitsland werd.
Het politieke succes van Hitler kwam
mede voort uit het feit dat de radio
sterk genoeg was om de uitzendingen
uit het vaderland te ontvangen, maar
niet die van de geallieerden. De vormgeving van de radio was minimalis-
tisch en functioneel: een rechthoekige,
donderbruine kast met eenvoudige
knoppen en een grote luidspreker.
De enige versiering vormde een haken-
kruis.

Phonosuper

PERIODE: 1956

ONTWERPERS: Hans Gugelot (1920–'65) en Dieter Rams (geb. 1932)

MATERIAAL: metaal, hout en perspex

FABRIKANT: Braun, Frankfurt, Duitsland

Dit model van de Phonosuper betekende een radicale verandering van een product dat al sinds de jaren dertig op de markt was. Met de Phonosuper werd ook de perspex-kap voor hifi-apparatuur geïntroduceerd. Het originele ontwerp was nog voorzien van een metalen kap, maar in een poging de trillingen te verminderen, werd deze vervangen door een exem-plaar van perspex. De strakke lijnen en het functionele uiterlijk waren in overeenstemming met de opvattingen van Braun over vormgeving, maar de overdreven eenvoud en het nogal strenge uiterlijk waren er ook de oorzaak van dat de Phonosuper de bijnaam 'Sneeuwwitjes doodkist' zou krijgen.

Radio TS 502

Brionvega werd in 1945 opgericht als fabrikant van radio's en richtte zich vanaf begin jaren zestig ook op de productie van televisietoestellen. Het ontwerpteam van Marco Zanuso en zijn uit Beieren afkomstige partner Richard Sapper voerde regelmatig opdrachten uit voor Brionvega, evenals twee andere succesvolle Italiaanse vormgevers, Mario Bellini en Achille Castiglioni. Dichtgeklapt is de TS 502 niet meer dan een anoniem voorwerp, waarvan de functie aan het oog onttrokken is. Het uiterlijk van de radio sluit naadloos aan bij die van het televisietoestel ST/201, dat eveneens door Zanuso en Sapper werd ontworpen voor Brionvega.

PERIODE: 1964

ONTWERPERS: Marco Zanuso (geb. 1916) en Richard Sapper (geb. 1932)

MATERIAAL: kunststof en chroom

FABRIKANT: Brionvega, Milaan, Italië

Platenspeler Beogram 4000

PERIODE: 1973

ONTWERPER: Jakob Jensen (geb. 1926)

MATERIAAL: hout en aluminium

FABRIKANT: Bang & Olufsen A/S, Kopenhagen, Denemarken

In 1944 bracht Bang & Olufsen de revolutionaire Grand Prix 44 RG op de markt, een compact meubel waarin zowel een platenspeler als een radio waren verwerkt. Vanaf 1968 zou de Deense ontwerper Jakob Jensen verantwoordelijk zijn voor de vormgeving van de hifi-installaties van Bang & Olufsen. Hij ontwikkelde een bedrijfsvisie over vormgeving die was geënt op eenvoud en elegantie: tijdloze producten die opvallen door hun ergonomie en technische precisie. Jensens anonieme en onopvallende ontwerpen voor Bang & Olufsen groeiden uit tot schoolvoorbeelden voor de vormgeving van kwalitatief goede eigentijdse geluidsinstallaties. Door het gebruik van de modernste technische snufjes, zoals precisieonderdelen en een elektronische tangentiële arm, werd de Beogram een van de weinige voorbeelden van een product van een Europees elektronicabedrijf dat stand wist te houden in een branche die werd gedomineerd door de nieuwe Japanse ondernemingen. Ook vandaag de dag produceert Bang & Olufsen audiovisuele apparatuur die aan hoge professionele eisen voldoet voor de consumentenmarkt.

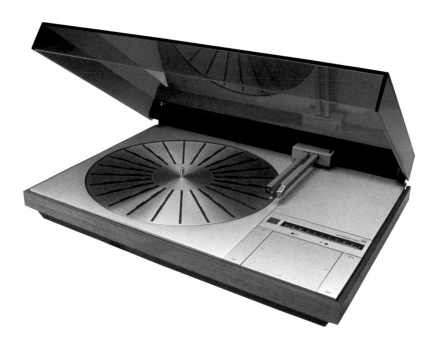

Totem-stereo

In de jaren zestig leidden miniaturisatie en de toegenomen technologische kennis tot een nieuwe benadering van de vormgeving van geluidsinstallaties: ontwerpen werden teruggebracht tot zuivere geometrische vormen. Een van de meest innovatieve bedrijven van Italië, Brionvega, wist dit minimalisme met grappige details en een zekere speelsheid te combineren, waardoor de plastische mogelijkheden van de voorwerpen werden geaccentueerd. Zo nam Brionvega, dat nauwe contacten onderhield met

de Italiaanse avant-gardistische ontwerpers uit de jaren zestig en zeventig, ook de productie ter hand van de Totem van Mario Bellini, die onder andere voor Olivetti bijzonder originele elektronische apparatuur ontwierp. Het Totem-ontwerp was vernieuwend, met luidsprekers die op een as waren bevestigd en naar buiten konden worden gedraaid om toegang te krijgen tot de onderliggende, verborgen bandrecorder. Gesloten vormde de Totem een eenvoudige witte kubus, zonder zichtbare functie.

PERIODE: 1970

ONTWERPER: Mario Bellini (geb. 1935)

MATERIAAL: kunststof

FABRIKANT: Brionvega, Milaan, Italië

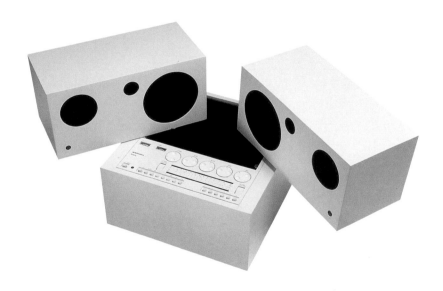

Sony Walkman

PERIODE: 1978

ONTWERPER: Sony-ontwerpteam

MATERIAAL: kunststof

FABRIKANT: Sony, Tokio, Japan

Het verhaal gaat dat Akio Morita, de president van Sony, tijdens een partijtje tennis op het idee kwam voor deze draagbare stereocassetterecorder. Hij dacht daarbij aan een licht apparaatje dat iedereen altijd bij zich zou kunnen dragen en dat het mogelijk zou maken om overal naar muziek te luisteren. Het apparaatje zou een van de eerste 'personalized' producten zijn: zowel modeaccessoire als functioneel voorwerp. Van de walkman, waarvan er inmiddels meer dan vijftig miljoen zijn verkocht, zijn verschillende versies op de markt gebracht, zoals het hier afgebeelde model. De ontwikkeling van de walkman loopt parallel aan maatschappelijke stromingen, modetrends en behoefte aan individuele consumentenproducten.

Sony PlayStation

Sony noemt de PlayStation haar belangrijkste product sinds de walkman. Het bedrijf wilde een product op de markt brengen dat net zo'n verkoopsucces zou kunnen worden als de walkman, en investeerde vijfhonderd miljoen dollar in de ontwikkeling, waarvoor ontwerpteams uit de hele wereld werden aangetrokken. Het product werd gelanceerd op een markt die volledig werd gedomineerd door Sega en Nintendo. De PlayStation maakt gebruik van 3D-afbeeldingen, 'real-time'-actie op het scherm en geluid van cd-kwaliteit en wordt aangedreven door vijf processoren die een half miljard instructies per seconde kunnen verwerken – meer dan vijfhonderd keer zo krachtig als de bestaande 16-bits-consoles.

PERIODE: 1996

ONTWERPER: Ken Kutaragi

MATERIAAL: kunststof

FABRIKANT: Sony Computer Entertainment, Tokio, Japan

Sony draagbare tv 80 301

PERIODE: 1959

ONTWERPER: Sony-ontwerpteam

MATERIAAL: kunststof en metaal

FABRIKANT: Sony, Tokio, Japan

De naoorlogse bezetting van Japan door de Verenigde Staten en het daaropvolgende Marshallplan drukten een enorme stempel op de wederopbouw van Japan. Nieuwe Japanse bedrijven gingen zich toeleggen op kapitaalintensieve producten, zoals radio's, televisietoestellen en auto's.

Een van de bekendste bedrijven die het economische herstel van Japan illustreren, is Sony Corporation. In de jaren vijftig kocht het zojuist opgerichte bedrijf de productierechten van een nieuwe Amerikaanse uitvinding, de transistorradio, en in 1955 produceerden zij zelf hun eerste radio. In 1959 zou de eerste, op transistoren werkende televisieontvanger ter wereld volgen, met een beeldscherm van 46 centimeter en een gewicht van niet meer dan 6 kilo, die in 1960 op de Triënnale van Milaan met de gouden medaille werd onderscheiden. Vanaf dat moment zouden Japanse producten steevast worden geassocieerd met de nieuwste technologische ontwikkelingen, met name met miniatu-

risatie. De productontwikkeling van Sony werd geleid door technologische vernieuwing, een uitstekende kwaliteitscontrole en gedegen zakelijk management. Sony speelde een belangrijke rol bij het bepalen van het gezicht van de Japanse elektronica-industrie die wereldwijd de markt zou domineren en de Japanse economie radicaal zou veranderen. In tegenstelling tot westerse bedrijven geven Japanse bedrijven voor de ontwikkeling van hun producten meestal de voorkeur aan anonieme interne ontwerpteams in plaats van aan externe ontwerpers. Het Sony-team is verantwoordelijk voor alle facetten van de producten van het bedrijf en voor de huisstijl.

Brionvega Black ST/201

Brionvega is een Italiaans bedrijf dat sinds jaar en dag toonaangevende ontwerpers inschakelt om haar producten van een karakteristieke stijl te voorzien. In de jaren zestig ontwikkelde Brionvega als een van de weinige internationale bedrijven producten die in contrast stonden met de heersende eenvoudige, witte esthetiek van het Duitse bedrijf Braun en de Japanse imitaties daarvan. Het zwarte televisietoestel 201 werd in 1969 ontworpen door Marco Zanuso en Richard Sapper en was een vervolg op hun samenwerking uit begin jaren zestig, toen zij een nieuwe generatie televisietoestellen en radio's ontwikkelden. Meer dan enig ander ontwerp vertegenwoordigt deze televisie de compromisloze neiging naar minimalisme in het Italiaanse design

PERIODE: 1969

ONTWERPERS: Marco Zanuso (geb. 1916) en Richard Sapper (geb. 1932)

MATERIAAL: kunststof en metaal

FABRIKANT: Brionvega, Milaan, Italië

van de jaren zestig. Dit ontwerp ging uit van de geheimzinnige zwarte doos, wat nog extra werd benadrukt doordat het beeldscherm pas zichtbaar werd als de televisie werd aangezet. De knoppen waren boven op het toestel geplaatst, waardoor de gestroomlijnde vormgeving nog beter tot z'n recht kwam.

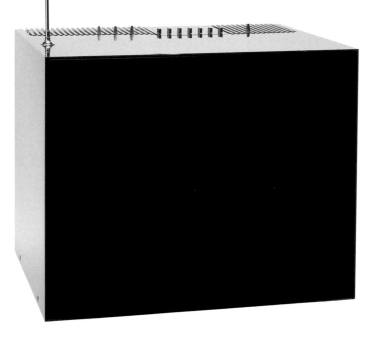

Sony Trinitron-televisie

PERIODE: 1968

ONTWERPER: Sony-
ontwerpteam

MATERIAAL: kunststof,
chroom en glas

FARRIKANT: Sony,
Tokio, Japan

Sony's vernieuwende benadering van
research en productontwikkeling
heeft geleid tot een groot aantal baanbrekende producten. De Trinitron-
televisie was het resultaat van onderzoek dat zich volledig concentreerde
op de ontwikkeling van een helder-
der, duidelijker en minder vervormd
beeld. Dit revolutionaire product was
voorzien van een nieuw, uiterst verfijnd
apparaat om beelden te produceren.
Ook was het beeldscherm van de
Trinitron veel platter, wat een betere
beeldkwaliteit tot gevolg zou hebben.
De Trinitron markeerde het begin van
de lange ontwikkelingsperiode van
hdtv, die met de recente introductie
van de digitale televisie zijn hoogtepunt bereikte.

Jim Nature

Philippe Starck is inmiddels uitgegroeid tot een van de bekendste ontwerpers ter wereld en heeft een enorme hoeveelheid ontwerpen op zijn naam staan. Niet alleen ontwierp hij belangrijke interieurs, meubels en huishoudelijke apparaten, ook ontwikkelde hij industriële producten zoals bijvoorbeeld deze televisie, Jim Nature. Dit ontwerp maakte deel uit van een breed initiatief om de dominante Japanse rechttoe rechtaanvormgeving uit te dagen. Hoewel de plastische behuizing van de Jim Nature in bepaalde opzichten teruggrijpt op de sfeer van het pop-design uit de jaren zestig, onderscheidt dit ontwerp zich door het gebruik van spaanplaat, dat voor het grootste gedeelte uit gerecycled hout bestaat, waardoor de nadruk op de toepassing van 'ecologisch verantwoorde' materialen kwam te liggen. Bovendien krijgen technologische producten door dit materiaal een menselijker en vriendelijker uitstraling.

PERIODE: 1994

ONTWERPER: Philippe Starck (geb. 1949)

MATERIAAL: spaanplaat en kunststof

FABRIKANT: Saba (Thomson), Frankrijk

Kodak Brownie 127

PERIODE: 1959

ONTWERPER: Kodak

MATERIAAL: kunststof

FABRIKANT: Kodak, vs

Kodak werd in 1881 opgericht door George Eastman Kodak. Zijn producten maakte fotograferen gemakkelijk en voor iedereen toegankelijk, zoals ook de reclameslogan van Kodak suggereert: 'U drukt op de knop, wij doen de rest.' Kodak is de grootste onderneming op fotogebied ter wereld en heeft in de afgelopen eeuw honderden fototoestellen ontworpen en gefabriceerd. Dit naoorlogse model is voorzien van de ronde vormen die gebruikelijk waren voor de populaire camera's die Walter Dorwin Teague in de jaren dertig ontwierp, waarvan de Bantam Special uit 1936 het bekendst was. Deze vormgeving verleende zelfs aan nieuwe camera's een ouderwetse uitstraling, maar desondanks werden er enkele miljoenen exemplaren verkocht.

Leica

In de jaren dertig ontketende de kleine, sobere en onopvallende Leica-camera een ware revolutie. De Leica was de eerste compacte camera waarmee foto's van professionele kwaliteit konden worden gemaakt, en het apparaat groeide al snel uit tot het meest geliefde toestel van persfotografen in de hele wereld. De Leica vond zijn oorsprong in het jaar 1911, toen Oskar Barnack in dienst kwam bij het technische bedrijf Leitz in Duitsland. Barnack had een ingenieursopleiding gevolgd en was een enthousiast amateurfotograaf. Hij hield zich bezig met de ontwikkeling van prototypen van een kleine camera en hanteerde daarbij een eenvoudig idee als uitgangspunt: kleine negatieven, maar grote foto's. Hij wist daadwerkelijk een aantal prototypen van deze camera te produceren en na de Eerste Wereldoorlog besloot zijn baas, Ernst Leitz, om de camera onder de naam Leica in productie te nemen. Zij introduceerden hun eerste camera in 1925 op de beurs in Leipzig en in 1930 volgde de Leica1, een camera met een vernieuwend compact formaat en de mogelijkheid van verwisselbare lenzen. Door deze technologische vernieuwingen werd de Leica in de jaren dertig de belangrijkste camera voor professionele fotografen.

PERIODE: 1930

ONTWERPER: Oskar Barnack (1879–1936)

MATERIAAL: kunststof en metaal

FABRIKANT: Leitz, Duitsland

Nikon F

PERIODE: 1959

ONTWERPER: Nikon-ontwerpteam

MATERIAAL: kunststof en metaal

FABRIKANT: Nikon, Japan

Nikon, dat oorspronkelijk Nippon Kogaku k.k. heette, was het eerste Japanse bedrijf dat de concurrentiestrijd durfde aan te gaan met de professionele kwaliteitscamera's van Leica. In 1950 gebruikten twee foto-grafen van een Amerikaans tijdschrift onder extreme weersomstandigheden Nikon-lenzen voor hun foto's. Door de goede kwaliteit wonnen deze foto's twee belangrijke prijzen en leverden ze Nikon internationale faam op. In 1959 werd de Nikon F geïntroduceerd, Nikons eerste camera met een 35 mm-SRL-lens, voorzien van een auto-matisch terugspringende spiegel, een gekoppelde spiegel en sluiter en ver-wisselbare zoekers en filters. De Nikon F was meteen een doorslaand succes en er zouden niet minder dan een miljoen exemplaren van deze camera worden verkocht. De Nikon F groeide uit tot meer dan zomaar een camera ging deel uitmaken van het image en de levensstijl van de swingende jaren zestig. Het was dan ook de Nikon, die door jonge Britse mode-fotografen werd gebruikt om de lang-benige, in minirok gehulde modellen uit die tijd op de gevoelige plaat vast te leggen. In dit licht bezien was de Nikon meer dan alleen een camera: het was een accessoire dat bijdroeg aan het imago van fotografen als de nieuwe, in de schijnwerpers staande mediasterren van de sixties.

Olympus Trip 35

De Olympus Trip 35 werd in 1968 ont-worpen en was tot 1988 ononderbro-ken in productie. Dit toestel groeide uit tot een van de succesvolste came-ra's van de twintigste eeuw: er werden meer dan tien miljoen exemplaren van verkocht. De camera werd ontworpen als een 35 mm-versie van de Olympus-serie en wist uitstekende technische prestaties te combineren met een redelijke prijs. Vanuit esthetisch oog-punt sloeg de camera een volledig nieuwe weg in doordat de cellen van de belichtingsmeter op ingenieuze wijze rond de lens waren geplaatst. Het toestel was eenvoudig en ge-bruiksvriendelijk en had een compact formaat, zodat het gemakkelijk kon worden meegenomen. Nog steeds staan vernieuwingen bij Olympus hoog in het vaandel. In 1993 zou het bedrijf de lichtste 35 mm-camera van dat moment op de markt brengen: de Olympus Zoom met z'n opvallende plastische vormgeving.

PERIODE: 1968

ONTWERPER: Olympus-ontwerpteam

MATERIAAL: kunststof en metaal

FABRIKANT: Olympus, Tokio, Japan

Canon CB10

PERIODE: 1982–'83

ONTWERPER: Luigi Colani (geb. 1928)

MATERIAAL: kunststof

FABRIKANT: Canon Cameras, Tokio, Japan

Dit vroege, grillig vormgegeven ontwerp markeerde een stap in de richting van meer organisch ogende producten. De CB10 maakte deel uit van een speciaal project dat in opdracht van Canon werd uitgevoerd. Aan de ontwerper, de Italiaanstalige Zwitser Colani, werd gevraagd om volledig vrij en onbevooroordeeld over de toekomst van cameraontwerpen na te denken. Colani, bekend door zijn bijzonder individualistische ontwerpstijl, kreeg de opdracht een aantal camera's te ontwerpen die als 'suggesties' voor de toekomst konden dienen. Het resultaat was inderdaad nogal vooruitstrevend: een reeks fototoestellen met organische vormen die meer weg hadden van diepzeevissen dan van camera's, en die ook vandaag de dag nog revolutionair zijn. Het is belangrijk om te beseffen dat in die tijd de zwarte doos de toon aangaf en de marketing van dergelijke producten zich voornamelijk concentreerde op de technische aspecten en de prijs. Colani introduceerde de vooruitstrevende opvatting dat de eenvoudige, zwarte rechthoekige vorm niet de enig mogelijke stap vooruit was. De overdadige aërodynamische vormgeving van Colani was misschien wat extreem, maar vormde een reactie tegen de heersende functionele esthetiek en stond aan de wieg van een enorme verandering in de vormgeving van camera's voor de massamarkt.

Canon Ixus

PERIODE: 1996

ONTWERPER: Canon-
ontwerpteam

FABRIKANT: Canon
Cameras, Tokio, Japan

Toen hij in 1996 op de markt werd
gebracht, werd de Canon Ixus direct
bejubeld als een klassieker. Dit came-
raatje is een van de kleinste fototoestellen ter wereld; met een breedte
van niet meer dan 9 centimeter en een
hoogte van 6 centimeter is de Ixus
even klein als een pak speelkaarten.
Vooral de gestroomlijnde, compacte
vorm van de metalen body oefent
een enorme aantrekkingskracht uit
op de consument. Toch komt het niet
alleen door de vormgeving dat de
Ixus zo'n belangrijke plek in de designwereld heeft veroverd. De camera
vertegenwoordigt tevens de nieuwste
technologische ontwikkeling op het
gebied van de fotografie, het Advan-
ced Photo System. Dit is een nieuw
soort film dat negatieven overbodig
maakt en de gebruiker, zowel tijdens
het nemen als het afdrukken van de
foto's, de keuze biedt uit drie verschillende formaten.

Draagbare schrijfmachine Valentin

PERIODE: 1969

ONTWERPERS: Ettore Sottsass (geb. 1917) en Perry King (geb. 1938)

MATERIAAL: kunststof

FABRIKANT: Olivetti, Italië

Ettore Sottsass liet zich inspireren door de Amerikaanse popart om de vormgeving van industriële producten menselijker te maken. De draagbare schrijfmachine Valentine, die hij samen met Perry King ontwierp, was niet de eerste draagbare schrijfmachine. Al in de jaren dertig had het Zwitserse bedrijf Ernest Paillard de spits afgebeten met een model dat zij Hermes Baby hadden gedoopt. Desondanks markeerde de Valentine een nieuwe benadering van kantoorapparatuur, omdat de schrijfmachine zowel thuis als op kantoor kon worden gebruikt. De felgekleurde kunststofbehuizing, het formaat en de kleur maakten de schrijfmachine tot een vriendelijk, menselijk en geinig apparaat. Dit beeld werd nog eens versterkt door de reclames voor deze schrijfmachine: in de advertenties werden vaak jonge stelletjes afgebeeld die zich in de natuur ontspanden met een Valentine naast zich, of reusachtige popart-kunstwerken, zoals de hier afgebeelde poster.

Sottsass werkte vanaf 1957 als ontwerpadviseur voor Olivetti en ontwikkelde de meest uiteenlopende producten, zoals schrijfmachines, meubels en computers. Hij had een grote belangstelling voor ergonomie en nieuwe materialen. De Valentine, die uitdrukking geeft aan de dynamiek van Olivetti en hun intelligente benadering van design, zou een groot commercieel succes worden.

the olivetti collection   1. Lettera 33   2 Lettera 31   3 Studio 45   4. Lettera 32   5 Valentine   6. A collector

IBM-schrijfmachine 72

De in 1963 ontworpen IBM-schrijf-machine met schrijfbolletje bracht een radicale verandering teweeg in de kantoren van de jaren zestig. Voor het eerst was er een schrijfmachine beschikbaar die was uitgerust met verwisselbare lettertypes, carbon-linten en een elektrische aandrijving. Bovendien woog de machine niet meer dan 14 kilo. De 72 had zijn succes vooral te danken aan het plastic schrijfbolletje met een laagje nikkel, dat bij iedere aanslag via een mechanisme werd gekanteld en gedraaid om zo het gewenste teken voor het papier te plaatsen. Vervolgens werd het teken tegen het lint gedrukt en een positie opgeschoven. Bij latere modellen zou de afdrukkwaliteit zelfs nog verder toenemen. Onder leiding van Eliot Noyes hanteerde de International Business Machine Corporation (IBM) in de jaren vijftig een duidelijk omschreven beleid ten aanzien van hun productontwerpen. Met een schuin oog naar de Italiaanse concurrent Olivetti, en in het bijzonder de door Nizzoli ontworpen

PERIODE: 1963

ONTWERPER: Eliot Noyes (1910–'77)

MATERIAAL: kunststof

FABRIKANT: IBM, Armonk New York State, VS

producten, vertegenwoordigde de 72 niet alleen een technische doorbraak, maar ook een uitdrukking van verfijnde plastische vormgeving.

IBM-computersysteem 360

PERIODE: 1964

ONTWERPER: Eliot Noyes (1910–'77)

FABRIKANT: IBM, Armonk New York State, USA

In 1956 werd Eliot Noyes hoofd van de ontwerpafdeling van International Business Machines (IBM). Onder zijn invloed zou het bedrijf een volledig nieuwe weg inslaan. Hij integreerde de ontwerpstrategie en de huisstijl tot een vastomlijnde benadering, die werd vastgelegd in een reeks gepubliceerde richtlijnen. Deze ontwerpspecificaties waren van toepassing op alle IBM-producten. Onder leiding van Noyes koppelde IBM ontwerp aan innovatie en ontwikkelde een aantal vernieuwende computerproducten.

Het computersysteem 360 is kenmerkend voor de benadering van Noyes en vormt de belichaming van de karakteristieke IBM-vormgeving. Het ontwerp is weliswaar functioneel, maar oogt vriendelijk, omdat de strakke vormen die vaak met computers werden geassocieerd, zijn vermeden. Het systeem was ontworpen om gemakkelijk te kunnen worden bediend, terwijl de besturingspanelen in samenwerking met de ergonomische afdeling van IBM werden ontwikkeld.

Apple Macintosh

De gebruiksvriendelijke, crèmekleurige Apple Macintosh-computer bracht een radicale verandering in de computerbranche teweeg. Het imago van Apple was nogal uitzonderlijk: het bedrijf had de reputatie te worden geleid door een groepje vrijdenkers uit de jaren zestig die ervan uitgingen dat het individu met behulp van technologie het heft in eigen hand kon nemen. De keuze van de bedrijfsnaam riep geen associaties op met het grote geld, maar deed juist denken aan de alternatieve cultuur en het Beatles-platenlabel Apple.

Apple identificeerde zich met het individu en niet zoals IBM met de collectieve macht van het bedrijf. Apple maakte bewust gebruik van dit profiel in de beroemde tv-reclame voor de Macintosh-computer die door de Britse cineast Tony Scott werd geregisseerd en werd uitgezonden tijdens de wedstrijd om de Super Bowl. Deze commercial, die voortborduurde op beelden uit de film Metropolis van Fritz Lang, liet een aantal mensen zien die naar een scherm staarden waarop een Big Brother-achtig type bezig was een tirade af te steken, om vervolgens te worden bevrijd door een olympische atleet die de beeldbuis aan diggelen gooide, waarna de volgende tekst in beeld verscheen:

PERIODE: 1984

ONTWERPER: Frogdesign/Harmut Esslinger (geb. 1945)

MATERIAAL: kunststof behuizing

FABRIKANT: Apple Computers, Cupertino, VS

'Op 24 januari zal Apple Computers de Macintosh introduceren en dan ziet u waarom 1984 niet als 1984 zal zijn.' De hier afgebeelde Classic was een van de populaire vroege modellen.

Apple iMac

PERIODE: 1996

ONTWERPERS: Apple-ontwerpteam en Jonathan Ives

MATERIAAL: kunststof

FABRIKANT: Apple Computers, Cupertino, Californië, vs

In 1999 veroverde Apple stormenderhand de markt voor productdesign met de iMac, die tegenwoordig algemeen wordt beschouwd als een van de belangrijkste producten van het eind van de twintigste eeuw. Door de modieuze kleuren en het aantrekkelijke uiterlijk dat in bijna geen enkel opzicht nog aan de vroegere vormgeving van computers herinnerde, zouden computers voortaan met andere ogen worden bekeken.

Aan het hoofd van het ontwerpteam stond Jonathan Ives, een Britse ontwerper die z'n domicilie in Californië had gekozen. Ives is tevens een van de vice-presidenten van Apple, waardoor het belang van design binnen het bedrijf extra werd onderstreept.

De waardering voor deze computer kwam uit de meest uiteenlopende richtingen: van de verkoopcijfers tot en met het grote aantal websites dat aan dit product is gewijd. Het doel van Ives was om een computer te ontwikkelen die zowel functioneel als leuk en gebruiksvriendelijk was. Behalve voor op kantoor is de iMac ook bijzonder geschikt voor thuisgebruik. Door de grote aandacht die aan ieder facet van het product werd besteed, van het materiaal-gebruik tot en met de marketing, markeert de iMac een keerpunt in de toegankelijkheid van design en technologie.

vC-rekenmachine

PERIODE: 1998

ONTWERPER: Sebastian Bergne

MATERIAAL: spuitgegoten polypropyleen

FABRIKANT: Authentics, Artipresent GmbH, Italië

De rekenmachine vC, ontworpen door Sebastian Bergne, werpt een geheel nieuw licht op dit standaardvoorwerp. Door de miniaturisatie van de elektronica is het accent bij het design van rekenmachines steeds meer komen te liggen op de grafische vormgeving in plaats van op de ontwikkeling van een beschermende buitenkant. De vC verleent aan de rekenmachine weer een duidelijke identiteit in een productgroep die overspoeld wordt door steeds complexere ontwerpen. Ook wordt de rekenmachine vaak als module toegevoegd aan andere producten om het aantal toepassingen van deze producten te vergroten, zoals bij horloges of koelkastmagneten. Omdat de meeste rekenmachines door hun kleine formaat niet gebruiksvriendelijk zijn en de miniaturisatie in dat geval niet doelmatig is, opteerde Bergne voor zijn ontwerp voor iets grotere verhoudingen. De wiskundige functies die de fabrikanten toevoegen om het raster van toetsen aan te vullen, zijn bij de vC weggelaten, zodat er ruimte overblijft en de toetsen een asymmetrisch patroon vormen. Met dit product wilde Bergne een gewone rekenmachine ontwerpen die tegemoet moest komen aan de dagelijkse behoeften.

futuristisch

DRAAGBARE SCANNER

THINGS TO COME

METROPOLIS

HOEWEL ALGEMEEN BEKEND is dat de toekomst nauwelijks te voorspellen valt, is het vormgeven ervan een regelmatig terug kerende obsessie in de twintigste eeuw. Filmregisseurs, sciencefictionschrijvers, architecten, ontwerpers en futurologen zijn voortdurend gefascineerd geweest door de toekomst. Ironisch genoeg heeft ieder decennium haar als een versie van zijn eigen heden voorspeld. Veel beelden die in dit hoofdstuk worden getoond, bevestigen dan ook de culturele en ontwerptrends van hun eigen tijd.

In bepaalde opzichten heeft het creëren van toekomstfantasieën zich ontwikkeld tot een zelfstandige esthetische discipline van de industriële vormgeving. Sciencefictionliteratuur is een belangrijke bron geweest voor de verbeelding van de toekomst. Het is een typisch twintigste-eeuws literair genre dat in de loop van de eeuw aan belang heeft gewonnen. H.G. Wells was de belangrijkste initiator van deze stroming, maar ook latere schrijvers, zoals Isaac Asimov, Arthur C. Clarke en Philip K. Dick, hebben met hun werk ontwerpers beïnvloed. Hun literaire beschrijvingen van toekomstvisioenen zijn de inspiratie geweest voor talloze illustraties, films en videospelen, en hebben mede het visuele landschap van de toekomst geconstrueerd. Eveneens van belang zijn de vele stripverhalen en andere populaire publicaties die visuele weergaven van de toekomst bevatten. We mogen deze niet als kortstondige bevliegingen terzijde schuiven: er bestaat een werkelijke relatie tussen de beeldtaal die voor jonge

volwassenen en kinderen wordt ontworpen en de ontwerpideeën van veel futuristische kleding en voorwerpen.

Ook kunstenaars hebben de toekomst onderzocht. De surrealistische collages van Max Ernst verkennen bijvoorbeeld het terrein van de voorspellende droom. Net als andere dadaïstische en surrealistische kunstenaars toont Ernst in zijn tekeningen en schilderijen een fascinatie voor ingewikkelde mechanische machines en robots.

In het begin van de twintigste eeuw heeft een aantal architecten pogingen gedaan uitvoerbare plannen te maken voor de nieuwe stad van de toekomst. Geïnspireerd door nieuwe technologische mogelijkheden hebben architecten als Sant'Elia en later Le Corbusier steden ontworpen met torenhoge wolkenkrabbers die door voetpaden met elkaar waren verbonden. Hoewel deze plannen nooit zijn gerealiseerd, dienden ze als belangrijke blauwdrukken voor de stedelijke ontwerpers na 1945. Geleidelijk aan werden deze visies in enkele grote steden, met name New York en Brasilia, gerealiseerd. Iedere belangrijke tentoonstelling en industriële expositie in de twintigste eeuw gunde het publiek een glimp van de toekomst. Het beste voorbeeld van zo'n expositie blijft de wereldtentoonstelling van 1939 in New York. De hele tentoonstelling was speciaal opgezet om de bezoeker een blik te gunnen op de manier waarop technologie de toekomst zou veranderen.

Na de Tweede Wereldoorlog begonnen samenlevingen de toekomst hartstochtelijk

HOME FACSIMILE

te omarmen. Technologische beloften vormden de grondslag van het hele politieke en filosofische gedachtegoed van de jaren zestig; de Britse minister-president Harold Wilson sprak over 'het kookpunt van technologie'. Tegelijkertijd gingen belangrijke schrijvers als Marshall McLuhan op zoek naar de theoretische gevolgen die zulke veranderingen voor de maatschappij konden hebben. Deze veranderingen werden aanvankelijk positief benaderd, maar langzaam ontstond er een tegenbeweging. Technologie, zo luidde het argument, leidde tot gevaarlijke neveneffecten. Ze veroorzaakte ecologische problemen en betekende geen werkelijke vooruitgang. De verbeelding van de toekomst liet daarom zien dat ze meer te bieden had dan het donkere, overweldigende visies over verandering. Ze begon zich ook bezig te houden met zelfvoorzienende lowtech-technologieën, projecten waarin de toekomst werd vormgegeven door recycling en hergebruik van materialen.

Deze tweeslachtigheid over de toekomst trad bij het verlaten van de twintigste eeuw pijnlijk duidelijk aan het licht. Het einde van iedere eeuw is een belangrijk moment, maar de geschiedenis dicteert dat het einde van een millennium beladen is met betekenis en profetieën. De milleniumwende markeert het begin van de toekomst. We kijken vooruit naar een beter leven, terwijl op hetzelfde moment velen vrezen dat het individu overstelpt zal worden door de technologie. Met dit in hun achterhoofd stellen ontwerpers en leidende bedrijven zich enkele wezenlijke vragen.

Hoe ziet het leven eruit in 2050? Welke eisen stellen mensen aan ontwerpen in de toekomst? Waar ligt hun interesse en wat schenkt hun bevrediging?

Traditioneel zijn het vooral technologische innovaties die de aanzet hebben gegeven tot nieuwe producten; de snelle ontwikkeling en integratie van technologieën maakt het echter steeds moeilijker de toekomst te voorspellen. Om hun leidende marktpositie te kunnen behouden hebben grote bedrijven, zoals Sony, Philips en Ideo, en kleinere bedrijven, zoals Tangerine, pogingen gedaan de toekomst te voorspellen. De prototypen van hun producten – hun 'blik op de toekomst' – laten zien hoe nieuwe technologische ontwikkelingen de kwaliteit van ons leven kunnen veranderen. Noodgedwongen erkennen bedrijven nu ook dat technologische innovatie als doel op zichzelf niet langer aanvaardbaar is. Ze erkennen dat producten en diensten beter moeten aansluiten bij de behoeften en wensen van de mensen. Design zal de steeds complexer wordende relatie tussen mens en technologie moeten weerspiegelen.

De twintigste-eeuwse obsessie voor de toekomst heeft zich vooral geuit in hightech-beelden en krachtige machines. Deze visie wordt nu op de proef gesteld door ethische en ecologische kwesties. Het is interessant om te zien hoe in de eenentwintigste eeuw de wisselwerking tussen hightech- en duurzame lowtech-producten de toekomstvoorspellingen van de volgende generatie vormgeven.

MULTIMEDIA-KIOSK

EDEN

Une Cité Industrielle

PERIODE: 1904

ONTWERPER: Tony Garnier (1869–1948)

Tony Garnier kreeg een traditionele opleiding aan de Franse Académie des Beaux-Arts, waar hij als sterleerling de felbegeerde Prix de Rome in de wacht sleepte. Ondanks zijn conventionele opleiding maakte hij aan het begin van de eeuw een bijzondere serie tekeningen, waarmee hij een blauwdruk afleverde voor de twintigste-eeuwse stadsplanning.

Garnier publiceerde in 1917 met zijn *Une Cité Industrielle* als eerste architect een ontwerp voor de geïndustrialiseerde stad. Meer dan andere ontwerpers propageerde hij het idee dat architecten hun aandacht moesten richten op de stad als geheel, en niet op de privé-woning of het individuele monumentale gebouw. Garnier introduceerde het enige en zeer invloedrijk gebleken uitgangspunt voor stedelijke planning: het idee van ruimtelijke ordening, een methode voor de organisatie en ordening van de industriële stad. Hij verdeelde zijn denkbeeldige stad van 35 duizend inwoners in verschillende gebieden: industrieterreinen, woonwijken, stadsgebieden voor transport, sport en gezondheid. Met deze categorisering van de activiteiten van het moderne leven oefende hij grote invloed uit op architecten als Le Corbusier in de jaren twintig.

Garnier begreep ook dat hij de nieuwste industriële materialen kon inzetten om de moderne stad van de twintigste eeuw vorm te geven. Het is opmerkelijk dat hij gewapend beton gebruikte voor allerlei soorten gebouwen. Zijn woonhuizen van twee verdiepingen zijn eenvoudige kubusvormige woningen met klassieke vormen die vooruitlopen op het modernisme. Met zijn eenvoudige kubusvormige huizen, zijn openbare gebouwen met hun indrukwekkende consoles en zijn gebruik van gewapend beton, zette Garnier een standaard voor alle toekomstige stadsplanning. Zijn revolutionaire stedelijke visie heeft tot op de dag van vandaag zijn sporen nagelaten.

La Ville Radieuse

La Ville Radieuse (de stervormige stad) is zonder twijfel een van de invloedrijkste intellectuele concepten van de twintigste eeuw. Op basis van de ideeën van vroege visionairen als Tony Gardier en Sant'Elia ontwierp Le Corbusier zijn model voor de moderne stad; hij wilde laten zien hoe een stad het best kon worden aangepast aan de behoeften van zijn inwoners. Zijn ontwerp was het eindresultaat van een reeks stadsplannen waaraan Le Corbusier in de jaren twintig had gewerkt. Le Ville Radieuse was gebaseerd op een indeling in zones waarin de sleutelactiviteiten van het moderne leven en werken plaatsvonden. De zones waren geordend in een opeenvolging van stroken die horizontaal in het landschap konden verdwijnen. Met name zijn idee om niveaus in de stad aan te brengen heeft grote invloed uitgeoefend: voor de voetganger reserveerde hij bijvoorbeeld speciale voetgangersgebieden boven het straatniveau van de auto's, een idee dat een enorme invloed had op de stedelijke planning van na de Tweede Wereldoorlog. De hereniging van mens en natuur was een van Le Corbusiers belangrijkste uitgangspunten. Als gevolg daarvan stonden al zijn gebouwen op pilaren hoog boven de grond, zodat de ruimte daaronder als stadspark kon dienen.

De grootse visies van Le Corbusier hadden één wezenlijk nadeel: deze steden moesten van de grond af aan opnieuw worden opgebouwd. Praktisch gezien betekende dit dat

PERIODE: 1930

ONTWERPER: Le Corbusier (1887–1966)

de stad hoe dan ook uit zones moest bestaan, of de bewoners ze nu wilden of niet. Bovendien moesten bestaande gebouwen verdwijnen, werd de geschiedenis weggevaagd en verloren mensen de controle over hun leven. Hoewel Le Corbusier deze autoritaire positie later verliet, hebben veel mensen te lijden gehad onder de grootschalige naoorlogse nieuwbouwprogramma's die waren gebaseerd op Le Corbusiers schetsen, die tegenwoordig als onmenselijk worden beschouwd.

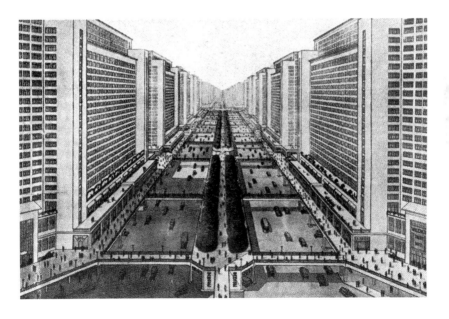

Monument voor de Derde Internationale

PERIODE: 1919–'20

ONTWERPER: Vladimir
Tatlin (1885–1953)

Het monument van Tatlin is een van
de belangrijkste artistieke projecten
uit de periode vlak na de bolsjewistische revolutie van 1917. Tatlin wilde
met zijn ontwerp de nieuwe Sovjet-
samenleving symboliseren, en de activiteiten in het gebouw moesten de
overgang naar deze nieuwe manier
van leven ondersteunen. In de eerste
jaren na de revolutie deed de staat
een beroep op kunstenaars om nieuwe beelden en monumenten te cre-
eren, die de nieuwe ideologie op de
gewone mensen konden overdragen.
Net als vele Russische kunstenaars
verwierp Tatlin het burgerlijke kun-
stenaarschap en stelde zijn talenten
in dienst van de Sovjet-Unie.

Volgens het plan zou de vierhonderd meter hoge toren in Sint-Peters-
burg over de rivier de Neva heen
worden gebouwd. Gezien de enorme
schaarste aan materialen en geld was
zo'n project echter onmogelijk, waardoor de toren nooit tot stand kwam.
De maquette liet een enorme stalen
constructie zien – een dubbele helix –
met daarbinnen drie transparante
ruimten. Een kubus huisvestte de
wetgevende organen van de Sovjet-
Unie, een piramide de regering, en in
een cilinder bovenaan in de top zou
een centrum voor propaganda worden
gevestigd. Deze kantoren moesten op
verschillende snelheden ronddraaien
om de dynamiek van de nieuwe samenleving tot uitdrukking te brengen. De
rode kleur van de toren symboliseerde de revolutie en de piek die het geraamte doorsneed, verbeeldde de
dialectiek van de marxistische theorie. Het was, zoals Tatlin zelf zei, 'politieke sculptuur'.

La Città Nuova

PERIODE: 1914

ONTWERPER: Antonio Sant'Elia (1888–1916)

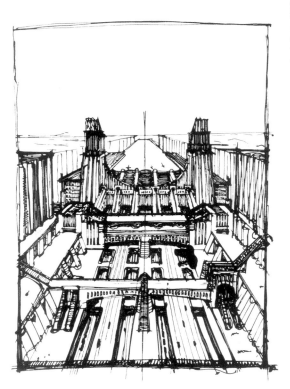

De Italiaanse futuristen waren geobsedeerd door het idee van de Nieuwe Tijd, het schokkende, het chaotische en het radicale. Ook Sant'Elia, de belangrijkste architect binnen deze stroming, koesterde een fascinatie voor grootte, snelheid, techniek en vooral machines. In 1913 begon hij aan zijn plannen voor een nieuwe stad, die het jaar daarna samen met een futuristisch manifest over architectuur zouden worden tentoongesteld. De stad van Sant'Elia was geen oefening in stedelijke planning zoals de eerdere ideeën van Tony Garnier, maar met *La Città Nuova* presenteerde hij een verbijsterende originele visie op de twintigste-eeuwse geïndustrialiseerde stad. Sant'Elia beschouwde de nieuwe stad als een gigantische machine. In zijn optiek vroeg de nieuwe gemechaniseerde manier van leven om een compleet nieuwe architectuur. Net als andere futuristische uitdrukkingsvormen brak deze benadering met het verleden en belichaamde ze de snelheid en vooruitgang van de nieuwe eeuw. Sant'Elias treffende beschrijving van architectuur als machine werd later door Le Corbusier omarmd.

In Sant'Elias visie torenden hoge flats van gewapend beton uit boven het transportniveau. Veel details van de hedendaagse architectuur, zoals de plaatsing van liftschachten aan de buitenkant van gebouwen, zijn al in zijn tekeningen terug te vinden. In veel opzichten liep hij zo'n zeventig jaar vooruit op moderne architecten als Richard Rogers.

Helaas zijn Sant'Elias ideeën nooit verder gekomen dan de tekentafel; hij is op jonge leeftijd gesneuveld in de Eerste Wereldoorlog.

Things To Come

PERIODE: 1936

REGISSEUR: William Cameron Menzies (1896–1957)

Meer dan welke andere schrijver heeft H.G. Wells het sciencefictiongenre op de literaire landkaart van de twintigste eeuw gezet. Zijn toekomstvisies hebben een enorme invloed uitgeoefend. Een van zijn vroege verhalen, *The Sleeper Awakes*, heeft hij in de stad van de toekomst gesitueerd. Hij schiep een bijzonder beeld van grote gebouwen met metalen constructies, dat een aankondiging was van het werk van modernistische architecten als Le Corbusier. *Things To Come*, een bewerking van een latere roman van Wells, borduurde voort op dit thema en werd een van de filmsensaties van het decennium. Het verhaal beschrijft een periode van honderd jaar beschaving. Het begint in 1940 met een oorlog die de hele wereld vernietigt en de mensheid vrijwel volledig wegvaagt. De film eindigt met een futuristisch utopia in 2040, waarin het menselijk lijden is uitgebannen en alle materiële en spirituele behoeften worden bevredigd.

De door William Cameron Menzies geregisseerde film is vooral bekend om zijn opmerkelijke futuristische decors en om de uitzonderlijke special effects van Ned Man (1893-1967). Met behulp van modellen creëerde Man de illusie van een stad op ware afmetingen. Daarnaast ontwierp hij fantasiemachines, zoals beeldtelefoons en vliegtuigen met deltavleugels die Londen aanvielen. In 1936 moest het Engelse publiek lachen om het idee van een luchtaanval op hun hoofdstad. Vijf jaar later werd deze fantasie werkelijkheid.

Metropolis

De in 1925 in Duitsland geproduceerde film *Metropolis* was een voor die tijd ongehoord dure productie. Mede vanwege de gedenkwaardige futuristische decors en de immense massascènes werd *Metropolis* al snel erkend als de beste sciencefictionfilm uit het tijdperk van de stomme film. De film oogstte alom bewondering en oefende grote invloed uit; Hitler en Goebbels waren beiden zeer onder de indruk. Vrijwel alle volgende sciencefictionfilms zijn schatplichtig aan deze originele toekomstvisie.

In de inleidende beelden van de film toont Lang ons een enorme stad in de toekomst: schitterende wolkenkrabbers, luchtbruggen en vliegtuigen. De mensen leiden een comfortabel leven en wijden zich aan hun intellectuele en lichamelijke ontwikkeling. Hoewel de film een morele boodschap uitdraagt over de bedreiging die de techniek voor het menselijke spirituele leven kan vormen, wordt het alternatief voor de technologische vooruitgang geïllustreerd aan de hand van de arbeiders van de ondergrondse stad, die geen enkele individualiteit kennen; ze vormen een onpersoonlijke massa.

Met behulp van een geraffineerde filmtaal presenteerde Lang in *Metropolis* technische innovaties die Hollywood de volgende twee decennia zouden beïnvloeden. De film maakte veelvuldig gebruik van onevenwijdige lijnen, naamloze massa's, licht-donkercontrasten, halfschaduwen en silhouetten, technieken die nog steeds dienen om mysterieuze en bedreigende scènes en emoties te verbeelden. *Metropolis* bewees dat een filmbeeld ook betekenis kon genereren; een voorbeeld is de bekende scène waarin een robot met een glanzend vrouwelijk lichaam, gestileerde borsten en een onmenselijk masker zijn entree maakt. Lang vormt ook de ruimte met behulp van menselijke lichamen, en zijn effectieve gebruik van licht maakt geluid overbodig.

PERIODE: 1926

REGISSEUR: Fritz Lang (1890–1976)

De Perisphere en de Trylon

PERIODE: 1939–'40

TENTOONSTELLING: 'World of Tomorrow' in New York

ONTWERPER: Henry Dreyfuss (1904–'72)

In de jaren twintig hadden de Verenigde Staten zich ontwikkeld tot de machtigste industriële natie ter wereld. Het land nam het voortouw in de ontwikkeling van nieuwe industriële productiemethoden. Voor de Amerikanen was de machine niet alleen een realiteit in het heden, maar ook een krachtig symbool voor de toekomst. In 1993 werd deze visie gerealiseerd in de tentoonstelling 'World of Tomorrow', in New York. Hier was een poging gedaan de toekomst op kleine schaal na te bootsen; bezoekers konden een door mensen vervaardigde toekomst betreden: *Democracity* van Henry Dreyfuss, met de Perisphere met een diameter van zestig meter en de Trylon van tweehonderd meter hoog. Deze opvallende witte geometrische vormen boden de bezoekers een vooruitblik op een zorgeloze manier van leven en een gestroomlijnde toekomst. De mensen konden zich vergapen aan televisies, computers, transcontinentale snelwegen, de belofte van bemande ruimtevaart en een assortiment van de laatste elektrische huishoudelijke artikelen. Het effect van de tentoonstelling werd echter grotendeels tenietgedaan door het uitbreken van de Tweede Wereldoorlog. Dit was niet het moment voor utopistische toekomstdromen; dringender zorgen vroegen om prioriteit. Het optimisme van 1939 verdween in de wachtkamer totdat in de naoorlogse jaren de politieke en economische stabiliteit terugkeerden.

Stad van de Toekomst

PERIODE: 1946

ONTWERPER: Frank R. Paul
(1884-1963)

Tijdens de hele twintigste eeuw hebben stripverhalen en sciencefiction-literatuur visuele weergaven van gefantaseerde toekomsten opgeleverd. Deze geïllustreerde vertellingen waren geen voorbijgaande of triviale elementen van de populaire cultuur; ze ontwikkelden zich tot een belangrijk medium dat ons toekomstbeelden verschaft. Bekende science-fictiontekenaars, zoals Frank R. Paul, hebben de toekomst via het heden weergegeven, waarbij ze doeltreffend de culturele ambities van hun eigen tijd vastlegden. Er bestaat ook een reële en krachtige relatie tussen deze vorm van populaire beeldcultuur en de cultuur van het design; deze creatieve visuele taal is keer op keer overgenomen en toegepast in het visuele landschap van de populaire designtrends.

Fiets van de Toekomst

PERIODE: 1946

ONTWERPER: Ben Bowden (geb. 1906)

Het Victoria and Albert Museum in Londen opende haar deuren na de oorlog in 1946 met de designtentoonstelling: 'Britain Can Make It'. Met name het onderdeel Designs of the Future trok bijzonder veel aandacht. Het was een stand met onder andere een futuristische keuken, een bed met airconditioning en Ben Bowdens Fiets van de Toekomst.

Totdat historicus Paul Clarke een studie van Bowdens carrière had ge-maakt, was er eigenlijk weinig van hem bekend. Na een opleiding als technisch ingenieur gaf hij in de jaren dertig leiding aan de afdeling carrosserieontwerp bij de Britse autofabrikant Rootes. Bowden richtte zich na de oorlog op de fiets; het ontwerp van dit voertuig had vanaf het begin van de eeuw geen ontwikkeling meer doorgemaakt. De fiets van Bowden had niet langer een frame van stalen buizen, maar een hol frame van een metaallegering, een techniek die al snel gemeengoed werd bij motoren en scooters. De fiets had een elektrisch hulpmotortje die werkte met een oplaadbare accu en drijfasaansturing in plaats van een met kettingaandrijving. Toen de fiets in 1946 aan het publiek werd getoond, waren de nieuwe techniek en de radicale vorm – volgens Bowden geïnspireerd op de vormen van de grote oceaanstomer de Queen Mary – een sensatie.

Bowdens fiets is echter nooit in productie genomen. Hij verhuisde in de jaren vijftig naar de Verenigde Staten en produceerde in de jaren daarna kleine aantallen van zijn ontwerp, dat hij had omgedoopt tot de *Spacelander*. De fiets kreeg al gauw een legendarische status en werd een gewild collectors item.

Skylon

PERIODE: 1951

ONTWERPERS: Sir Philip
Powell (geb. 1921) en
John Hidalgo Moya
(1920–'94)

De nieuwe socialistische regering van
Engeland ondersteunde in 1945 de
plannen van de pas opgerichte
Council of Industrial Design, tegenwoordig bekend als de Design
Counsel, om design te gebruiken als
een belangrijke strategie in de economische wederophouw na de oorlog. Het meest ambitieuze plan van
de raad was de organisatie van een
festival om het eeuwfeest van de
grote tentoonstelling uit 1851 te vie-
ren. Het Festival of Britain was opgezet om het Britse volk een nieuwe
toekomst te laten zien en een internationaal forum te creëren voor
Britse ontwerpers. De festivalorgani-
satie, die in handen was van Hugh
Casson, kreeg in Londen een platge-
bombardeerd stuk land op de zuid-
oever van de Thames toegewezen en
een budget van zeven miljoen pond.
De tentoonstelling sprak zeer tot de
verbeelding van het publiek. Tussen
de opening in mei 1951 en de sluiting
in september 1951 bezochten meer
dan zes miljoen mensen het Festival
of Britain.

De festivaldirectie wilde enkele
gedenkwaardige gebouwen op het
terrein laten neerzetten. Daarom gaf
ze opdracht tot de bouw van het
grootste koepelvormige gebouw ter
wereld, de Dome of Discovery, en het
hoogste gebouw ter wereld – de
Skylon. Het ontwerp van twee jonge
architecten, Powell en Moya, torende
hoog boven het terrein uit. De elegante en elastische structuur creëerde een esthetisch gevoel dat een
hele nieuwe generatie ontwerpers
heeft beïnvloed.

Plug-In City

PERIODE: 1964

**ONTWERPER: Archigram—
Peter Cook (geb. 1936)**

In de jaren zestig maakte Archigram enkele van de meest utopische en futuristische ontwerpen van de twintigste eeuw. Archigram fungeerde als een paraplu voor een groep jonge Britse architecten, onder wie Ron Herron, Warren Chalk, Dennis Crompton, Peter Cook, David Green en Michael Webb. Zij lieten zich allen inspireren door hun goeroe Buckminster Fuller en deelden hun enthousiasme voor het werk van de Italiaanse futuristen en de nieuwe popcultuur van science-fiction, het ruimtevaarttijdperk en het wegwerpconsumentisme. Ze vonden dat de heersende architectuur te veel vasthield aan verleden en traditie, en ze wilden haar vervangen door een architectuur die beter aansloot bij de tijdgeest. Als podium voor hun projecten en om de architectuur nieuw leven in te blazen richtten ze het tijdschrift *Archigram* op. De groep verwierp het idee dat architectuur blijvend moest zijn, als de samenleving en de mensen veranderden, moest dat ook voor hun gebouwen gelden.

De projecten in Archigram presenteerden een inwisselbare architectuur, die in haar vormgeving werd geïnspireerd door de nieuwste technologie. *Plug-In City* van Peter Cook uit 1964 was een typisch voorbeeld van deze benadering. De stad bezat een grondstructuur van basisvoorzieningen, zoals water en elektriciteit, waar bewoners zelf hun gestandaardiseerde wooneenheden in konden plaatsen. Hoewel hun ontwerpen meestal niet verder kwamen dan de tekentafel, hadden ze een enorme invloed op belangrijke architecten, onder wie Richard Rogers en Nicholas Grimshaw.

House of the Future

Het echtpaar Smithson behoorde tot een jonge generatie van Britse naoorlogse architecten die geïnspireerd waren door de Moderne Beweging. Hun interpretatie van het modernisme, waarbij ze gebruikmaakten van nieuwe materialen en constructiemethoden uit de jaren dertig van de twintigste eeuw, werd bekend onder de naam New Brutalism vanwege de onvriendelijke vormen met zichtbare stalen balken en rauw beton. Zij waren echter uit op een herinterpretatie van de ideeën van de Moderne Beweging. Ze wilden het modernisme meer toespitsen op hun eigen tijd en meer in overeenstemming brengen met de consumentgerichte samenleving van de jaren vijftig. De Smithsons ontwik-

kelden zich tot de belangrijkste architectuurdenkers van het naoorlogse Groot-Brittannië. In het *House of the Future*, gebouwd voor de tentoonstelling 'Ideal Home', hebben zij hun opvattingen over het moderne huis in de nieuwe tijd verwerkt: een woning diende om het leven van de mensen aangenamer te maken. Vrij golvende binnenmuren waren in plastic vormgegeven, zodat ze gemakkelijk schoon te houden waren. Verlichting en armaturen waren alle in deze wanden opgenomen. Tot de visionaire ideeën behoorde onder andere de keuken die helemaal was ingericht om kant-en-klaarmaaltijden te bereiden in plaats van traditionele maaltijden. De wasgelegenheden

PERIODE: 1956

ONTWERPERS: Alison Smithson (1928–'93) en Peter Smithson (geb. 1923)

waren in aparte ruimten ondergebracht; het plastic bad was verzonken in de vloer en de douchecabine had een coconachtig uiterlijk. Het idee van de Smithsons dat architectuur een bruikbaar wegwerpproduct kon zijn, is zeer invloedrijk gebleken, en hun gemodelleerde plastic meubels en armaturen hebben een grote invloed gehad op het design in de jaren zestig.

Barbarella

PERIODE: 1967

REGISSEUR: Roger Vadim (geb. 1927)

Barbarella presenteerde een toekomstbeeld dat was gebaseerd op popdesign. Het was niet de strak gestroomlijnde visie uit tv-series als *Star Trek*, maar een beeld van de toekomst als popcultuur. In de film waren bijvoorbeeld een satijnen bed, met bont beklede wanden en opblaasbare meubels te zien.

Barbarella kwam aan het begin van een tijdperk in roulatie en stimuleerde de architecturale subcultuur in hun onderzoek naar installatieachtige omgevingen; de gebogen, plooibare en voortdurend aanpasbare ruimten waren een weerklank van het experimentele werk van veel ontwerpers uit de jaren zestig, zoals Verner Panton en Joe Columbo.

Met behulp van nieuwe materialen zoals polyurethaanschuim en pvc werden meubels gecreëerd die met hun gezwollen vormen in strakke bontgekleurde bekleding een verrassende en onmiskenbaar erotische uitstraling hadden. Deze geestige popontwerpen bereikten een groot publiek via films als *Dr. No* en *Barbarella*. Zo creëerde de cinema enkele van de blijvende toekomstomgevingen van het decennium.

Mode van de toekomst

In de jaren zestig zagen Parijse mode-ontwerpers dat de mode onder invloed van de straat een stijlrevolutie onderging. Nieuwe onafhankelijke boetieks bepaalden nu het tempo, en al snel gingen de grote Franse modehuizen op zoek naar manieren om weer zelf de nieuwe moderne vrouw te definiëren. In deze context waren beelden van de toekomst bijzonder belangrijk. Hun mode voor de nieuwe vrouw toonde onder meer moderne jumpsuits, grote zonnebrillen en 'ruimtevaart'-helmen zoals de futuristische modellen van Pierre Cardin uit 1967 laten zien. In 1964 nam Courrèges als eerste modeontwerper de minirok in zijn collectie op; voor zijn thema 'het meisje van de maan' gebruikte hij witte plastic laarzen en prachtig gesneden jumpsuits in zwart-wit, geïnspireerd door de geometrische vormen van de popart.

Een ander belangrijk thema in de mode waren nieuwe materialen. Plastic was uiteraard belangrijk, maar Paco Rabanne maakte bijvoorbeeld met behulp van helder gekleurde

PERIODE: 1967

ONTWERPER: Pierre Cardin (geb. 1922)

stukjes plexiglas, metaal en acryl minirokjes die als maliënkolders waren vervaardigd. Dankzij de traditie van voortreffelijke ontwerpen en innoverende materialen herwon Parijs weer zijn leidende positie in de modewereld van de jaren zestig.

Wichita House

PERIODE: 1946

ONTWERPER: Richard Buckminster Fuller (1895–1983)

Een formele opleiding als architect heeft Buckminster Fuller nooit voltooid, maar dat neemt niet weg dat hij nog steeds een vruchtbare invloed uitoefent op het design en de architectuur van de twintigste eeuw. Met nieuwe technieken en een oorspronkelijke visie bood hij een alternatieve richting voor de meer symbolische uitingen van modernisme die hij en vele anderen begonnen te ontwaren in gebouwen van architecten als Mies van der Rohe en Le Corbusier.

In 1927 ontwikkelde hij een nieuw huis dat hij *Dymaxion* doopte, een woord dat hij had gevormd van 'dynamisch' en 'maximale efficiëntie'. Met dit futuristische, uit geprefabriceerde componenten gebouwde huis gaf Buckminster Fuller uitdrukking aan een moderne manier van leven dat door toepassing van techniek aangenamer werd gemaakt. Zijn benadering zou een verregaande invloed hebben op de jonge architecten na de Tweede Wereldoorlog. Zij koesterden grote bewondering voor dit inventieve buitenbeentje, wiens werk nooit echt gangbaar is geworden.

Met het Wichita House, ontworpen in 1946, borduurde Buckminster Fuller voort op zijn vroegere ideeën en verbeeldde hij zijn unieke antwoord op de esthetische machine. Het gebruik van geprefabriceerde elementen was het eerste teken van de consumentenmaatschappij en weerspiegelde de belofte van de toekomst en de mogelijkheden van nieuwe technieken. Het is niet verwonderlijk dat Buckminster Fullers experimenten met geodetische koepelbouw en zijn talrijke publicaties een grote inspiratiebron vormden voor een generatie architecten in de jaren zestig die zich wijdde aan de ontdekking van de toekomst.

The Gutenberg Galaxy

PERIODE: 1962

SCHRIJVER: Herbert Marshall McLuhan (1911–'80)

UITGEVER: Routledge en Kegan Paul, Londen, Engeland

In 1951 publiceerde de Canadees Marshall McLuhan *The Mechanical Bride*, een unieke analyse van Amerikaanse reclameboodschappen. De belangrijkste veranderingen als gevolg van het elektronische tijdperk besprak hij in 1962 in *The Gutenberg Galaxy*. Deze publicaties maakten van Marshall McLuhan de belangrijkste futurologische goeroe van zijn tijd, en naast hem leken conventionelere academici hopeloos gedateerd en anachronistisch. McLuhans belangrijkste stelling was dat de nieuwe media een gevoel van gemeenschapszin en collectiviteit in een versnipperde samenleving zouden terugbrengen door de mensheid in een 'global village' te verenigen. Volgens de analyse van McLuhan zouden de mensen door de communicatietechnologieën nieuwe manieren vinden om de werkelijkheid waar te nemen. Het begrip van tijd, ruimte en van het individu zelf zou erdoor veranderen. Hoewel zijn theorieën compact en complex waren, bereikte McLuhan een grote populariteit. Dit had twee oorzaken. In de eerste plaats bevatten zijn teksten altijd een spirituele, haast mystieke dimensie die de tegencultuur van de jaren zestig enorm aansprak. In de tweede plaats wist hij zijn boektitels en citaten als pakkende frasen te formuleren: 'the medium is the message' werd het cliché van de jaren zestig. Toen in de jaren zeventig de technologie zich minder snel ontwikkelde dan McLuhan had voorspeld, verloren zijn ideeën aan gezag. De laatste jaren heeft zijn werk aan waardering gewonnen en is zijn status als goeroe hersteld.

Blade Runner

PERIODE: 1982

REGISEUR: Ridley Scott (geb. 1929)

Blade Runner heeft een visueel landschap van de futuristische stad gecreëerd dat nog steeds het populaire beeld bepaalt. De film is een bewerking van Philip K. Dicks roman *Do Androids Dream Of Electric Sheep?* In het overbevolkte Los Angeles van 2019 zijn 'replicants' neergestreken, androïden met een menselijke overlevingsdrang. De cynische held

Harrison Ford moet deze androïden opsporen en elimineren. In de beroemde openingsscène zien we een stad van de toekomst, met reclameboodschappen die op wolkenkrabbers worden geprojecteerd en 'auto's' die door de lucht vliegen. In deze visie is Los Angeles anno 2019 een deprimerende, duistere en chaotische stad.

De vormgeving van de film was in handen van Douglas Trumbull, die ook meegewerkt heeft aan het belangwekkende *2001: A Space Odyssey* (1969). De keuzen die hij voor *Blade*

Runner maakte, hebben nog steeds grote invloed op filmregisseurs, reclamemakers en modeontwerpers. Hij creëerde de beelden van de stad door modellen te laten aansluiten op bestaande architectuur. De duistere deprimerende atmosfeer ontstond doordat er veel lagen over elkaar heen waren aangebracht, waardoor de dichtheid aan visuele informatie enorm hoog werd. De hoeveelheid details in de film is zo overweldigend, dat volgens velen de essentie van *Blade Runner* vooral in de vormgeving ligt, en niet zozeer in de regie.

Eve Machina

De Eve Machina was een van de talrijke pogingen om de industriële vormgeving van de machine te vermenselijken. De keuze van de naam was geen toeval. Eve (Eva) is de naam van de vrouw van de verboden vrucht, en GK Dynamics omschreef de motor als een 'liefdesspeeltje'. Dit opzienbarende prototype van de grootste groep industriële ontwerpers ter wereld laat weinig aan de verbeelding over: het toont een vrouw en een machine die seksuele gemeenschap hebben. Het ontwerp versterkt de toch al krachtige relatie tussen motoren en mannelijke seksuele drift. Het beeld doet sterk denken aan de sculpturen van Allen Jones in de jaren zestig van de twintigste eeuw en heeft veel kritiek gekregen vanwege zijn vrouwonvriendelijke karakter.

PERIODE: de jaren tachtig

ONTWERPER: GK Dynamics Incorporated, Tokio, Japan

Home Facsimile

PERIODE: 1996

ONTWERPERS: Tangerine –
Martin Darbyshire en
Peter Phillips

MATERIAAL: kunststof

Ontwerpbureau Tangerine is in 1989
opgericht. De designers van dit bedrijf willen het potentieel van de producten die ze ontwerpen, de bedrijven
die ze fabriceren en de gebruikers die
ze kopen, oprekken. Tangerine is een
jong Brits designbureau dat al een
grote internationale reputatie heeft
verworven door zijn innovatieve computers, telefoons en faxapparaten
voor klanten als Apple, Hitachi en LG
Electronics.

De *Home Facsimile* is ontworpen
voor particulier gebruik. Tangerine
heeft daarom de traditionele fax-
machine vervangen door een nieuw
en uitdagend ontwerp. Dit apparaat
neemt een minimum aan ruimte in
beslag en vervult een decoratieve
functie in een huiselijk interieur. Het
apparaat kan ook allerlei soorten gedrukt materiaal versturen: boeken,
foto's, dagboeken of een persoonlijke
handgeschreven groet.

Bound Packet Computing

Gary Natsume behoort tot de nieuwste lichting getalenteerde ontwerpers die als de toekomst van het moderne design wordt beschouwd.

Natsume heeft zijn opleiding gevolgd aan de Cranbrook School of Art in Michigan in de Verenigde Staten, waar hij vernieuwende prototypen heeft ontworpen zoals *Bound Packet Computing*, een nieuwe visie op de laptopcomputer.

Het product bestaat uit vijf vervangbare en op te waarderen standaardcomponenten: beeldscherm, toetsenbord, moederbord, diskette-station en batterij. Deze componenten zitten als bladen in een map, en in de rug van de map zitten de noodzakelijke elektrische poorten en nog twee extra componenten. De gebruiker kan kleur en stijl van het omslag naar believen aanpassen, en aangezien het ontwerp eenvoudig en betaalbaar is, is het geen enkel probleem dit omslag te vervangen. Deze computer biedt flexibiliteit en persoonlijke expressie in een gebied waar de vormgeving van producten vaak saai en eenvormig is.

Na zijn afstuderen is Gary Natsume

PERIODE: de jaren negentig

ONTWERPER: Gary Natsume

in dienst getreden bij *frogdesign* in New York, een bedrijf dat zich sinds zijn oprichting in 1969 in de frontlinie van de designwereld bevindt. Tegenwoordig wordt *frogdesign* als een van de belangrijkste ontwerpbureaus ter wereld beschouwd. Onder leiding van Tucker Viemeister is in 1997 de afdeling in New York geopend.

Crystal Mu MDV-informatie-scherm

PERIODE: 1996

ONTWERPERS: TKO – Anne Gardener (geb. 1961), Andy Davey (geb. 1962) en NEC Design Ltd. – Junko Misawa (geb. 1965)

MATERIAAL: LCD, kunststof en metaal

FABRIKANT: NEC Design Ltd, Japan

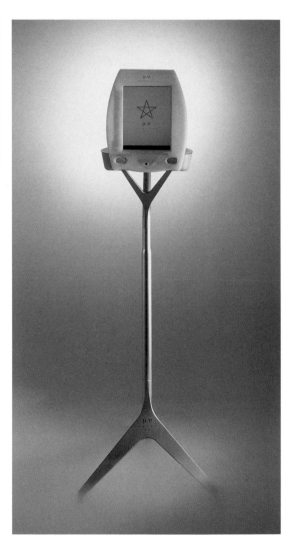

TKO kreeg de opdracht een nieuw computerscherm te ontwikkelen voor de geavanceerde LCD-technologie van NEC. Deze technologie maakt gebruik van een transparant LCD-scherm en wordt door een laptopcomputer aangestuurd. NEC had de techniek ontwikkeld voor gebruik in musea, galerieën, toonzalen en winkels, waar via het beeldscherm productinformatie kan worden getoond.

Crystal Mu kan tegelijkertijd 3D-objecten en computergegevens presenteren. Het venster is een transparant LCD-scherm waarop afbeeldingen, tekst, multimedia of interactieve programma's in kleur te bewonderen zijn. 3D-objecten kunnen achter het venster worden tentoongesteld en zijn dan door het transparante scherm zichtbaar.

NEC en TKO wilden geen traditionele vormgeving voor dit product. Het beeldscherm moest zelf als het ware tentoongesteld kunnen worden. Door het concept van het transparante beeldscherm vervaagden de grenzen tussen kunst en technologie, tussen het tentoonstellen van fysieke objecten en het weergeven van elektronische gegevens.

Multimediacomputer TotalMedia

Het was eigenlijk niet de bedoeling dat de TotalMedia-computer in productie zou worden genomen. IDEO, onder leiding van Jochen Backs, en Samsung hadden de handen ineen geslagen om een computer te ontwerpen die 'de grenzen van de multimediatechnologie voor het thuisgebruik [zou] verleggen'. TotalMedia is ontwikkeld als een multimedia-apparaat voor privé en zakelijk gebruik in de huiselijke kring. Het is een kruising tussen een computer, geluidsinstallatie, televisie, videosysteem en spelcomputer. Het apparaat is van een ingebouwde instelbare videocamera en een microfoon voorzien, en dankzij een telefoon met afstandsbediening kunnen gebruikers op afstand toegang krijgen tot het scherm of telefoontjes plegen.

IDEO is een internationaal designbureau uit 1969 met kantoren in Londen, Boston, Chicago, San Francisco en Tokio. Wereldwijd werken er momenteel driehonderd mensen voor IDEO, en tot de klantenkring behoren onder andere Apple, Black and Decker, British Telecom, Hoover, Nike, Samsung en Whirlpool.

PERIODE: 1997

ONTWERPER: IDEO, San Francisco, Californië, VS

Vision Project

PERIODE: 1997

ONTWERPER: IDEO, San Francisco, Californië, vs

Het designbureau IDEO heeft zich ge-specialiseerd in het ontwikkelen van producten en omgevingen die ge-bruikmaken van de nieuwste techno logie, de modernste computertech-nieken en ergonomisch ontwerpen. De Refreshment Wall is onderdeel van het project Vision dat door de IDEO-afdeling in San Francisco is ge-realiseerd. Het project biedt een nieuwe kijk op ontvangstruimten en

is een mooi voorbeeld van de fanta-sierijke, grensverleggende en theo-retische oplossingen die IDEO zoekt voor kwesties waar consumenten dagelijks mee te maken krijgen. Het uitgangspunt voor dit project is het besef dat de overgangsruimten tus-sen 'buiten' en 'binnen' een essen-tieel onderdeel vormen van de relatie tussen klant en bedrijf.

Het ontwerp bestaat uit drie om-gevingen die IDEO's spitsvondige bedrijfsfilosofie illustreren. De ont-vangstruimte van Vision is een onbe-mand complex van ingebouwde in-stallaties: de Information Wall, de

Refreshment Wall en de Communi-cation Wall. Bezoekers bepalen zelf waar ze gebruik van willen maken. Ze kunnen bijvoorbeeld tijdschriften uit de interactieve Information Wall nemen, een glas water uit de Refreshment Wall krijgen of advies aan de Communication Wall vragen. Het element van ontdekking en ver-rassing karakteriseert IDEO's houding ten opzichte van design. Vision biedt een ervaring waarbij de ontwerper oog in oog staat met de ontdekken-de bezoeker. In de Refreshment Wall zijn vormelijkheid, techniek en func-tionaliteit gecombineerd.

Zelda, Ocarina of Time

De eerste computerspellen in de jaren zeventig waren ontwikkeld voor de tv. Het waren niet meer dan eenvoudige pingpongspelletjes, maar ze boden toch een, zij het beperkte, interactie met de speler. Naarmate de technologie zich ontwikkelde, werd het grafische uiterlijk van de spellen onvermijdelijk beter en gewelddadiger. De onderwerpen van de spellen sprak met name kinderen erg aan en zij brachten veel tijd met hun speelgoed door. Dit veroorzaakte een grote bezorgdheid bij ouders en opvoeders. Door deze ervaringen kwamen de kinderen echter in contact met fantasiewerelden van de toekomst, en ze verschilden daarin niet wezenlijk van hun ouders en grootouders die zich indertijd hadden verkneukeld met strips over Superman of tv-series als Batman.

Zelda, Ocarina of Time wordt alom geprezen als een baanbrekend spel. Het is verreweg het meest geavanceerde computerspel en dankzij de recordverkopen en lovende kritieken heeft het de reputatie van Nintendo in deze competitieve branche stevig opgekrikt.

PERIODE: 1999

ONTWERPER: Shigeru Miyamoto

FABRIKANT: Nintendo, Japan

Het uiterst complexe spel bevat een lineair verhaal en traditionele rolverdelingen en combineert een ingewikkelde grafische vormgeving met de nieuwste technologie. Zelda heeft een nieuwe norm voor de videospelenindustrie gesteld.

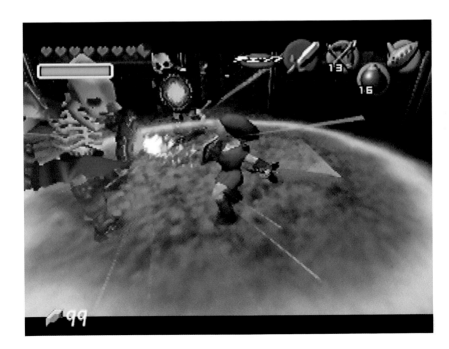

Nurse Work Station

PERIODE: 1997

ONTWERPER: Philips Future
Project, Eindhoven,
Nederland

Het prototype van dit product is ontwikkeld als onderdeel van het project 'Vision of the Future' van Philips. Het bedrijf wilde met dit project in brede zin onderzoeken wat mensen als zinvol, wenselijk en nuttig voor de toekomst ervaren. Het doel was een technologische wegenkaart te maken van de behoeften en ambities van de mensen, en in het bijzonder was Philips geïnteresseerd welke eigenschappen mensen zouden waarderen in nieuwe producten en diensten.

Binnen ziekenhuizen bestaat er een werkelijke en blijvende behoefte aan allerlei draagbare informatie-apparaten. Deze kunnen worden gebruikt door artsen en ziekenverzorgers wanneer zij hun ronde doen, maar ook op vaste werkplekken waar de draagbare toestellen kunnen worden opgeladen en gebruikt. De werktafels van Work Station bieden mogelijkheden tot videocommunicatie en opslag van informatie, waardoor ze de huidige clipboards kunnen vervangen. Ze kunnen alle patiëntgegevens, zoals scans, aantekeningen en medicatie, tot op de seconde bijgewerkt weergeven. De *touchscreens* zijn hygiënisch in transparante kunststof gevat, en het personeel kan ze bedienen op de centrale werkplek om algemene informatie op te vragen, of naast het bed van de patiënt ter controle, voor overleg en als naslagwerk tijdens een onderzoek.

Blink: digitale camera en elektronisch fotoalbum

Tangerine wilde een prototype van een gebruiksvriendelijke digitale camera ontwikkelen, die zelfs door de meest onervaren fotograaf gemakkelijk te bedienen zou zijn. De zoeker van de camera is een groot LCD-scherm, zodat de fotograaf zich op zijn beeld kan concentreren zonder de camera voor zijn ogen te hoeven houden. Wanneer de foto's eenmaal zijn genomen, worden ze digitaal op een verwisselbare en verzegelde cas-sette opgeslagen. De foto's kunnen nu niet meer mislukken doordat ze aan het licht worden blootgesteld en ze hoeven niet meer op de traditione-le wijze te worden afgedrukt. De foto-graaf brengt gewoon de cassette van de camera naar het elektronische fotoalbum over en geeft de plaatjes licht uitvergroot op een vlak scherm weer. Hij beschikt nu over een medium waarmee hij foto's kan bekijken en zonodig bewerken.

PERIODE: 1997

ONTWERPER: Tangerine – Martin Darbyshire en Peter Phillips

Philips draagbare scanner

PERIODE: 1997

ONTWERPER: Philips, Eindhoven, Nederland

Dit product is ontworpen als een draagbare scanner en een draagbaar communicatieapparaat voor mobiel medisch personeel. Zodra vitale diagnostische apparaten kleiner worden, zullen ze worden uitgevoerd als draagbare eenheden. Hierdoor kan de diagnose en behandeling van patiënten in het veld of in de ambulance plaatsvinden, waardoor waardevolle tijd wordt gewonnen. Het systeem biedt een netwerkverbinding tussen het ambulancepersoneel of de staf van een mobiel hospitaal en hun thuisbasis, waardoor ze directe toegang hebben tot specialisten en medische gegevens. Mobiele geneeskundige teams kunnen misschien ook bepaalde patiënten ter plekke behandelen en ontslaan, en zo de druk op ziekenhuizen verminderen en de kosten van onnodige hospitalisering drukken. Het is ook mogelijk dergelijke 'mobiele hospitalen' als zelfvoorzienende eenheden naar afgelegen gebieden uit te zenden om ondersteuning te bieden bij noodsituaties of om periodieke controles uit te voeren.

Het technologische onderzoek vond niet alleen plaats binnen Philips zelf. Het bedrijf liet ook in Japan en Duitsland onderzoeken wat de behoeften op dit gebied waren. Om inzicht te krijgen in de manier waarop mensen in de nabije toekomst zullen leven, verzamelde Philips informatie bij instellingen die zich bezighouden met het voorspellen van toekomsttrends, zoals het Research Institute for Social Change (RISC). Philips wist enkele zogenaamde 'gevoeligheden' – nieuwe opvattingen, vooroordelen en zorgen met betrekking tot de samenleving – op te sporen.

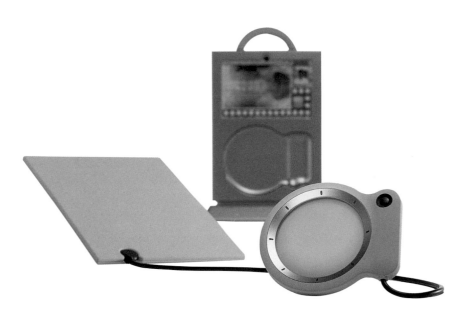

Philips multimediakiosk

Het prototype van deze multimedia-kiosk is in wezen een opgewaardeerde openbare telefooncel, waar de gebruiker toegang krijgt tot telediensten en videofoon. Telefooncellen zijn zonder problemen te vervangen door de geavanceerdere multimediakiosken omdat ze gebruikmaken van dezelfde kabelinfrastructuur. De kiosken kunnen misschien worden aangeboden als een openbare dienst waar mensen terecht kunnen voor

hun communicatie en informatievoorziening. De gebruiker kan binnen dit concept dan een aantal verschillende taken tegelijkertijd in een veilige afgescheiden omgeving uitvoeren.
De tijd die hij in de kiosk doorbrengt en de diensten waarvan hij gebruikmaakt, betaalt hij direct via zijn bankrekening. Via een groot videoscherm kan een gebruiker bijvoorbeeld een vakantie boeken bij een reisbureau, de betaling en buitenlandse valuta

PERIODE: 1997

ONTWERPER: Philips, Eindhoven, Nederland

regelen via zijn bank en een afspraak met de dokter maken voor de noodzakelijke inentingen. De belangrijkste informatie kan hij laten afdrukken en meenemen.

Millennium Dome

PERIODE: 1999

ONTWERPER: Richard Rogers Partnership Greenwich, Londen, Engeland

De Millennium Dome was bedoeld als het centrum van de millenniumviering in Londen. Het gebouw is een opmerkelijk staaltje van moderne constructietechnieken. Met een omtrek van meer dan een kilometer en een maximale hoogte van vijftig meter is de Dome het grootste gebouw in zijn soort ter wereld. De doorzichtige koepel wordt ondersteund door meer dan zeventig kilometer supersterke kabel. Hoewel het dak slechts twee millimeter dik is, is het sterk genoeg om het gewicht van een jumbojet te dragen. De Dome is zo groot dat er twee complete voetbalstadions in zouden passen.

Bij de constructie van de Millennium Dome zijn ecologische aspecten niet uit het oog verloren. Het dak is bijvoorbeeld ontworpen om het regenwater dat erop valt – jaarlijks enkele miljoenen liters – te verzamelen, op te slaan, te filteren en te hergebruiken in de Dome.

De millenniumtentoonstelling die in het gebouw was ondergebracht, werd op 31 december 1999 geopend en heeft een jaar gelopen. De tentoonstelling had vijftien verschillende afdelingen, die elk een ander aspect van het menselijk leven van vandaag en in de toekomst tot onderwerp had.

Eden

PERIODE: 2000
St Austell, Cornwall,
Engeland

ARCHITECT: Nicholas
Grimshaw and Partners,
Londen, Engeland

Dankzij de financiële ondersteuning
van de Millennium Commission van
Engeland heeft een team van bejubel-
de architecten, technici, specialisten
en projectmanagers in Cornwall een
ecologisch centrum voor het nieuwe
millennium gecreëerd.

Het centrum bestaat uit een groep
individuele kassen die *biomes* worden genoemd en waarin telkens een
bepaald klimaatsysteem is nage-
bootst; zo is er een regenwoud, een
woestijn en een mediterrane biotoop.
Het is de bedoeling dat de bezoekers
helemaal opgaan in de omgeving en
vergeten dat ze zich in een kunstma-
tige omgeving bevinden. De vereisten van het klimaat in iedere *biome*
bepalen de bouw van iedere kas, en
de hoeveelheid licht die erin door-
dringt wordt bepaald door de behoeften van de aanwezige flora.

De *biomes* zijn zodanig ontworpen
dat ze aan te passen zijn aan hun
specifieke klimaat; het geraamte kan
worden veranderd en verschoven
wanneer dat nodig is. De constructie
moet daarom licht en flexibel zijn. De
ondersteunende ribben worden van
staal gemaakt, en het omhulsel van
transparante folie, waaronder zich
pneumatische kussens bevinden met
sensoren die reageren op de weers-
veranderingen.

register

fotoverantwoording

AANVULLENDE FOTOGRAFIE
Matthew Ward

BEELDONDERZOEK
Charlotte Bush

AANVULLEND BEELDONDERZOEK
Elizabeth Walsh, Richard Philpott, Irene Lynch, Antony Moore

De uitgevers hebben ernaar gestreefd de rechten van de illustraties te regelen volgens de wettelijke bepalingen. Degenen die desondanks menen zekere rechten te kunnen doen gelden, kunnen zich alsnog tot de uitgevers wenden.

De schrijfster wil de volgende personen danken voor hun hulp bij dit project: de gehele staf van het DesignMuseum, en name Christine Atha, Gerard Ford, Karen Mann en Angela Summerfield. Haar bijzondere dank gaat uit naar Elizabeth Darling voor de delen Architectuur en Interieurs, en naar Jeff Dale voor het deel Verpakkingen.